제4의 실업

4차 산업혁명 시대 직업의 종말

제4의 실업

MBN 일자리보고서팀 지음

매일경제신문사

발간사

4차 산업혁명이라는 태풍을 마주하고 있는 대한민국. 이 거대한 변화는 미래를 어떻게 바꿔놓을 것인가? 많은 사람들이 4차 산업혁명에 대한 기대와 우려를 나타내고 있다. 이에 명품방송 MBN의 싱크탱크인 일자리보고서팀이 4차 산업혁명이 바꿔놓을 산업구조 변화, 일자리의 위기, 우리의 대응전략에 대해 글로벌 리더들의 조언을 토대로 책을 내놓았다.

이 책의 결과는 우리에게 충격적인 메시지를 전하고 있다. 그 메시지는 4차 산업혁명이 '제4의 실업'을 몰고 온다는 것이다. 제4의 실업은 지금까지 인류가 한 번도 경험해보지 않았던 것으로 충격의 폭과 강도가 크다는 점에서 위기감을 던지고 있다.

역사적으로 인류는 지금까지 3번의 실업 위기를 경험했다. 제1의 실업은 1차 산업혁명으로 촉발됐다. 당시 기계화의 충격은 고스란히 농민에게 돌아갔고, 설 자리를 잃은 농민들이 기회를 찾아 도시로 몰려들었다. 또 가내수공업 종사자들도 몰락의 길을 걸었다. 기계를 파괴하는 '러다이트 운동Luddite Movement'이 일어난 것도 이때의 상황이다.

포드의 컨베이어벨트로 상징되는 2차 산업혁명은 자동화와 대량 생산으로 공장근로자를 위기로 내몰았다. 3차 산업혁명 때는 컴퓨터가 등장해 사무직 근로자들의 직무 대전환을 촉발시켰다. 하지만, 제1~3실업까지 위기에 대한 우려가 컸음에도 불구하고 새로운 직무가 탄생하고 더 많은 일자리가 창출됐다. 그렇다면 4차 산업혁명도 마찬가지일까?

일자리보고서팀은 제1~3의 실업과 다른 현상이 나타날 것으로 전망한다. 한마디로 단순직Unskilled Job부터 숙련직Skilled Job과 전문직High-skilled Job까지 모두 일자리를 걱정해야 하는 상황이다. 이미 계산원이 없는 무인점포가 등장했고, 자율주행차가 상용화되면 수십, 수백만 개의 운전기사 일자리가 사라질 것이다. 100개국 언어를 동시통역해주는 통번역 로봇, 애널리스트 15명이 4주 동안 해야 하는 일을 단 5분 만에 처리하는 투자분석 인공지능AI, 의사보다 훨씬 더 정확하게 암을 진단해주는 영상의학 AI까지 등장했다. 이게 현실이다.

이 같은 위기가 눈앞에 닥쳤지만, 대한민국은 4차 산업혁명에 대한 준비가 미흡한 실정이다. 이에 MBN이 국가와 기업, 개인이 승자의 길을 걸을 수 있는 혜안을 이 책을 통해 고민해봤다. 모쪼록 이 책이 미래를 준비하는 젊은 세대와 더 나은 세상을 물려줘야 할 기성세대에게 유익한 지침서가 되길 기대한다.

매경미디어그룹 회장
장대환

들어가며

"업스킬링 코리아Upskilling Korea!"

MBN의 싱크탱크인 일자리보고서팀이 자문위원 20여 명의 도움을 받아 6개월간 연구 끝에 내린 해법이다. 4차 산업혁명의 충격은 모든 국민과 근로자에게 다방면에 걸쳐 오기 때문에 지금까지의 경험과 지식수준을 벗어나 새롭게 재교육에 나서야 한다. 전 국민의 역량 강화, 전 근로자의 재교육을 통한 능력 향상, 이것이 바로 업스킬링이다.

전 세계의 석학들은 하나같이 다가오는 실업의 위기를 경고했다. 구글이 선정한 최고의 미래학자로 꼽히는 토머스 프레이Thomas Frey는 "2030년까지 20억 개의 일자리가 사라진다"는 충격적인 예언을 내놓았다. 국제노동기구ILO는 로봇 등의 보급으로 20년 내에 동남아 5개국캄보디아, 인도네시아, 베트남, 필리핀, 태국에서만 공장근로자의 절반이 넘는56% 1억 3,700만 명이 일자리를 잃게 된다고 경고했다.

가장 충격을 받는 일자리는 무엇일까? 한국직업능력개발원은 우리나라 전체 일자리의 52%가 AI와 컴퓨터로 대체될 가능성이 높다고 분석했다. 특히 운수업은 5명 중 4명 이상81.3% 대체될 수 있고, 금융 및 보험업도 고위험 직업군으로 분류됐다78.9%. 제조업도 대체 가능성이 절반 이상59.4%이다. 충격을 받지 않는 일자리는 하나도 없을 정도다.

그렇다면 도대체 4차 산업혁명이 무엇이기에 이토록 거대한 변화를 몰고 오는 것일까?

첫째, 초지능Hyper-intelligence의 등장이다. 수천 년의 역사에서 농업사회는 크게 변하지 않았지만, 공업사회로 접어들면서 수백 년간 많은 변화가 있었다. 컴퓨터와 인터넷의 등장으로 수십 년 만에 새로운 세상이 펼쳐졌고, 이제 우리는 인간을 뛰어넘는 AI와 같은 초지능 기술과 마주하고 있다. 인간을 넘어서 기계가 스스로 학습하는 무시무시한 기술의 진보다. 알파고 쇼크는 예고편에 불과했다. 변호사, 의사, 회계사 등 최고의 전문직들이 하나씩 인공지능 앞에서 무릎을 꿇고 있다.

둘째, 초연결Hyper-connectivity 사회로의 변신이다. 과거에는 물리적 거리가 제약으로 작용했지만 이제는 문제가 되지 않는다. 서울~부산을 16분에 주파하는 하이퍼루프 기술이 가능해지고 자율주행차도 상용화를 앞두고 있다. 과거 영화에서나 보던 드론 택시도 두바이에 등장했다. 또 모든 사물이 인터넷으로 연결되는 IoT사물인터넷는 이미 스마트 팩토리를 탄생시켜 사람의 도움 없이도 기계들이 알아서 물건을 생산해내고 있다. 한마디로 공장근로자가 필요 없는 세상이다.

초지능, 초연결은 결과적으로 산업 간 장벽이 허물어지는 초산업Hyper-industry을 이끌어냈다. 기존의 산업지도가 재편되는 것이다. 온·오프라인을 연결하는 O2O Online to Offline 서비스가 등장하면서 기존 오프라인 산업과 일자리가 심각한 도전을 받고 있다.

변화에 발 빠르게 대응 중인 독일의 지멘스 같은 회사는 제품보다 스마트 팩토리 플랫폼 자체를 판매하고 컨설팅하는 쪽으로 비즈니스 모델을 바꿨다. 초산업의 변화를 따라가지 못하는 회사는 순식간에 도태되는 게 지금의 현실이다.

이 책은 초지능·초연결·초산업사회를 맞아 모든 국민과 근로자가 반드시 읽어야 할 필독서가 되도록 모든 연구 결과를 집대성했다. 초등학생에서 중·고등학생, 대학생에 이르기까지 미래의 일자리를 고민하는 이에게 '일자리 교과서'가 될 것으로 기대된다.

Part 1에서는 초지능·초연결·초산업사회가 바꿔놓을 세상의 변화를 조명했다. 미래에는 전 세계 언어의 장벽이 사라지는 언어혁명과 누구나 3D프린터로 원하는 제품을 생산할 수 있는 제조혁명이 일어난다. 무인점포와 가상점포가 거래혁명을 일으키고, 자율주행차, 드론택시가 이동혁명을 일으킨다. 가슴 뛰는 미래의 이야기를 읽을 수 있다.

Part 2에서는 역사적 실업 사태를 초래했던 제1의 실업에서 제3의 실업까지 인류의 일자리를 향한 도전 과정을 진단했다. 이어 앞으로 닥칠 제4의 실업이 근로자들에게 어떤 영향을 미칠지 전망했다.

Part 3에서는 새롭게 생겨날 일자리의 미래상을 집중 조명했다. 구체적 사례를 통해 어떤 일자리가 미래에 유망해질지 제시한다. 이 같은 전망은 초등학생에게도 유익한 학습자료가 될 것으로 본다.

Part 4에서는 대한민국이 일자리 강국으로 가는 액션 어젠다를 제시했다. 이 어젠다의 핵심은 규제혁신, 인프라 리모델링, 인재양성으로 대한민국과 국민 모두가 다시 태어날 것을 요구하고 있다.

마지막으로 Part 5에서는 산업계와 기업, 근로자, 정부의 대응전략을 제언하고 있다. 많은 독자들이 이 책을 읽고 미래에 대한 이해의 폭을 넓힘과 동시에 위기 속에서 승자의 길을 찾는 사람이 되길 기대한다.

역대 모든 혁명처럼 4차 산업혁명은 승자와 패자를 나눌 것이다. 산업을 재편하고 부의 재분배를 가져올 것이다. 대한민국, 기업, 개인 모두가 기로에 서 있다. '업스킬링 코리아'를 통해 모두 '빅 위너 Big Winner'가 되는 승자의 길을 걷길 바란다.

MBN 일자리보고서팀

CONTENTS

Part 1 세상을 바꾸는 3H

제4의 실업

Part 5 일자리 위기 대응 전략

Part 1

세상을 바꾸는 3H

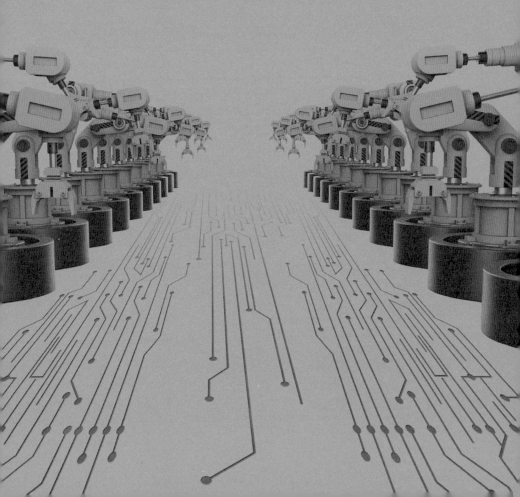

| 4차 산업혁명 시대 직업의 종말 |

제4의
실업

변화의 키워드 3H

새 변곡점을 맞은 지구촌

세상이 대변혁의 소용돌이 속으로 빨려들고 있다. 새로운 기술이 등장하면서 사회 자체가 지금까지와는 차원이 다른 세상을 맞이하고 있다. 수렵채취사회와 농업사회, 산업사회, 지식정보화사회를 거쳐 진화했던 사회가 4차 산업혁명을 계기로 새로운 변곡점Inflection Point을 맞고 있다.

변곡점이란 수학에서 사용하는 용어로 곡선에서 오목한 모양이 바뀌는 점으로 곡선이 오목에서 볼록으로 변화하는 포인트를 말한다. 국가와 기업, 개인은 이 변곡점에서 기회와 위기를 동시에 맞게 된다. 트렌드와 시장의 흐름, 미래 기술 등이 변해 새로운 패러다임을 탄생시키고 이패러다임은 새로운 챔피언을 나타나게 하는 기폭제 역할을 하게 된다.

인류의 문명은 농업혁명, 산업혁명, IT혁명으로 일컬어지는 큰 변곡점을 통해 발전해왔고 이 변곡점에서 새로운 승자와 패자가 등장했다. 그런데 지금 우리가 맞이한 4차 산업혁명은 우리가 한 번도 경험해본 적이 없는 대변혁을 일으켜 우리를 미지의 세계로 이끌고 있다. 그래서 그 변화의 폭과 깊이는 과거 변곡점 때 맞이했던 것과는 차원이 다르다.

그 변화의 속도가 빨라 '슈퍼 스피드Super Speed', 즉 가속의 시대를 열고 있으며 변화의 폭도 '파괴적 변화Destructive Change', 즉 대변혁The Great Transformation의 속성을 갖고 있다.

쏟아지는 위기와 경고의 목소리들

4차 산업혁명이 몰고 올 충격에 대한 글로벌 리더들의 경고의 목소리도 거세다. 그만큼 '대변혁'의 심각성을 이야기하고 있는 것이다. 우선 AIArtificial Intelligence, 인공지능의 속성을 빨리 이해하라고 조언한다.

MS마이크로소프트 창업자 빌 게이츠는 AI가 인류의 존재에 잠재적 위협이 될 것이라고 경고했고 스페이스 엑스와 테슬라의 CEO인 엘론 머스크는 AI가 곧 인류를 점령하고 파괴할 것이라고 주장한다. 천재 물리학자 스티븐 호킹은 AI가 인류의 종말을 초래할 수도 있다고 경고한다.

반면 페이스북 창업자 마크 저커버그는 "나는 AI에 대해 낙관적이다. AI는 다양한 분야에서 시스템과 기본 연구를 강화해 질병 진단부터 건강을 유지하는 법, 자율주행차, 그리고 사용자에게 맞는 검색 결과를 제공하는 뉴스 피드까지 장점이 많다"고 강조한다.

글로벌 리더들은 일자리의 위기도 경고한다. 다보스포럼은 〈직업의 미래〉 보고서에서 2020년까지 710만 개의 일자리가 사라지고 만들어질 일자리는 200만 개에 그칠 것이라고 예견했다. 510만 개의 일자리가 없어진다는 진단이다.

한국직업능력개발원은 4차 산업혁명 시대에 한국 일자리의 52% 정도는 컴퓨터로 대체될 위험성이 높은 직업군이라고 전망한다. 오바마 전 미국 대통령은 AI가 미숙련 일자리뿐만 아니라 숙련직, 전문직까지 대체할 수 있다고 경고한다.

하지만 OECD는 일자리의 9%, 직무의 25% 정도만 자동화될 것이라고 진단한다. 컨설팅 업체 딜로이트Deloitte가 영국의 150년 데이터를 토대로 분석한 결과에 따르면 기술은 '새로운 일자리를 창출하는 기계A Great Job-creating Machine' 역할을 할 수 있다고 말한다. 기술이 일자리를 파괴하기보다 기술이 구매를 증가시키고 그에 따라 새로운 수요와 새로운 일자리를 창출한다는 전망이다.

'하이퍼 세상'이 열리고 있다

'파괴적 변화'는 다양한 혁신적 기술을 결합시켜 새로운 비즈니스 모델과 제품, 서비스를 탄생시킨다. 이렇게 탄생한 비즈니스는 또다시 파괴적 혁신을 일으켜 또 다른 파괴적 변화를 낳는다. 파괴적 변화는 초스피드, 즉 슈퍼 스피드로 진행되어 순간순간 모든 것들이 바뀌는 '가속의 시대'를 몰고 오게 된다.

그 변화의 핵심 키워드가 바로 '하이퍼 세상Hyper World'이다. 하이퍼는 '초과', '뛰어넘는다'는 뜻으로 지금까지 우리가 생각했던 차원을 넘어선 세상, 공상과학 속의 상상이 현실이 되는 초현실의 구현을 뜻한다. 이로 인해 4차 산업혁명은 초연결사회, 초지능사회, 초산업사회로 통하는 하이퍼 세상, 즉 3H 시대를 탄생시키게 된다.

하이퍼 세상이 만드는 첫 번째 세상이 바로 초연결사회Hyper-connected Society이다. 사람과 사람에 이어 사람과 기계, 기계와 기계, 사람과 우주가 연결되는 초연결성Hyper-connectivity이 4차 산업혁명의 화두가 된다.

하이퍼 세상이 만드는 두 번째 세상은 초지능사회Hyper-intelligent Society이다. 기계가 AI를 갖추게 됨에 따라 사람의 말을 알아듣고 사람에게 가장 지혜로운 해법을 제시한다.

하이퍼 세상이 만드는 세 번째 세상은 초산업사회Hyper-industry Society이다. 산업의 장벽이 무너지고 비즈니스 모델이 완전히 달라진다.

넥스트 패러다임 1H: 초연결성

4차 산업혁명은 한마디로 정보화혁명의 확장을 뛰어넘는 아날로그의 완전한 디지털화를 의미한다. 이 중에서 제1의 화두인 1H는 초연결성이다. 지구촌에 존재하는 모든 온·오프라인의 사물이 무선 형태로 연결된다. 갑자기 기온이 떨어지면 집 밖에서 보일러를 켤 수 있다. 밖에 비가 오면 창문이 열렸는지 확인할 수 있고 문을 닫을 수도 있다. 냉장고 앞에서 저녁 메뉴를 고민하면 냉장고가 해답을 알려주고 요리법을 모르면 냉장고가 조리법을 알려준다. 이른바 사물인터넷으로 불리는 IoT가 초연결사회를 만들어낸다.

나아가 IoT는 세상 모든 것을 연결해 정보를 공유하고 상호작용하는 만물 인터넷IoE, Internet of Everything을 탄생시킨다. IoT란 사물에 센서를 부착해 실시간으로 데이터를 모아 인터넷으로 전달하는 기술을 말한다. 인터넷을 기반으로 사물과 사람을 연결해, 사람이 무선으로 연결된 스마트 기기, 즉 스마트폰을 통해 사물을 제어할 수 있도록 해준다.

리모컨으로 텔레비전을 조종하는 것이 원초적인 IoT의 사례라고 할 수 있다. 그동안 리모컨은 사람과 사물을 연결시켜주는 기본적인 역할을 했다. 앞으로는 스마트폰, 자율주행차, 음성비서, AI, 로봇 등 다양한 디지털 기기가 사람을 원하는 사물과 연결시켜주는 역할을 하게 된다.

시장조사 전문기업인 미국의 가트너Gartner는 오는 2020년께는 인터넷과 연결될 사물이 260억 개로 지금보다 10배가량 늘고 시장 규모는 1조 달러약 1,002조 원에 달할 것으로 내다봤다. 4차 산업혁명이 촉발시킨 '초연결성'이 막대한 부富를 창출해내는 것이다.

1H 초연결성 ①: 온·오프라인을 하나로 만든다

4차 산업혁명이 탄생시킬 초연결성은 디지털 세계, 생물학적 영역, 물리적 영역 간 경계가 완전히 허물어지는 '기술융합'의 결정판을 일컫는 말이다. 기술융합은 사물을 생명력 있는 디지털 기기로 만들어주고 이 기기는 AI의 도움으로 사람과 연결된다. 이렇게 되면 언제 어디에서든지 모바일, 인터넷에 연결되어 기기를 조작할 수 있고 돈이 되는 유익한 정보를 만들어낼 수 있다.

이 기술융합의 핵심에는 사이버 물리 시스템Cyber-Physical System, CPS이 있다. 로봇, 의료기기, 산업장비 등 현실 속 제품을 뜻하는 물리적인 세계와 인터넷 가상공간을 뜻하는 사이버 세계가 하나의 네트워크로 연결되어 집적된 데이터의 분석과 활용, 사물의 자동 제어가 가능해진다. 이것이 4차 산업혁명의 미래다. 현실세계의 모든 데이터는 실시간으로 온라인상에 집적되어 사람의 개입 없이 빅데이터를 만들어 유용한 지식과 정보를 탄생시킨다.

1~3차 산업혁명, 어떻게 진화했나?

1~3차 산업혁명은 어떤 변곡점을 만들었을까? 인류의 역사를 바꾼 혁명은 새로운 에너지의 등장과 생산수단의 변화에서 비롯되었다.

1차 산업혁명은 증기기관의 발명에서 비롯됐다. 1784년 증기기관의 발명으로 수공업 시대가 막을 내리고 기계가 물건을 생산하는 '기계화' 시대가 열렸다. 이어 전기가 중요한 에너지원으로 등장했다. 1870년 미국의 신시내티 도축장에 최초로 컨베이어벨트가 등장했다. 전기가 2차 산업혁명을 촉발시키면서 분업화, 대량 생산 시대를 열었다.

전기에 이어 등장한 반도체가 3차 산업혁명, 즉 디지털 혁명을 일으켰다. 1969년 반도체 소자를 이용해 프로그램 제어가 가능한 '프로그램 로직 컨트롤러(PLC)'가 명실공히 자동화 시대를 열었다. 전자공학(Electronics)과 IT(정보기술)의 결합은 텔레비전, 냉장고, 세탁기 등 가전제품 전성시대를 열었고 이어 인터넷의 등장으로 IT혁명이 일어났다.

산업혁명을 가져온 범용 기술과 주요 변화

	1차 산업혁명	2차 산업혁명	3차 산업혁명
범용 기술	증기기관	전기 에너지	ICT(정보통신기술)
산업구조 변화	기계화	분업 기반 대량 생산	생산 자동화

출처: 산업연구원, 2017

1H 초연결성 ②: 돈 되는 빅데이터 시대를 연다

IoT는 실시간으로 수많은 빅데이터를 만들어낸다. 월트디즈니는 미키마우스 인형을 IoT로 활용하고 있다. 디즈니월드 입구에 설치된 미키마우스의 눈, 코, 팔, 배 등 몸 곳곳에 설치된 적외선 센서가 고객 정보를 실시간으로 수집한다. 몇 명이 몇 시에 주로 입장했는지, 남자가 많은지, 여자가 많은지, 어른이 많은지, 방문객이 어떤 놀이기구를 좋아하는지, 어떤 놀이기구의 줄이 가장 짧은지, 또 지금 있는 위치가 어디인지 등 수많은 정보를 실시간으로 모아 빅데이터를 만들어준다.

이를 토대로 월트디즈니는 비즈니스 전략을 짠다. 화요일에 방문객 수가 적으면 화요일 입장료 할인 이벤트를 하거나, 사람들이 많이 몰리는 놀이기구 앞에 매출이 높은 매장을 배치해서 돈을 번다.

미국 매사추세츠공과대MIT에서는 기숙사의 화장실과 세탁실에 센서를 설치해 어떤 화장실이 비어 있는지, 어떤 세탁기와 건조기 이용이 가능한지 등의 정보를 스마트폰으로 제공한다. 학생들은 현장에 가지 않더라도 스마트폰으로 화장실, 세탁실과 연결돼 있다.

네덜란드의 스파크드Sparked는 IoT를 농업과 축산업에 접목했다. 소의 몸에 센서를 부착해 움직임과 건강정보를 파악한 뒤 이 데이터를 실시간으로 농부에게 보내 건강한 소를 키울 수 있도록 지원한다.

애플은 나이키와 손잡고 건강관리용 스마트밴드인 '퓨얼밴드Fuel Band'를 내놓았다. 손목에 차면 특수 센서가 모든 움직임을 빠짐없이 측정해 소모 열량, 운동 거리·시간 등을 실시간으로 파악해 밴드의 LED로 알려준다. 운동량이 부족하면 빨간 불이 깜박이고 활동량이 늘어나면 노란 불로 바뀌며 1일 운동량을 다 채우면 녹색 불이 들어온다.

미국 코벤티스Corventis는 '픽스PiiX'라는 이름으로 15cm 길이의 밴드를 개발했다. 이 밴드를 가슴 부위에 붙이면 체온, 심장박동, 호흡속도, 체액, 신체 움직임과 같은 생체 징후Vital Sign를 감지한다. 이상 생체 징후가 포착되면 이 밴드는 그 정보를 GPS 위성을 통해 의사에게 전달해 준다. 그리고 의사는 곧바로 환자에게 적절한 처방을 내린다.

1H 초연결성 ③: 빅데이터를 구름 속에 관리한다

IoT가 만들어낸 수많은 정보는 클라우드Cloud라는 인터넷 저장창고에 보관된다. 특별한 저장장치를 갖고 다니지 않아도 인터넷에 접속하기만 하면 언제 어디서든 데이터를 이용할 수 있는 게 바로 클라우드다. 클라우드는 '구름'이라는 뜻으로 여러 장소에서 동일한 구름을 관찰할 수 있듯이 자신이 사용한 컴퓨터에서만 자료를 불러올 수 있는 것이 아니라 언제 어디서나 네트워크를 통해 필요한 자료를 불러올 수 있다는 뜻이다.

클라우드 컴퓨팅 기술은 인터넷 서버에 영구적으로 데이터를 저장해 IT기기를 통해 언제 어디에서든지 사용할 수 있도록 해준다. 기업들은 막대한 비용을 지불하며 서버를 구축할 필요 없이 클라우드 컴퓨팅을 도입해 시간과 비용, 인력을 줄일 수 있다.

1H 초연결성 ④: 1,000배 빠른 '5G 시대' 열린다

모든 사물과 사람이 인터넷으로 연결되고 수많은 데이터가 쌓이게 되면 드는 가장 큰 걱정이 인터넷 속도가 느려지는 것이다.

현재 사용 중인 4세대 통신보다 270배에서 1,000배 빠른 5세대 통신 시대가 4차 산업혁명의 도움으로 열리게 된다. 이른바 '5G 통신'은 1초에 20기가비트20Gbps의 데이터를 전송할 수 있어 평균 75Mbps인 4G보다 약 270배 빠르다. 현재 국내 GiGA LTE가 제공하는 최대 1Gbps보다 20배나 빠르다.

IP어드레스나 앱을 터치해서 다음 명령을 처리할 때까지 걸리는 응답속도는 4G 대비 10분의 1로 단축된다. 최대 1ms1,000분의 1초만에 화면이 열리게 된다. 이른바 응답시간 '0'에 도전하게 된다.

이렇게 되면 800Mb 영화 한 편을 다운받는 데 현재는 1분 30초가 걸리지만, 5G를 이용하면 1초 만에 다운받을 수 있다. 5G 통신 서비스는 2018년 국제표준이 만들어지고 2020년 본격 상용화될 전망이다.

1H 초연결성 ⑤: '스마트 기기' 천국이 열린다

4차 산업혁명이 탄생시킬 모든 장치는 스마트폰 하나만 있으면 작동이 가능하게 된다. 한마디로 4차 산업혁명 시대, 수많은 스마트 디바이스가 등장하고 이 가운데 스마트폰이 가장 강력한 위력을 발휘하게 된다. 텔레비전, 냉장고는 물론 자율주행차까지 거의 모든 제품을 스마트폰으로 통제할 수 있게 되기 때문이다.

나아가 스마트 디바이스가 우리의 삶을 바꾸게 된다. 예를 들어, 의료앱 '카디오 버디Cardio Buddy'는 심장 박동수를 재는 앱으로 스마트폰 카메라 기능을 활용해 얼굴을 스캔하면 심박수를 즉시 측정해준다. 건강상태에 따라 얼굴의 색깔이 달라지는 현상, 즉 얼굴색의 변화를 감지해 건강을 지킬 수 있도록 해준다.

잠자는 것을 도와주는 '오라Aura'라는 스마트 디바이스는 베개 밑에 놓는 소형 패드로 잠을 자는 동안 호흡주기, 심장박동, 신체 움직임 등의 신체 리듬을 데이터로 분석해 기록해준다.

단 99달러약 11만 원만 내면 침에 담긴 유전 정보만으로 발병 가능성이 높은 질병을 미리 알려주는 회사도 있다. 세계 최대의 유전자 DB 회사인 '23앤미23andMe'는 의뢰인이 침을 뱉어 보내면 1주일 안에 유전자 프로필에 대한 분석결과를 제공한다.

1H 초연결성 ⑥: 초연결성이 기업의 미래를 결정한다

이제 기업들은 4차 산업혁명이 가져올 미래에 다가가야 한다. 고객이 기업과 연결될 수 있는 접점을 만들어야 하고 새롭게 등장하는 미래 기술을 적극 받아들여 기업을 혁신시켜야 한다. 사물에 부착된 센서가 만들어내는 '초연결성'은 원하는 정보를 포착해 데이터화해서 이를 활용할 수 있도록 도와준다. 즉, 데이터를 획득, 저장, 분석한 뒤 다시 활용할 수 있고 미래까지 예측할 수 있도록 정보제공자 역할을 한다.

공장의 기계와 매장에 설치된 센서들은 지능을 갖게 되어 자동으로 작동하게 되고 사람과 연결되어 정보를 제공한다. 나아가 생산의 완전 자동화가 가능한 새로운 산업사회를 가능하게 해준다.

넥스트 패러다임 2H: 초지능화

4차 산업혁명이 변화시킬 또 다른 제2의 화두인 2H는 초지능화이다. 영화 속에 등장했던 꿈과 같은 이야기가 현실이 된다. 기계가 사람보다 더 똑똑해지면서 사람의 설 자리를 빼앗게 된다. 그 핵심에 인간의 두뇌 역할을 하는 AI가 있다.

기계가 스스로 학습하고 수많은 빅데이터를 토대로 최상의 솔루션을 제공해주는 '만물박사' 역할을 하게 된다. 그리고 사람이 하는 일 대부

영화에서만 보던 AI가 우리 곁으로 성큼 다가왔다

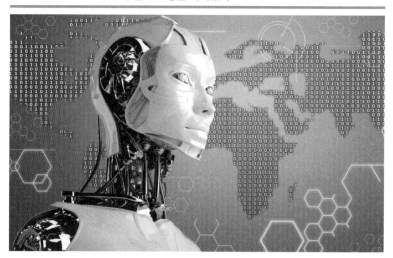

분을 AI 로봇이 대체하게 된다.

4차 산업혁명이 탄생시킬 기계와 장비는 현재의 제품과는 차원이 다르다. 단순한 기계장비가 아니라 사람의 말을 알아듣는 '대화형 기계'가 된다. 나아가 사람처럼 판단하고 의사결정을 내리는 '기계인간'처럼 행동하게 된다.

가장 큰 혁신 중 하나가 '대화형 기계'의 출현이다. 삼성은 스마트폰 갤럭시 S8에 AI 음성비서 '빅스비Bixby'를 탑재했다. 스마트폰이 사람의 말을 알아듣고 작동하는 새로운 시대를 연 것이다.

"1주일 뒤 아내 생일이야. 그때 잊지 않도록 해줘."

스마트폰에 대고 음성비서에게 요청만 하면 해당 날짜에 정확히 알려준다. 단순한 기계가 아니라 진짜 비서 역할을 하는 것이다.

구글은 자체 스마트폰 '픽셀Pixel'에 AI 음성비서 '구글 어시스턴트 Google Assistant'를 탑재했다. "딸한테 전화 걸어줘"라고 하면 바로 전화가 걸린다. 전화가 왔을 때 "회의 중이니 잠시 뒤 전화 드리겠습니다"라고 말해달라 하면 자동으로 음성메시지를 보낸다.

아마존의 음성비서 알렉사Alexa는 내가 원하는 물건도 척척 사준다.

"집에 휴지가 떨어졌는데 주문 좀 해줘."

"택시 좀 불러줘."

명령만 내리면 음성비서는 모든 기능을 척척 수행한다. 애플의 시리 Siri, MS의 코타나Cortana, 페이스북의 'M' 등도 대표적인 음성비서에 해당한다.

2H 초지능화 ①: 기계가 사람 말을 알아듣는다

음성비서는 기계와 사람이 자연스럽게 대화를 할 수 있는 세상을 만든다. 제품 사용법을 몰라도 기계에 대고 말만 하면 된다.

"에어컨 18도로 맞춰줘!"

"회의 중이니까 30분 뒤에 전화 다시 걸라고 말해줘!"

"집사람에게 전화 오면 중요한 일이니까 전화 걸어줘!"

이 음성비서는 사용할수록 똑똑해지고 더 유능한 지능을 갖게 되기 때문에 전화를 건 사람이 가족인지, 친구인지 기억까지 한다.

안타깝게도 음성비서는 전화를 받는 '개인비서'들의 설 자리를 빼앗는다. 전화기에 탑재된 음성비서가 자동으로 전화를 받아주고 전화를 건 사람이 누구인지를 알려주기 때문이다.

음성비서는 앞으로 텔레비전, 에어컨, 세탁기, 냉장고 등 거의 모든 전자제품 속에 탑재가 이뤄진다. 굳이 기기를 작동시키기 위해 사용설명서를 읽을 필요가 없다. 그냥 원하는 사항을 말로 하면 된다.

데이비드 케니 IBM 왓슨Watson 총괄사장은 "2018년에는 인류의 절반이 AI를 활용한 로봇이나 컴퓨터와 대화하는 세상이 올 것이다"라고 전망한다. 결국 모든 기계장비가 AI라고 하는 인간의 두뇌를 장착한 영리한 기계로 다시 태어나게 된다.

2H 초지능화 ②: AI, 사람을 앞서기 시작했다

기계가 사람의 능력을 추월하기 시작한 것은 벌써 오래전 일이다. IBM의 슈퍼컴퓨터 '딥 블루'는 1997년 러시아의 세계 체스 챔피언과의 대결에서 인간을 꺾었다. 이어 또 다른 슈퍼컴퓨터 '왓슨'은 2011년 2월 인간 퀴즈왕과의 대결에서 사람을 이겼다. 2016년 1월에는 AI 컴퓨터 '알파고'가 처음으로 사람과 바둑 대결을 벌였다. 중국 프로 바둑기사 판후이 2단을 꺾은 알파고는 바둑 세계 챔피언 이세돌 9단과 세기의 바둑대결을 벌였다. 결과는 컴퓨터의 승리였다.

이 알파고가 진화해 '알파고 제로Zero'가 태어났다. 알파고 제로는 놀랍게도 인간의 도움을 전혀 받지 않고 완전한 백지 상태에서 독학으로 인간 고수들이 둔 16만 건의 대국 사례를 공부했음에도 100% 승률을 자랑한다. 이처럼 인간과 기계의 대결에서 기계가 인간을 앞서는 일들이 속출하고 있다. 이는 학습하는 AI의 기능 때문이다.

AI는 사람의 말을 알아듣고 이해하는 차원을 넘어 스스로 학습하는 역량을 갖고 있다. 이른바 머신러닝Machine Learning 또는 딥러닝Deep Learning이라고 하는 학습 기능을 통해 스스로 공부해서 더 똑똑한 기계로 진화하게 된다.

2H 초지능화 ③: 기계가 스스로 학습한다

그런데 알파고 제로는 스스로 학습하는 '강화학습Reinforcement Learning' 방식을 채택해 인간의 도움 없이 스스로 학습하고 목적을 달성할 수 있도록 했다. 쉽게 말해 빅데이터 기반 명령어로 움직이지 않는 로봇이 등장한 것이다. 이는 AI의 무한한 잠재력을 드러낸 것이어서 놀랄 만한 일이다.

예를 들어 왓슨은 〈태양의 후예〉나 〈베테랑〉과 같은 한국의 인기 드라마나 영화를 보면서 사람처럼 한국어를 공부한다. 농담이나 다양한 사투리까지 학습해서 갈수록 똑똑한 기계로 거듭나게 된다.

더 큰 변화 중의 하나는 AI가 사람처럼 인지Cognition, 지각Perception 능력을 갖게 된다는 점이다. 기계가 사람처럼 데이터를 이해하고 추론, 학습해 최상의 솔루션을 제공할 뿐만 아니라 인간의 사고능력을 구현할 수 있다. 이는 인지 컴퓨팅을 가능하게 해준다. 사람처럼 기계가 판단하고 결정하는 놀라운 미래를 열게 된다는 것이다.

2H 초지능화 ④: 인간의사 진료를 돕는다

그렇다면 AI를 장착한 인지 컴퓨팅은 어떤 일을 가능하게 해줄까? IBM은 '왓슨 포 온콜로지Watson for Oncology'라는 '슈퍼 의사'를 탄생시켰다. 이 AI 로봇 의사는 290여 종의 의학저널과 전문문헌, 200종의 교과서, 1,200만 쪽에 달하는 전문자료를 습득해 10초 안에 환자에게 가장 적합한 치료법을 제시해준다.

인간 의사는 환자의 나이와 몸무게, 전신 상태, 기존 치료법, 조직검사 및 혈액검사 결과, 유전자검사 결과 등의 정보를 왓슨에게 입력한 뒤 재발 방지를 위한 치료법에 대해 질문만 하면 된다.

이 AI 로봇 의사는 2012년부터 세계 최고 수준의 암 진료기관인 미국 '메모리얼 슬로언케터링 암센터 MSKCC'에서 레지던트 생활을 시작한 후 지금까지 암 환자 진료 경험을 사람처럼 축적하고 있다. 한국의 인천길병원을 비롯해 전 세계 병원들이 왓슨을 도입해 협업진료를 하고 있다.

2H 초지능화 ⑤: 개인의 삶을 돕는다

또한 로봇은 개인 코디네이터 역할도 하게 된다. 소비자가 특정 모임에 참석하기 전에 로봇에게 모임에 적합한 옷차림을 문의하면 모임의 성격, 장소, 소비자 성향, 당일 기분 등에 적합한 의상을 추천해준다. 의상이 선정되면 그에 적합한 액세서리, 구두, 가방 등 전체적인 패션까지 코디를 해준다.

'지능형 쇼핑 어드바이저'는 사람처럼 내가 원하는 상품을 찾아주는 역할을 한다. 예를 들어 가족의 생일선물을 사려고 할 때 어드바이저 챗봇에게 "12살 딸의 생일이 다음 주인데 요즘 독서와 패션에 관심이 많더라. 어떤 선물을 하면 좋을까?"라고 물으면 원하는 결과를 알려준다. 챗봇은 이미 가지고 있는 고객정보뿐 아니라 소셜, 뉴스 등을 통해 트렌드를 분석해 최적의 선물을 추천해주는 기능을 갖고 있기 때문이다. 선물을 살 매장의 위치나 교통편, 구매법이나 배송정보까지 한 번에 알려준다.

2H 초지능화 ⑥: 회계사, 변호사 영역도 넘본다

100년 역사를 자랑하는 미국 뉴욕의 대형 로펌인 베이커 앤드 호스테틀러Baker & Hostetler는 AI 변호사 로스ROSS를 고용했다. 이 천재 변호사는 10억 장에 달하는 법률문서를 분석해서 인간 변호사에게 문제 해결법을 제시해주는 세계 첫 AI 변호사이다.

물어보면 답변을 해주고 새로운 판례와 법률, 질문과 답변을 계속 학습하기 때문에 시간이 갈수록 더욱 똑똑해진다. 인간은 법조문과 판례를 찾는 시간을 줄일 수 있고 최적의 대응전략을 강구할 수 있다. 전문가들은 5~10년 사이에 법정에서 AI 변호사를 활용해 소송을 진행하고 로봇 재판장이 판결을 내리는 시대가 올 수 있다고 전망한다.

일본에서는 AI를 사용해 분식회계를 단 몇 초 만에 잡아내는 AI 회계사를 개발 중이다. 신일본감사법인은 2~3년 안에 이 AI 회계사를 실용화할 계획이다.

2H 초지능화 ⑦: 챗봇, 비즈니스 혁명 일으킨다

현재 많은 기업들은 챗봇을 활용해 이른바 챗봇 비서 혁명을 일으키고 있다. AI 챗봇 변호사인 '두낫페이DoNotPay'는 전 세계 난민들의 난민 신청을 도와주고 있다. 난민이 이민국에 정착하려면 몇 가지 법적 절차를 거쳐야 하는데 챗봇 변호사가 이를 도와주고 있는 것이다.

예를 들어 미국에는 I-589난민망명신청서를, 영국에는 ASF1망명지원신청서을 작성해 통과해야 난민으로 인정받을 수 있는데 이 절차를 사람이 아닌 AI 변호사가 밟아준다. AI 챗봇 심리치료사인 '카림Karim'은 망명 생활로 인해 심적으로 고통받는 시리아 난민에게 아랍어로 심리치료 서비스를 제공한다.

AI가 결합한 챗봇 '음성비서' 시대가 열리게 되면 앱이 필요 없어진다. 봇이 앱을 대체하고 디지털 개인비서가 새로운 메타 앱앱을 조종하는 앱 역할을 하기 때문이다. 이렇게 되면 사용자들이 앱을 추가로 설치하고 실행할 필요성이 사라지게 된다. 챗봇 메신저 하나만 작동시키면 되기 때문이다. 메신저가 하나의 포털 역할을 하는 것이다.

현재 스마트폰 사용자는 상품 주문을 위해 쇼핑몰 앱을 실행하고, 식당 예약을 위해 맛집 앱을, 영화 예약을 위해 영화관 앱을 실행해야 한다. 하지만, 앞으로 챗봇 매신저만 실행시켜 개인비서에게 문자나 음성으로 희망사항을 요청하면 알아서 일사천리로 업무가 처리된다.

챗봇은 비즈니스에 접목되면서 그 용도가 폭발적으로 확대되고 있다. 16개 기업은 북미지역 청소년들이 주로 이용하는 메신저 앱인 '킥Kik'과 협업해 '봇숍Bot Shop'을 열었다. 예를 들어 의류회사인 H&M의 챗봇에 접속해 원하는 옷을 말하면 관련 상품을 추천해준다. 스타벅스의 챗봇 '마이 스타벅스 바리스타MyStarbucks Barista'는 음료 주문을 도와주고 MS의 AI 챗봇 '조Zo'는 인터넷상에 존재하는 수많은 정보를 토대로 사람과 대화하며 지능적인 답변을 제공하는 소셜 챗봇 역할을 하고 있다.

AI가 스마트폰 속으로 들어와 챗봇, 즉 개인비서 역할을 하면서 많은 변화를 몰고 올 전망이다. 상담은 물론 예약, 쇼핑, 통역까지 도와준다. 웹과 앱이 진화해 메신저가 새로운 포털로 위력을 발휘할 전망이다. 언젠가는 '앱스토어'가 위력을 잃고 '봇스토어' 시대가 열릴 것이다.

초지능화, 인간의 일자리를 빼앗는다

AI를 장착한 첨단형 기기의 등장으로 인간의 삶이 편리해질지 모르지만 인간은 점점 설 자리를 빼앗기게 된다. 기계가 인간보다 더 잘할 수 있는 영역이 생겨나기도 한다. 《유엔미래보고서 2045》는 2045년 의사, 변호사, 기자, 통·번역가, 세무사, 회계사, 감사, 재무설계사, 금융 컨설턴트 등의 직업이 사라질 것으로 전망하고 있다.

넥스트 패러다임 3H: 초산업화

4차 산업혁명이 변화시킬 또 다른 제3의 화두인 3H는 초산업화이다. 현재와 같이 제조업, 서비스업, 농업, 유통업, 금융업 등과 같은 전통적 분류는 의미가 없어진다. 산업 간, 업종 간 경계가 무너지고 융합되어 새로운 형태의 산업이 태어나게 된다. 초연결성과 AI가 결합해 무인공장, 무인점포를 현실로 만들어 생산 현장을 스마트 팩토리로 다시 태어나게 한다. 이 공장은 단순히 공장 자동화 차원이 아니라 초연결, 초지능으로 1H와 2H가 결합한 새로운 형태의 3H를 구현해낸다.

3H 초산업 ①: '무인공장'이 제조혁명을 일으킨다

독일 스포츠용품 회사인 아디다스는 생산 현장을 스피드 팩토리 Speed Factory로 탈바꿈시켰다. 이 공장은 로봇과 3D프린터가 결합해 소비자가 원하는 신발을 맞춤형으로 제작해준다. 그 결과 맞춤형 신발을 제작하는 데 보통 20일이 소요되던 것을 단 하루로 단축했다. 소비자가 원하는 스타일의 신발을 주문하면 제작 하루, 배달 하루, 즉 이틀 만에 공급하는 제조혁명을 일으킨 것이다.

스피드 팩토리는 아디다스가 독일 내에서 운동화 생산공장을 1993년에 닫은 지 23년 만에 건설한 신개념 공장이다. 연 50만 켤레의 운동화를 생산하는데 놀랍게도 생산 현장에는 단 10명의 직원뿐이다. 지금까지 이 정도의 물량을 생산하려면 직원 600명이 필요했다.

지능화된 기계가 운동화를 직접 만들고 직원은 각 소재를 기계가 인식할 수 있는 위치에 갖다놓으면 된다. 인건비 부담이 거의 사라진 것이다. 이렇게 인건비 부담을 줄일 수 있게 되자 중국과 동남아시아 등 저임금을 찾아 떠났던 공장을 다시 독일로 불러들일 수 있게 된 것이다.

사람의 값싼 노동력과 분업화로 물건을 생산하던 공장이 앞으로는 로봇이 스스로 알아서 물건을 생산하는 스마트 팩토리로 변하게 된다.

나이키, 리복 등 경쟁사들도 스마트 팩토리 건설에 뛰어들고 있다.

스마트 팩토리란?

스마트 팩토리는 설계·개발, 제조 및 유통·물류 등 모든 생산 과정에 디지털 자동화 솔루션이 결합돼 자동화 생산이 가능한 지능형 공장을 말한다. 공장 내 설비와 기계에 IoT가 설치되어 공정 데이터가 실시간으로 수집되고 데이터에 기반을 둔 의사결정이 이루어짐으로써 생산성을 극대화할 수 있다.

3H 초산업 ②: '1인 1품' 생산시대 연다

컴퓨터를 이용한 첨단 디지털 가공장비, 즉 디지털 패브리케이션 Digital Fabrication이 기존의 제조공법과 디자인, 설계 등의 한계를 뛰어넘게 함으로써 산업의 판도를 바꿔놓게 된다. 엔지니어, 디자이너, 건축가는 컴퓨터 설계, 입체가공, 소재공학, 합성생물학 등의 기술을 결합하고 융합해 우리가 소비하는 제품, 우리가 사는 집까지 탈바꿈시켜놓게 된다.

특히 ICT와 결합한 공장은 개인의 피부색, 성향 등 소비자 개인별 특성을 고려한 '1인 1품' 생산이 가능할 정도로 완전 자동생산체제를 완성하게 된다. 이렇게 되면 세상은 대량 생산 시대에서 소량, 맞춤형 제품 시대로 바뀌게 된다. 나만의 맞춤형 신발, 이 세상에 하나밖에 없는 맞춤형 의류의 시대가 열리게 된다.

1인 1품 생산의 대상도 다양해져 거의 모든 제품을 소비자 개인의 특성을 고려해 생산할 수 있게 된다. 이른바 '공급자혁명'이 일어나고 모든 소비자의 희망사항을 충족시키는 생산혁명이 가능해지게 된다.

3H 초산업 ③: AI, 사람의 입맛을 결정한다

일본의 맥주회사 기린KIRIN은 공장에 AI를 설치해 맛이나 향, 색깔, 알코올 도수 등을 AI가 결정하는 대로 맥주를 생산한다. 10년 이상 장인의 손길을 통해 탄생했던 맥주 맛이 AI의 손에 넘어가게 된 것이다.

이것의 장점은 무엇일까? 신제품 개발을 위해 다양한 실험이 가능해지고 제품 개발 시간을 크게 단축할 수 있다는 점이다. 만들고 싶은 맛, 향기, 맥주의 색이나 알코올 도수 등을 완벽하게 구현해낼 수 있다.

일본의 식품 회사인 아지노모토Ajinomoto도 발효 공정을 AI가 관리하고 감독하도록 할 방침이다.

3H 초산업 ④: 물류자동화로 부품을 무인 운송한다

우리나라의 르노삼성자동차는 무인 부품운송 시스템을 구축해 물류비를 차량 한 대당 15%나 절감했다. 부품을 실은 무인 부품운송 차량이 조립공장 라인 바닥에 설치된 물류자동화 라인을 따라 이동해 작업자들이 신속하게 부품을 꺼내 조립할 수 있도록 한 것이다. 작업자들이 부품을 찾아다닐 필요도 없고 부품을 들고 다닐 필요도 없어 저비용 고효율 생산이 가능해진 것이다. 지게차나 트랙터가 부품을 운반할 필요도 없어졌고 먼지 발생도 줄어 공장 환경도 쾌적해졌다.

3H 초산업 ⑤: 물류 '완전 무인화' 시대 열린다

드론 택배가 세상을 확 바꿀 전망이다. 온라인 쇼핑몰인 아마존이 영국에서 드론 택배에 처음으로 성공한 것이다. 쇼핑센터와 8.3km 떨어진 집에서 텔레비전과 팝콘을 주문한 뒤 받는 데 정확히 13분이 걸렸다. 현재 배달 가능한 무게는 2.3kg 이내로 향후 더 큰 물체의 배달이 가능하냐가 과제다.

국제특송업체인 UPS는 세계 최초로 르완다에서 드론 배송 서비스를 시작했다. 르완다의 서부 지역에 위치한 21개 수혈시설에 매일 최대 150건의 혈액을 긴급 배송하고 있다. 도미노피자는 뉴질랜드에서 처음으로 드론을 활용한 피자 배달 서비스에 성공했다.

일본은 2030년까지 '물류 완전 무인화'를 목표로 하고 있다. 무인 자율주행 트럭, 무인선박, 드론 등을 활용해 모든 물건의 배송을 무인화할 계획이다. 물류센터와 터미널에는 다기능 로봇이 상하차 작업을 하고 어디로 배송해야 할지 분류까지 마쳐 자율주행 트럭과 같은 무인 운송수단으로 원하는 목적지에 정확히 배달을 해준다. 구글, 아마존, DHL, 알리바바, 라쿠텐 등 전 세계 수많은 기업들이 음료수 하나까지 배달해주는 '드론 택배전쟁'을 준비하고 있다.

이제 사람의 도움 없이 기계가 사람의 역할을 하는 '무인' 시대가 성

큼성큼 다가오고 있다. 4차 산업혁명이 바꿀 미래의 공장과 산업지도에

빨리 익숙해져야 한다.

대변혁 ①: 언어혁명

1. 만능 음성비서의 등장

"알렉사, 지금 날씨는 어때?"

"지금 서울 하늘은 맑고 기온은 6도입니다."

"아리아, 오늘 일정을 알려줘"

"11월 1일 화요일, 총 3개의 일정이 있습니다."

직장인 김철균 씨는 갤럭시 S8을 꺼내 AI 음성비서 '빅스비'에게 요청한다.

"빅스비, 아내 생일이 5월 5일이야, 1주일 전에 알려줘."

생일이 다가오자 빅스비가 말해준다.

"1주일 뒤 아내 생일입니다. 잊지 마세요"

음성비서 덕분에 김 씨는 아내 생일을 잊지 않고 사랑을 받을 수 있게 된다.

별도로 존재하던 AI 음성비서가 휴대폰 속으로 들어오고 있다.

4차 산업혁명 총아, AI 음성비서가 온다

AI는 4차 산업혁명을 이끌 핵심 사업 분야이다. 음성비서는 물론 자율주행차, 빅데이터 분석, 로봇 등 거의 모든 디지털 디바이스에는 AI가 탑재되어 다양한 4차 산업혁명 결과물을 만들어내게 된다.

음성비서는 우리의 미래를 어떻게 바꿔놓을까? 음성으로 스마트폰의 거의 모든 기능을 수행할 수 있게 된다. 예를 들어 "빅스비, 어제 찍은 사진 보여줘"라고 말하면 스마트폰은 곧바로 사진들을 나열해 보여준다. 다시 "빅스비, 뉴욕 폴더 만들어서 사진을 넣어줘"라고 부탁하면 '뉴욕' 폴더를 만들어 뉴욕에서 찍은 사진만 별도로 모아준다. 인터넷을 보던 중 특정 인물에게 공유하고 싶은 내용이 있으면 "빅스비, 지금 보고 있는 화면을 캡처해서 송준기에게 보내줘"라고 말만 하면 순차적으로 기능을 실행한다.

이제 스마트폰이 사람의 말을 알아듣고 화면 캡처 → 메시지 앱 오픈 → 연락처 검색 → 수신자 선택 등의 복잡한 절차를 알아서 진행해주는 것이다.

사람보다 똑똑한 '음성비서'가 나온다

현재 등장한 AI 음성비서는 1세대라고 할 수 있다. 곧 탄생할 2세대 음성비서는 사투리든 영어든 한국어든 척척 사람의 말을 알아듣게 된다. 거기에 농담까지 주고받는 AI 비서까지 등장하게 된다.

"오늘 꼭 알아야 할 뉴스 좀 찾아줘."

"세제 좀 주문해줘."

"큰딸에게 전화해줘."

앞으로 스마트폰은 개인비서 역할을 하게 된다. 휴대폰에 대고 말만 하면 무엇이든지 스마트폰이 기능을 수행해준다. 운전 중이든, 취침 중이든, 물건을 들고 있든 근처에 스마트폰만 있으면 문자를 입력하지 않아도 '개인비서'에게 일을 시킬 수 있게 된다. 개인비서 시대를 겨냥해 삼성을 비롯한 애플, 구글, MS, 아마존, 페이스북, 바이두 등 내로라하는 기업들이 치열한 경쟁을 벌이고 있다.

글로벌 기업들의 '음성비서' 각축전

음성비서의 선발주자는 애플로 2011년 10월에 아이폰 4S와 함께 음성비서 '시리Siri'를 내놓았다. 이에 맞서 구글은 2012년 7월 '구글 나우현재 구글 어시스턴트'를 내놓았고 MS가 뒤이어 2014년 4월 '코타나'를 선보였다. 아마존도 2014년 11월 '알렉사'를 스피커에 내장해 내놓았다. 이에 뒤질세라 페이스북도 2015년 8월 'M'이라는 대화형 비서를 개발해 서비스를 시작했다. 여기에 중국도 가세해 바이두가 '듀어Duer'를 개발해 음성인식 정확도 96%를 실현했다.

음성비서, 사용할수록 똑똑해진다

이 음성비서의 놀라운 점은 사용할수록 사용자를 더 잘 이해하게 된다는 사실이다. 오래 사용할수록 사용자의 말투, 억양, 발음장애, 사투리, 주변 소음 등을 구분하는 능력을 갖추며 더 똑똑해지게 된다. 동음이의어를 구별하거나 새로운 신조어, 고유명사 등을 구별해서 스스로 학습을 하게 된다. 사람의 말을 이해하고 학습하는 머신러닝, 딥러닝을 하기 때문이다.

음성비서는 삶을 어떻게 바꿀까?

음성비서는 왜 주목받고 있을까? 거의 모든 전자제품 속으로 음성비서가 들어오기 때문이다. 앞으로는 수많은 텔레비전 채널에서 어떤 방송이 나오고 있는지 검색할 필요가 사라진다.

"사람들이 가장 많이 보고 있는 뉴스 틀어줘" 또는 "내가 좋아하는 스타일의 드라마 틀어줘"라고 주문만 하면 된다. 에어컨을 향해 "평균 온도 23도로 맞춰줘"라고 하면 되고 영화를 보고 싶을 때는 "인기 영화를 순서대로 보여줘"라고 말한 뒤 원하는 영화가 나타나면 "오후 3시로 예약해줘"라고 요청만 하면 된다.

음성비서는 어떻게 응용될까?

앞으로 등장할 음성비서의 기능은 무궁무진하다. 사람이 묻는 질문은 무엇이든지 답해주고 기능을 실행해주기 때문이다.

"미국 대통령 이름이 뭐야?"

"오늘 1달러는 원화로 얼마야?"

"요새 가장 인기 있는 팝송 틀어줘."

말만 하면 원하는 일을 대신 처리해준다. 그리고 음성비서는 다양한 기기와 결합이 이뤄지게 된다. 예를 들어 자율주행차와 결합되면 출발하기 전에 "차 시동 걸어서 실내온도를 18도로 맞춰줘"라고 하면 정확히 그 기능을 실행해준다. 쇼핑몰을 방문해서 "성능 대비 가격이 가장 싼 노트북 리스트 보여줘"라고 말만 하면 원하는 제품을 보여준다. 영어 공부나 일본어 공부 중에 음성비서에게 한국어로 단어를 물어보면 영어나 일본어 단어를 알려주고 문장을 물어보면 문장을 알려준다.

2. AI 통역사

음성비서의 다음 단계는 한국 사람과 미국 사람, 미국 사람과 스페인 사람, 스페인 사람과 중국 사람, 혹은 한·중·일 3개국 사람이 자국어로 자연스럽게 통화할 수 있는 시대를 열어주는 것이다.

MS가 개발한 '스카이프 트랜스레이터 Skype Translator'와 음성비서 코타나가 결합하면 40개국 메시지 번역 서비스를 받을 수 있다. 이렇게 되면 스마트폰 하나만 들고 전 세계 어디든지 언어 장벽 없이 여행할 수 있고 바이어를 만나 비즈니스를 할 수 있게 된다. 스마트폰의 음성비서가 자동으로 통역을 해주기 때문이다. AI 음성비서는 IoT를 사람의 말을 알아듣는 대화의 대상으로 바꾼다.

〈설국열차〉의 첨단 통역기

영화 〈설국열차〉에는 모국어가 다른 사람들이 한자리에 모여 대화를 주고받는 장면이 나온다. 서로의 언어를 배운 일이 없는 사람들이 의사소통을 할 수 있는 것은 '통역기' 때문이다. 통역기에 대고 이야기를 하면 이 말은 곧 상대방의 언어로 바뀌어 전달된다. 이 같은 영화 속 이야기가 현실이 되고 있다. AI 통역사는 언어의 장벽을 허물어 전 세계 어디에서든지 여행의 불편을 없애고 제품을 사고파는 수출입 상담의 장벽도 없애준다.

언어장벽의 붕괴… 스마트폰 통역사가 온다

MS의 스카이프 트랜스레이터가 실시간 동시통역 시대를 열었다. 2016년 10월 스카이프는 영상통화 서비스 사용자들이 메시지와 통화 내용을 실시간으로 통·번역해주는 기능에 러시아어를 추가 지원했다. 이로써 영어, 스페인어, 중국어만다린어, 이탈리아어, 프랑스어, 포르투갈어, 독일어, 아랍어에 이어 9개 언어의 실시간 교차 통화가 가능해졌다. 한국어도 머지않아 실시간 동시통역이 가능해질 전망이다.

예를 들어 미국 사람과 러시아 사람이 스마트폰으로 각각 자국어로 말해도 자동으로 자국어로 들리도록 마법을 발휘한다.

이 서비스의 가장 큰 특징은 말하는 동시에 글로 표시하고 이를 다시 음성으로 번역해줌으로써 스마트폰이 인간 통역사와 같은 기능을 하게 된다는 것이다. 한국어, 일본어와 같은 나머지 50여 개 언어의 경우 텍스트 번역 서비스가 제공된다. 한글을 50가지 이상의 언어로 메시지를 보낼 수 있는 온라인 번역기와 같은 역할을 하는 것이다.

스마트폰을 갖다 대면 간판, 메뉴판까지 번역된다

구글은 2007년 1월 최초로 독자 번역엔진인 '구글 번역기'를 선보였다. 무려 103개 언어전 세계 언어의 99%에 대해 자동 통역 서비스를 제공하고 있다. 특징은 이미지 인식과 실시간 채팅 기능에 있다.

구글의 실시간 번역 앱인 '워드 렌즈Word Lens'는 머신러닝을 통해 작동된다. 스마트폰 카메라에 이미지를 비추면 이미지 속에서 문자만을 찾아 31개 언어를 번역해준다. 이 기능은 AI 카메라인 '구글 렌즈Google Lens'와 결합해 사물 식별의 기능과 함께 번역 기능을 제공한다.

예를 들어 꽃 사진을 촬영한 다음 어떤 꽃인지 물어보면 그 꽃의 이름을 알려준다. 더 놀라운 것은 스마트폰 카메라로 간판을 찍으면 영어로 번역해준다. 앞으로 해외여행 중에 간판이나 메뉴판에 스마트폰 카메라만 비추면 원하는 언어로 메뉴판이 나타나게 된다.

음식점 간판을 구글 렌즈에 담으면 이를 자동으로 번역해서 알려주고 음식 메뉴, 가격, 결제 정보까지 알려준다. 유명 아티스트의 그림을 촬영한 사진을 보면 아티스트가 누구고 어느 작품인지도 알려준다.

한글, 전 세계 언어로 통·번역이 가능해진다

상대적으로 그동안 통·번역 언어에서 소외된 한글의 자동 통·번역도 빠른 시간에 궤도에 오르고 있다. 한국전자통신연구원ETRI과 네이버가 AI 기술을 바탕으로 한국어, 일본어, 중국어, 영어 등 4개 언어를 자동으로 통역해주는 서비스 '파파고Papago'를 내놓은 것이다.

원하는 텍스트를 입력하면 파파고가 원하는 외국어로 실시간 동시 통·번역을 해준다. 버튼을 누르면 음성으로 말해준다. 텍스트 입력이 불편하면 스마트폰에 직접 말하면 된다. 간판이나 잡지 사진을 찍어 특정 글자 부위를 터치하면 그 부분에 해당하는 문자를 인식해 번역해준다.

또한 한국전자통신연구원과 한컴인터프리는 자동통역 앱 '지니톡 Genie Talk'을 서비스한다. 한국어, 영어, 중국어, 일본어, 스페인어, 프랑스어, 러시아어, 독일어, 아랍어까지 9개 언어 통역 서비스를 무료로 제공한다. 말하면 즉시 해당 언어로 문자 변환이 가능하다. 글씨 작성, 사진 촬영 등도 바로 인식해 번역해준다.

세계 통·번역 1위 기업인 시스트란Systran을 인수한 씨에스엘아이 CSLi는 135개 언어 번역 서비스를 제공하고 있다.

스마트폰이 언어 장벽을 허물다

실시간 통·번역 기능이 다양한 앱의 형태로 이제 스마트폰 안으로 들어오고 있다. 스마트폰만 있으면 전 세계 어디에서든지 외국인과 의사소통을 할 수 있는 세상이 성큼성큼 다가오고 있다. 통·번역 기능이 스마트폰의 카메라, 키보드 입력, 영상통화 형태로 이뤄지고 있고 음성명령 기능을 가진 음성비서와 결합되고 있다.

삼성 갤럭시 S8의 '빅스비 비전Bixby Vision'은 해외여행 중 카메라로 외국어로 된 교통 표지판이나 식당 메뉴판을 비추면 한국어로 번역해 스마트폰 화면에 보여준다. 네이버 키보드는 외국인과 채팅을 할 때 한글로 메시지를 작성해 전송하면 네이버 번역엔진이 자동으로 원하는 언어로 번역해 상대방에게 전송해준다. 상대방이 자국어로 문자를 입력하면 한국어로 번역되어 확인할 수 있다. 이제 자국어로 외국인과 실시간 채팅이 가능한 세상이 됐다.

3. 뇌파로 의사소통을 하다

우리가 사람과 처음 만나 가장 먼저 하는 일은 악수를 나누고 명함을 주고받는 일이다. 전화번호만 휴대폰에 옮기면 명함은 쓰레기통으로 직행하기 일쑤였다.

여기서 의문을 품고 등장한 기기가 있다. 바로 '셰이크-온Shake-on' 밴드다. 맥주 회사인 버드와이저는 이를 친구 맺기 행사에 이용했다. 참가자들이 잔을 부딪치며 건배를 하면 자동으로 페이스북 친구 맺기가 된다. 이 기기는 정보교환 기기로 발전했다. 서로가 손목에 밴드를 차고 있으면 악수만 해도 기본적인 정보가 교환된다. 이미 말하지 않아도 소통이 이뤄지는 세상이 열리고 있다.

뇌파를 이용해 의사소통한다

2016년 4월, 미국 오하이오주립대 연구팀은 장애인이 마비된 팔을 움직이도록 하는 실험에 성공했다. 뇌와 컴퓨터를 접속시켜 컴퓨터 인터페이스를 통해 뇌의 생각을 읽어낼 수 있도록 돕는 것이다. 이 인터페이스는 뇌 신호를 분석해 휠체어 같은 외부 기기를 제어하거나 사지가 마비된 장애인의 의사소통을 가능하게 하는 기술이다.

뇌와 컴퓨터를 연결하는 인터페이스 기술은 현재 연구가 활발히 진행되고 있다. 페이스북은 '침묵의 언어 인터페이스'라는 이름으로 뇌와 컴퓨터를 연결하는 기술 개발에 성공했다. 이 시스템은 뇌 속에 있는 뉴런이 정보를 생산하면 외부 센서로 광학 이미징 기술과 초음파기기를 활용해 1초에 100여 회 뇌를 스캔해 뉴런이 자극되는 위치를 파악해 생각을 읽어내고 이를 문자화하는 방식이다.

스페이스 엑스와 테슬라의 CEO인 엘론 머스크 역시 인간의 뇌에 초소형 칩을 심어 컴퓨터와 연결하는 기술을 연구하는 스타트업인 뉴럴링크Neural Link를 설립했다. 뇌파를 이용해 생각하는 힘으로 사물을 작동하는 새로운 언어혁명이 곧 다가올 전망이다.

전자 칩, 인간의 기억을 보강한다

어느 날 갑자기 엄마, 아빠가 아들과 딸의 얼굴을 못 알아본다면 얼마나 황당할까? 만일 내가 치매에 걸려 집 전화번호가 생각나지 않고 집에 찾아갈 수 없다면 얼마나 슬픈 현실이 될까?

치매는 '인지기능장애'를 초래해 사람을 가장 피폐하게 만드는 질병이다. 대소변을 보는 방법을 잊어버려 아무 곳에서나 실례를 하고 기억력을 상실해 사람도 제대로 못 알아본다. 게다가 말까지 어눌해져 의사소통이 힘들어지고 사소한 일에도 화를 내고 고집을 부리게 된다. 이러한 모든 것들은 뇌신경 파괴에 따른 뇌 기능 저하에서 비롯된다. 4차 산업혁명은 이 같은 치매의 문제를 전자 칩 하나로 해결하는 도전에 나섰다. 나아가 인간의 기억력의 저장 기능을 강화시키려 한다.

인간의 뇌와 컴퓨터를 연결한다

뉴럴링크는 뉴럴 레이스Neural Lace로 불리는 IT 기술을 활용해 뇌와 컴퓨터를 연결하려 시도 중이다. 이 기술은 초소형 AI 칩AI Chip을 인간 뇌의 겉 부분인 대뇌피질에 이식한 뒤, 이 칩을 이용해 인간의 생각을 업로드·다운로드할 수 있게 해주는 첨단 기술이다. 이 기술이 상용화되면 뇌질환 환자나 간질, 우울증 등과 같은 정신질환 환자 치료의 길이 열리게 된다.

전자 칩, 인간의 기억보존 장치로 태어난다

지금까지 전자 칩은 로봇과 같은 기계의 전유물로 간주되었다. 하지만 4차 산업혁명으로 인해 전자 칩을 사람에게 심는 다양한 연구가 이뤄지고 있다.

2048년을 전망한 공상과학영화 〈토탈 리콜Total Recall〉처럼 전자 칩에 특정한 정보를 저장해 인간의 두뇌 속에 주입하거나 기억하고 싶지 않은 트라우마를 두뇌 속에서 제거할 수 있을 것이다. 동시에 영화 속 사람들처럼 손바닥 안에 내장된 칩으로 전화 통화를 할 것이다. 이 칩은 개인정보 식별 등 다양한 바이오 정보까지 담는다.

나아가 영화 〈셀프리스Selfless〉처럼 다른 사람의 기억을 이식해 다른 사람의 인생을 살 수 있는 시대도 가능해진다. 최첨단 실험실에서 배양된 젊고 건강한 몸에 자신의 기억을 담은 전자 칩을 이식하면 새로운 몸으로 영원한 삶을 누리는 것도 가능해진다. 타인의 몸에 자신의 기억만 이식해 신체는 남의 것이고 기억만 내 것으로 사는 미래가 열리게 된다.

기억을 분리하고 저장할 수 있게 된다

인간의 기억을 전자 칩 하나에 분리하고 저장할 수 있게 되면 인간은 불멸의 영생 시대를 맞게 된다. 남의 신체에 기억만 이식하면 되기 때문이다. 이렇게 되면 남자는 여자의 신체를 빌려서, 여자는 남자의 신체를 빌려 서로 다른 삶을 경험할 수도 있게 된다. 심지어 로봇의 몸을 빌려 기억을 저장해 '로봇인간'으로 영생의 길을 걸을 수도 있다.

탤런트 송중기나 전지현, 송혜교 얼굴을 닮은 사람의 몸을 빌려 기억만 심은 다음 유명 연예인의 이미지로 살 수도 있다. 노인은 젊은이의 신체로, 아이는 어른의 신체로 갈아탈 수도 있다. 황당하면서도 흥미로운 이야기다. 하지만 이 같은 과학기술이 우리 곁으로 다가오고 있다.

'뇌 임플란트'로 기억 손상을 없애다

뇌에서 기억을 어떻게 분리할 수 있을까? 사람의 기억은 뇌에 있는

'해마'가 담당한다. 이 해마를 전자 칩으로 교체하는 것이다. 이처럼 뇌에 전자 칩을 이식하는 기술을 '뇌 임플란트Brain implant'라고 한다. 한마디로 '기억이식'이라고 할 수 있다. 이 기술을 활용하면 뇌의 특정 기능이 손상됐을 때 AI 전자 칩을 삽입해 망가진 기억 능력을 복원시킬 수 있다. 그동안 신의 영역으로 간주됐던 인간의 뇌 기능을 전자 칩에 저장하고 기능을 강화할 수 있게 되는 것이다.

이 기술을 활용하면 '생각'하는 힘만으로도 사물과 신체를 통제할 수 있게 된다. 나아가 이 기술이 상용화되면 교통사고로 뇌가 손상되거나 뇌출혈로 뇌 기능을 상실했을 때 알츠하이머, 파킨슨, 루게릭, 헌팅턴 손발이 무의식적으로 움직이는 유전병 등 4대 퇴행성 신경질환으로 뇌 기능에 이상이 생겨 신체 움직임에 장애가 생겼을 때 뇌 임플란트가 장애를 극복할 수 있도록 도와준다.

뇌파만으로 사물을 움직인다

2016년 10월 스위스 취리히에선 '사이배슬론Cybathlon'이라고 하는 사이보그 올림픽이 최초로 열렸다. 장애인들이 로봇 보조기구를 착용하거나 이용해 기량을 겨루는 국제대회였다. 이 대회에서 눈길을 끈 종목은 뇌로 제어하는 자동차 경주였다. 장애인들이 다양한 장비를 머리에 착용하고 뇌파생각를 사용해 컴퓨터 안의 아바타를 제어함으로써 자동차 경주를 하는 게임이다. 참가자가 수많은 센서가 장착된 모자를 착용하면 이 센서가 사람의 뇌파를 읽고 그 생각대로 컴퓨터 속의 아바타가 움직이는 것이다.

생각만으로 휠체어를 운전하다

미국 듀크대 신경학과 연구진은 생각만으로 휠체어를 작동시킬 수 있는 새로운 기술을 개발했다. 놀라운 것은 뇌파, 두피에 주는 전극이나 외부 컴퓨터에 선을 연결시키지 않고 말 그대로 '생각의 힘'으로 휠체어를 조종할 수 있다는 것이다. 원숭이 뇌를 활용한 임상실험에도 성공했다. 이것이 어떻게 가능할까?

먼저 원숭이 뇌와 휠체어에 각각 머리카락처럼 가느다란 마이크로필라멘트Microfilament를 장착한다. 이러한 미세섬유를 사용한 무선 BMI원숭이 머리에 고정된 장치는 두 영역의 신경세포에서 수백 개의 신호를 동시에 내보낸다. 만일 원숭이가 목표 지점까지 가고 싶다고 생각하면 컴퓨터는 원숭이 뇌 활동에 나타나는 생각을 휠체어 작동이라는 명령어로 바꿔 휠체어를 이동시킨다. 이렇게 되면 사지마비와 루게릭병으로 근육을 움직일 수 없거나 이동하기 어려운 장애인들은 새로운 세상을 만나게 된다.

생각만으로 주먹을 쥐었다 편다

19세 때 다이빙 사고로 얼굴과 목을 빼고 전신마비가 된 24세의 청년인 이안 버크하트Ian Burkhart는 재활도구의 도움 없이 본인 생각만으로 손가락과 손목을 들어 올리는 데 성공했다. 여기에는 미국 오하이오주립대가 개발한 '뇌 임플란트' 기술의 힘이 컸다. 그는 2014년 6월 뇌 임플란트 기술을 통해 생각만으로 손을 들어 올리고 주먹을 폈다 쥐는 데 성공했지만 손가락까지 움직일 수는 없었다.

하지만 버크하트는 리듬게임인 〈플렛츠 온 파이어Frets on Fire〉을 통해 생각만으로 손가락을 움직이는 훈련을 했고 결국 손가락을 자유롭게 움직일 수 있게 됐다. 현재 버크하트는 손가락들을 따로 움직일 수 있고 손목과 손으로 6가지 동작을 할 수 있다. 컵을 들어 올리거나 숟가락을 집고, 수화기를 들어 귀에 갖다 대거나 컴퓨터 게임도 할 수 있다.

마비된 손을 어떻게 움직일 수 있을까?

어떻게 이런 꿈과 같은 일이 가능할까? '뉴로브리지 칩Neurobridge Chips' 때문에 가능하다. 뇌에 이식된 이 칩은 사람의 생각을 손목과 손가락으로 내보내 근육을 움직이게 하는 역할을 한다. 손을 움직인다고 생각할 때 뇌파가 이를 감지하고 전자 칩은 뇌파를 컴퓨터로 전송해준다. 컴퓨터는 그 뇌파를 전자파로 바꿔 사람의 손목에 감긴 밴드로 전달하고 이 전자파가 팔근육을 자극해 움직이게 만든다. 뇌가 내보내는 신호를 몸과 손목 근육과 직접 연결시켜 신경통로Nerve Bypass를 새로 구축해 마비된 신체가 움직이도록 하는 것이다.

'뇌 임플란트'는 뇌손상으로 신체를 제대로 쓰지 못하는 사람들에게 큰 희망을 줄 전망이다. 나아가 생각만으로 사물을 제어하는 새로운 미래를 열어줄 것이다.

대변혁 ②: 제조혁명

1. 1인 1품 시대

4차 산업혁명은 제조의 대혁명을 예고한다. 대량 생산에서 맞춤형 생산의 시대로 접어드는 것이다. 맞춤형 생산은 한마디로 나만의 신발, 나만의 자동차 같은 세상에 하나뿐인 내 것을 만들고 소비하는 것을 말한다. 또한 4차 산업혁명은 초연결성과 AI, 완전자동화를 융합시켜 현재의 공장을 완전히 다른 모습으로 탈바꿈시킨다. 무인 공장을 탄생시켜 소비자 개개인이 원하는 프리미엄 '완전 맞춤형' 제품을 현재와 같은 가격에 제공한다.

'1인 1품' 맞춤 생산의 혁명이 일어난다

이 세상에 하나뿐인 나만의 신발, 나만의 옷, 나만의 서랍장과 소파, 내가 디자인한 프리미엄 스포츠카…. 앞으로의 소비자는 지구상에 하나뿐인 '1인 1품' 맞춤 생산의 시대를 맞게 된다. 기업들은 다품종 대량 생산 시대를 접고 소품종 소량 생산 시대에 맞는 생산 시스템을 구축해야 한다.

나만의 신발이 5시간 만에 태어난다

스피드 팩토리는 단순히 공장만 자동화한 게 아니다. 각 개인에게 최적화된 제품을 최단 시간에 만들어 공급한다. 공장 이름처럼 제품 생산의 스피드가 빠르다. 신발 끈부터 깔창, 굽의 색깔까지 수백만 가지 옵션 중 소비자가 원하는 것을 선택하면 5시간 안에 제품이 완성된다. 고객이 원하는 1인 1품 생산 시대를 가능하게 하는 것이다.

이 같은 1인 1품 시대의 탄생은 소비자가 원하는 유행에 신속하게 대처할 수 있도록 해준다. 신제품 개발 기간을 열흘 이내로 단축시켜 시장 변화에 빠르게 대응할 수 있다. 많은 운동화 제작회사의 경우 디자이너가 고안한 새 운동화를 매장에 실제 제품으로 진열하려면 통상 1년 6개월이 걸린다.

2. 3D프린터 혁명

3D프린터, 마술 같은 미래를 연다

1인 1품 시대를 여는 미래기술의 핵심에는 AI와 3D프린팅 기술이 자리 잡고 있다. 3D프린팅은 거의 불가능한 게 없는 마술 같은 미래를 열어주게 된다.

네덜란드는 최근 3D프린팅 기술로 자전거 전용 다리를 만들어 세상을 놀라게 했다. 8m 길이의 자전거 전용으로 만들어진 이 다리는 3D프린터로 콘크리트 구조물을 만든 뒤 현장에서 조립하는 방식으로 만들어졌다.

지난 100년 동안 자동차는 대규모의 공장에서 대량 생산됐다. 하지만 미국의 로컬모터스Local Motors는 세계 최초로 3D프린터로 만든 전기차 '스트라티Strati'를 탄생시켰다. 이 회사는 2015년 미국 디트로이트 모터쇼에서 3D프린터를 설치해 44시간 만에 차량을 완성해 현장해서 주행 시범까지 보였다. 당시 1주일 동안 스트라티 3대를 만들었지만, 지금은 하루 1대 제작도 가능하다. 2016년에는 단 하루 만에 3D프린터로 IBM의 왓슨을 장착한 자율주행 전기 버스인 '올리Olli'를 만들어 선보였다.

이탈리아의 유명 셰프가 만든 똑같은 파스타를 한국에서 먹을 수 있는 방법은 없을까? 3D프린터만 있으면 가능해진다. 유명 셰프의 파스

3D프린터를 이용해 맞춤형 자동차를 만들 수 있다

타 레시피만 입력해 넣으면 3D프린터가 똑같은 맛을 구현해주기 때문이다. 3D프린터가 아침마다 즉석 식사를 만들어주는 공상과학영화 같은 '요리혁명'도 일어나게 된다.

또한 3D프린터를 통해 개인의 구강 구조에 맞는 틀니, 인공치아, 치아교정기를 저렴한 비용에 만들 수도 있다. 자신의 발 특성을 고려한 신발, 운동화, 슬리퍼까지도 제작이 가능하다.

AI가 사람의 입맛을 결정한다

영국 런던에는 요리사가 없는 식당인 '푸드잉크Food Ink'가 등장했다. 일류 셰프의 역할을 3D프린터가 대신하고 있다. 3D프린터에 레시피를 입력하면 가장 맛있는 요리를 해주는 세계 최초 3D프린팅 식당인 것이다. 가구와 접시, 포크 등은 물론 요리까지 3D프린팅으로 만든다. 이 식당의 셰프는 1만여 개의 조리법을 학습한 AI다.

4차 산업혁명으로 탄생할 기술의 진화는 소름끼칠 정도로 개개인의 개성과 요구사항을 반영한 첨단 맞춤형 시대를 예고하고 있다.

3D프린터, 하루 만에 집 짓는다

"우리는 현장에서 건물 전체를 인쇄할 수 있는 모바일 건설 3D프린터를 개발한 최초의 회사입니다."

미국 샌프란시스코의 스타트업인 '아피스 코어Apis Cor'의 이야기이다. 3D프린터로 집을 짓는 회사다. 합성수지를 여러 겹 쌓아 집을 짓는다. 2016년 12월 이 회사는 러시아 모스크바 인근의 한 마을에서 38m^{2}의 집을 하루 만에 만들어냈다. 한국건설기술연구원은 "2020년경에는 3D프린팅을 응용한 개인용 맞춤형 주택 시대가 열릴 전망"이라고 내다봤다.

3D프린팅은 기존 산업 시스템에서 '선주문 후생산 방식'을 지향한다. 즉, 기존의 '생산→유통→소비' 순으로 이어지던 방식이 '소비→생산→유통'의 순서로 바뀌는 것이다.

3D프린팅은 생산의 미래를 바꿔놓을 전망이다. 3D프린팅 시장은 매년 20~40% 수준의 빠른 속도로 성장하고 있다.

인공장기, 기계로 찍어낸다

영화 〈공각기동대〉의 주인공은 두뇌만 살아있고 몸은 의체로 이루어진 인간병기다. 주인공은 수술대에 누워 있고 장기와 피부 등 인체 모두가 인공기계로 채워진다. 3D프린터가 인간의 운명을 바꿀 인공장기를 만들어내는 것이다.

3D프린팅은 디지털 디자인 데이터를 이용해 2차원 이미지를 3차원으로 변환한 후 고분자·금속·세라믹 같은 소재를 층층이 쌓아 실제 물건을 만드는 기술을 말한다. 간이나 콩팥, 심장과 같은 인공장기까지 만드는 데 성공하며 21세기형 연금술로 각광을 받고 있다.

인공장기나 피부 같은 세포 구조체를 만들 수 있는 바이오잉크Bioink를 활용해 동맥, 간, 신장, 피부, 심지어 심장까지 바이오 3D프린터로 만들어낼 수 있다. 바이오 인공장기에는 사람의 세포가 들어 있기 때문에 몸에 이식했을 때 실제 장기와 동일한 기능을 하게 된다.

하지만 아직 이식이 가능한 단계는 아니다. 전문가들은 실제 사람에게까지 사용 가능한 단계가 오면, 현재 문제가 되고 있는 장기기증자 부족 현상을 해결할 수 있게 될 것이라 전망한다.

3. 무인 스마트 팩토리

스마트 팩토리, 생산방식을 바꾸다

GE는 인도 푸네Pune에 '브릴리언트 공장Brilliant Factory'을 세웠다. 소프트웨어와 하드웨어가 결합한 공장이다. 그런데 이 공장에서는 특이하게 제트엔진부터 기관차 부품에 이르기까지 항공·오일·가스·철도 사업에 필요한 모든 종류의 부품을 생산해낸다. 어떻게 한 공장에서 여러 분야에 사용되는 부품을 동시에 만들 수 있을까?

그 비밀은 실시간으로 데이터를 활용해 공정을 최적화한 데 있다. 모든 공장 설비에는 센서가 부착되어 있어 데이터를 실시간으로 수집한다. 자연스럽게 설비의 이상 유무나 제품의 오류는 자동으로 확인할 수 있다. 그간 축적된 빅데이터를 활용해 제품 설계 단계부터 자유롭게 시뮬레이션을 해본 뒤 실제 부품을 생산해낼 수 있어 부품 개발기간을 크게 단축할 수 있는 것이다.

인더스트리 4.0으로 공장을 혁신하다

독일은 스마트 팩토리가 바꿀 미래 산업을 '인더스트리 4.0'이라 규정한다. 인더스트리 4.0은 IoT를 통해 생산기기와 생산품 간의 정보교환이 가능한 제조업의 완전한 자동 생산 체계를 구축하고 전체 생산과정을 최적화하는 산업정책을 일컫는다. 독일은 이를 제4세대 산업생산 시스템이라고 한다.

1차 산업혁명증기기관의 발명, 2차 산업혁명 대량 생산, 자동화, 3차 산업혁명 IT를 산업에 접목에 이어 CPSCyber-Physical Systems가 4차 산업혁명을 가져올 것이라는 의미에서 붙여진 명칭이다. CPS는 현실 세계의 물리적 유기체가 IoT로 사이버 세계와 연결돼 생성된 다양한 데이터가 유용한 정보 제공을 해주는 가상물리 시스템을 의미한다.

예를 들어, 택시에 운전기록 장치를 설치하면 운행 데이터를 만들어주고 운전자가 착용한 디바이스로 심장박동 수를 측정해 스마트폰으로 숫자를 알려준다. 운전자와 자동차가 인터넷과 하나로 연결되는 것이다. 인더스트리 4.0은 제조업과 같은 전통 사업에 IT 시스템을 결합해 스마트 팩토리로 진화하자는 내용이 핵심이다.

ICT정보통신 기술를 이용해 공장의 기계, 산업장비, 부품들은 서로 정보와 데이터를 자동으로 주고받으며 기계마다 AI가 설치돼 모든 작업과정을 자동으로 통제하고 사람 없이 수리도 가능하도록 공장을 첨단화하는 것이다.

떠났던 공장이 귀환하다

독일의 스포츠용품 회사 아디다스는 1993년 인건비가 치솟자 독일을 떠나 공장을 동남아시아와 중국으로 옮겼다. 하지만 앞에서 말했듯 AI와 로봇, 3D프린터 등으로 무장된 신기술이 스피드 팩토리를 탄생

비용 절감을 위해 해외에 구축했던 생산시설을 본국으로 회귀시키는 '리쇼어링' 현상

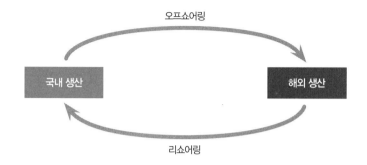

시키며 동남아시아에서 공장을 운영하는 것보다 훨씬 싼 비용의 효율성을 가져다주고 있다. 이 결과 아시아의 공장을 철수하고 독일로 대귀환하는 미래가 가능해졌다. 이렇게 되면 아디다스 아시아 공장에 근무하는 인력 100만 명의 98%가량이 대량 실직의 위기를 맞게 된다.

기술의 진화에 힘입어 중국과 미국, 중남미 등으로 나갔던 일본 제조업체들도 스마트 팩토리를 만들며 자국으로 유턴하고 있다. 대표적인 사례가 일본의 혼다로 소형 오토바이 '슈퍼커브'의 생산거점을 중국에서 일본으로 옮긴 사례다. 2012년 혼다가 생산비 절감을 위해 오토바이의 생산기지를 중국으로 옮긴 지 5년 만에 자국으로 유턴한 것이다. 혼다는 2016년에 소형 오토바이 '조르노' 생산거점도 중국에서 일본으로 옮겼다.

일본의 캐논도 미야자키현에 디지털카메라 공장을 신설한다고 발표했다. 인건비 부담은 공장 자동화로 낮출 방침이다. JVC켄우드도 고급

오디오 생산 거점을 말레이시아에서 일본으로 옮길 계획이다.

기술의 진화는 생산원가를 줄이러 해외로 떠났던 공장들의 귀환을 재촉하며 공장의 대이동과 함께 공장 근로자들의 위기를 몰고 올 전망이다.

대변혁 ③: 거래혁명

화폐 없는 거래혁명 일어나다

천경자 화백이 그렸다는 〈미인도〉에 대한 논란이 26년 넘게 이어지고 있다. 1980년대에는 빈센트 반 고흐의 작품 〈해바라기〉가 위작 논란에 휩싸였다. 앞으로는 블록체인이라는 기술이 '거래혁명'을 일으키며 위작 논란이 사라질 것이다.

블록체인은 거래정보를 하나의 덩어리블록로 보고 이것을 연결한체인 모음이다. 모든 거래내역이 기록된 공개장부라는 점에서 공공거래장부라고 부른다. 거래내역을 고치려면 네트워크상의 모든 컴퓨터가 기록을 바꿔야 하기 때문에 사실상 해킹이 불가능하다. 이 때문에 블록체인이 온라인 금융 거래나 가상화폐 거래에서 해킹을 막는 기술로 주목을 받고 있다.

블록체인은 가상화폐인 비트코인이나 이더리움을 소유·거래하는 방식에 적용되고 있다. 일반 화폐처럼 은행을 경유하는 대신 가상화폐는 소유와 거래 기록을 암호화해 인터넷상에 보관해둔다. 그리고 누구든 키가 있으면 열어볼 수 있다. 결국 모든 기록을 알 수 있다. 은행이 아니라 기록 자체가 소유권과 거래 이력을 증명한다.

이 같은 특성 때문에 금융회사가 블록체인을 활용하면 고객 데이터베이스의 유지 보수와 보안에 따른 막대한 비용을 줄일 수 있다. 고객도 안전하게 거래할 수 있어 거래혁명이 일어나게 된다.

블록체인, 제2의 인터넷 세상을 열다

블록체인은 우리의 삶을 어떻게 바꿔놓을까? 제2의 인터넷으로 '안전하고 빠르고 저렴한' 데이터 처리의 미래를 열어준다. 블록체인은 속성상 여러 주체가 거래장부 사본을 나눠 보관하기 때문에 해킹이 불가능하다는 게 장점이다. 특히 은행이라는 중개기관을 거치지 않더라도 개인과 개인 사이에 거래가 이뤄지기 때문에 신속한 거래가 가능하다.

그리고 은행을 거치지 않아 송금 수수료가 없기 때문에 거래 비용도 크게 줄어들게 된다. 중앙서버와 보안 시스템이 필요 없어 비용이 절감되는 것도 중요한 특징이다. 가상화폐가 하나의 거래, 통화수단으로 등장하게 되면 현실 속 화폐가 전혀 필요 없는 다른 세상이 열리게 된다.

나아가 블록체인 기술은 공공 데이터 관리나 의료 데이터 관리, IoT,

클라우드 서비스, 물류 시스템 등에 적용되어 지금과는 다른 저비용의 새로운 데이터 관리 시대를 열게 된다.

옴니채널, 온·오프라인 경계를 허물다

유통시장은 온·오프라인의 경계가 허물어지면서 '옴니Omni 채널' 세상이 된다. '옴니채널 서비스'는 소비자가 온·오프라인의 다양한 경로를 넘나들며 상품을 검색하고 구매할 수 있도록 한 서비스를 말한다. 소비자는 어떤 채널에서든 같은 매장을 이용하는 것과 같은 느낌을 받으며 쇼핑할 수 있다. 예를 들어 백화점 매장에서 홈쇼핑 제품을 입어보고, 온라인으로 장을 본 물건을 편의점에서 편리하게 받아볼 수 있는 쇼핑 방식이다.

앞으로 소비자는 백화점, 마트, 편의점 등 다양한 형태의 오프라인 채널과 온라인 채널이 하나로 통합되는 새로운 쇼핑 시대를 맞게 된다.

옴니페이, 지갑이 필요 없는 세상을 만들다

지갑이 필요 없는 모바일 결제 서비스, 이른바 옴니페이가 현금 없는 세상을 앞당긴다. 옴니페이는 근거리무선통신NFC을 비롯해 마그네틱 보안전송MST, 유심, 비콘Beacon, R코드, 바코드 등 다양한 간편 결제 방식을 한 번에 제공하는 플랫폼을 일컫는다.

옴니페이는 '모든'이라는 뜻인 '옴니'와 '결제수단'을 뜻하는 '페이먼트Payment'를 합성한 용어이다. 우리나라에서는 삼성페이, 네이버페이, YAP앱 등이 옴니페이의 대표적 결제수단이다. 앞으로는 스마트폰으로 결제하는 폰 페이, 원하는 시간에 원하는 곳에서 찾을 수 있는 스마트픽, 고객의 매장 위치를 기반, 쿠폰 및 정보를 제공하는 스마트폰 팟, 주문 후 2시간 내에 물건을 배송받을 수 있는 스마트퀵 서비스 등 놀라운 서비스가 쇼핑의 행복도를 높인다.

스마트폰 페이의 경우 지문 인증, 홍채 인증, 계산대 음파 등을 활용해 원터치 결제가 가능하다. 아마존은 오프라인에서 의류, 잡화 등을 직접 착용해보고 살 수 있는 '아마존 프라임 워드로브Wardrobe 서비스'를 제공한다. 온라인으로 산 옷, 신발 등을 주문해서 입어본 뒤 마음에 들면 사고, 그렇지 않으면 반품하는 서비스다. 이른바 온라인과 오프라인을 하나로 연결한 신개념 쇼핑 서비스다.

O2O 서비스가 온 · 오프라인을 연결하다

스타벅스코리아는 모바일 주문 서비스인 '사이렌 오더Siren Order'로 음료 주문의 혁명을 일으켰다. 사이렌 오더는 온·오프라인을 결합한 신개념 주문방식으로 2014년 5월 전 세계 스타벅스 최초로 한국 스타벅스에서 선보였다. 모바일을 통해 간단하게 미리 주문하고 결제할 수 있는 O2O Online to Offline 서비스다. 오프라인 매장과 디지털 세상의 결합이다.

따뜻한 음료가 식지 않게 하기 위해 주문한 고객이 매장에 들어와야 제조를 시작한다. 결제하고 매장에 가지 않으면 하루 뒤에 결제를 취소해준다. 일회용 컵인지 테이크아웃 요청인지 머그를 사용할건지 미리 체크하면 원하는 대로 음료를 받을 수 있다.

1. 무인점포

무인 쇼핑 시대가 열렸다

AI는 사람의 역할을 어디까지 대신할 수 있을까? 깜짝 놀랄 일들이 미국 대형 슈퍼마켓에서 일어나고 있다. 세계 최대 할인점인 월마트는 계산대가 없는 무인점포를 속속 도입하고 있다. 아마존도 점원이 필요 없는 신개념 오프라인 매장인 '아마존 고Amazon Go'를 선보이고 있다.

문제는 스마트폰으로 자동 결제가 이뤄지면서 계산을 도와주는 점원이 필요 없게 된다는 점이다. 월마트는 직원 7,000여 명을 감원할 방침이다. AI가 본격적으로 사람의 직업을 위협하고 생존을 어렵게 하는 세상을 만들고 있다.

아마존, 미래의 쇼핑 모델을 제시하다

아마존은 '아마존 고'를 2016년 12월 미국 시애틀에 최초로 선보였다. 선반에서 원하는 물건을 꺼내 그냥 들고 나가기만 하면 된다. 줄을 설 필요도, 신용카드를 지갑에서 꺼낼 필요도 없다. 그냥 자신의 스마트폰에 올라온 제품 목록을 보고 결제하면 된다. 제품을 쇼핑백이나 가방, 장바구니에 담기만 하면 스마트폰 앱의 '가상 장바구니'에 자동으로 제품 목록과 가격이 올라오게 된다.

물론 결제를 안 하고 나올 수 없다. 매장에 설치된 카메라와 RFID 등 센서들이 방문 고객들의 얼굴을 실시간 녹화하며, 스마트폰을 작동시켜야 입장이 가능하고 결제가 이뤄져야 매장 밖으로 나올 수 있다.

아마존은 "컴퓨터 시각화, 인식 센서, 딥러닝 기술을 융합한 '저스트 워크아웃 기술Just Walk Out Technology'을 도입했다"면서 "어떤 상품을 선택했다가 다시 가져다 놓을 경우 아마존 계정의 장바구니에서는 이를 정확히 인식해 가감할 수 있다"고 밝혔다.

월마트, 무인점포를 선보이다

월마트도 무인점포를 선보였다. 세계 1등 유통업체가 자회사인 샘스클럽Sam's club을 통해 무인점포 시대를 열었다는 점에서 파급 효과가 클 전망이다. 월마트가 선보인 무인점포 앱은 '스캔 앤 고Scan & Go'이다. 앱을 다운로드한 뒤 매장에 들어갈 때 QR코드를 스캔하면 매장에 들어갈 수 있다.

매장에 들어간 고객은 사고 싶은 제품의 바코드를 스마트폰으로 스캔하면 된다. 스캔한 제품은 앱에 제품 목록이 뜨고 매장을 나갈 때 직원에게 전자영수증을 보여주기만 하면 된다. 샘스클럽은 이 앱을 미국 내 645개 매장에서 활용하고 있다. 점점 사람의 일자리를 빼앗고 있다.

스마트 '냉장고 자판기'가 온다

식음료 자판기 회사인 '바이트 푸드Byte Foods'는 제품에 RFID를 부착해서 고객이 원하는 제품을 꺼내면 자동으로 인식해서 결제한다.

플라스틱카드를 자판기에 갖다 대면 문이 열리며, 문이 닫혔을 때는 없어진 품목에 대해 요금이 부과된다. 회사와 병원, 피트니스센터, 아파트 단지 등에서 24시간 사람을 대신해 물건을 파는 '무인 판매' 시대

정크푸드를 탈피한 스마트 자판기도 등장하고 있다

출처: 한국정보문화콘텐츠기술원

를 열고 있는 것이다.

항목도 다양해서 음료와 샌드위치, 샐러드 등 간단한 식사를 도와준다. 이들 냉장고는 AI가 빅데이터를 만들어서 팔리는 제품만을 채운다. 잘 팔리지 않는 제품은 가격이 자동으로 인하되는데 만일 커피가 떨어지면 매일 오후 커피를 사러 오는 사람에게 알려준다.

레지 로보, 무인 편의점 시대를 열다

일본의 파나소닉은 편의점 업체인 로손과 손잡고 무인 편의점 시스템인 '레지 로보'를 선보였다. 바코드 리더기가 삽입된 장바구니를 들고 원하는 제품을 스캔해 장바구니에 담는다. 이후 스캐너 박스에 내려놓기만 하면 자동으로 계산이 이뤄지고 잠시 뒤 자동으로 봉투에 담겨 구매자에게 전달이 된다.

한국에도 무인 주문대가 사람을 대신해 주문을 받고 있다. 맥도날드와 롯데리아 등 패스트푸드점을 방문하면 직원에게 주문하지 않고 기계에서 먹고 싶은 햄버거와 음료를 선택한 뒤 결제할 수 있다. 길게 줄을 설 필요도 없다.

스캔 기술이 진화한다

무인 쇼핑의 시대가 열리면서 스캔 기술도 진화하고 있다. 스위스의 스캔딧Scandit은 2m 넘게 떨어진 제품도 스마트폰으로 빠르게 스캔할 수 있는 기술을 선보였다. 바코드가 훼손되거나 희미하더라도 정확히 읽어낸다. 또한 구매자들이 쇼핑을 하면서 상품을 스캔해서 올리면 온라인 리뷰를 받을 수도 있다.

AI, 인류에 재앙 안겨주나?

AI가 사람을 계산대에서 몰아내면서 재앙을 안겨줄 것이란 우려가 나오고 있다. '아마존 고'는 앞으로 아마존의 가상 개인비서 '알렉사'와 결합될 경우 지금과 완전히 다른 미래 쇼핑 시대를 열 것이다. 사고 싶은 제품에 대한 궁금증을 직원이 알려주는 것이 아니라 스마트폰 속에 있는 알렉사가 더 친절하고 자세히 알려주기 때문이다. 매장 안에 원하는 제품을 찾을 경우 정확히 제품이 있는 장소까지 안내해준다. AI가 원하는 가격대, 원하는 스타일의 맞춤형 제품을 추천까지 해준다. 사람은 편리한 세상을 맞게 되지만 대량 실직을 우려해야 한다.

중국, 무인 편의점으로 유통혁명 일으키다

중국에서는 '신소매新零售'라는 신조어가 유행이라고 한다. 신소매란 온·오프라인, 물류가 결합된 새로운 형태의 유통 방식으로 알리바바 창업자인 마윈이 처음으로 제시한 개념이다.

알리바바는 물론 중국 전자상거래 2위 기업인 징둥, 대형 유통체인인 쑤닝 등 30여 곳의 업체가 무인 편의점 사업에 속속 뛰어들고 있다.

점원도, 넓은 공간도 필요 없어 영업이익을 높여주는 새로운 비즈니스 모델이 되고 있다. 예를 들어 F5웨이라이상뎬F5未商店 무인 편의점을 오픈하는 데 드는 비용은 일반 편의점 창업비용에 대비해 4분의 1에 불과하다.

무인 편의점의 이익률은 35%에 달할 정도다. 알리바바도 무인 편의점인 타오카페를 운영하고 있고 가장 먼저 중국에 무인점포를 연 빙고박스는 무인점포를 5,000개까지 늘릴 계획이다. 중국은 현재 무인 편의점 춘추전국시대이다.

2. 가상점포

가상 백화점, 쇼핑의 재미를 더한다

이제 쇼핑의 재미가 달라진다. 이베이는 호주 마이어백화점과 협력해 1만 2,500여 개 상품을 VR 기기로 구매할 수 있는 가상점포인 VR 백화점을 세계 최초로 구현했다. 알리바바는 세계 주요 백화점의 가상 스토어를 구축해 가상공간에서 상품 구경부터 결제까지 가능한 '바이플러스Buy+' 서비스를 시작했다.

우리나라에서는 현대백화점이 가상현실 스토어를 처음으로 선보였다. 고글을 끼면 눈앞에 매장이 펼쳐진다. 고개만 돌려 매장의 상하좌

우를 모두 살펴볼 수 있고 마음에 드는 제품 옆에 떠 있는 빨간 동그라미를 몇 초간 응시하면 상품의 가격과 정보가 자동으로 뜬다.

가상점포에서 가구 배치를 미리 해본다

스웨덴의 이케아는 가구를 사기 전에 마음에 드는 가구를 방이나 사무실에 미리 배치 또는 디자인할 수 있도록 하고 있다. AR증강현실로 가구를 미리 배치해보고 쇼핑하는 시대가 열린 것이다. 이케아코리아는 AR 앱인 '이케아 플레이스IKEA Place'를 통해 자사의 제품을 3D로 구현할 수 있도록 했다. 소파, 암체어, 풋스툴, 커피테이블, 수납장 등 약 2,000개 이상의 제품을 활용해 공간 디자인을 자유롭게 해볼 수 있다.

이 같은 기능을 활용해 제품의 크기, 디자인, 기능까지 실제 제품 비율을 적용해볼 수 있다. 예를 들어 집과 사무실, 학교, 스튜디오 등 가구를 배치하려는 실내공간의 크기를 정하면 자동으로 제품 비율을 조절해준다.

가구를 배치한 모습은 사진이나 영상으로 저장할 수 있어 가족이나 친구들에게 손쉽게 공유할 수 있다. 홈 인테리어 전문기업 한샘도 스마트폰 등 모바일 기기를 활용해 가상으로 가구를 배치해볼 수 있는 AR 서비스를 제공하고 있다. 자사 쇼핑몰에서 판매 중인 200여 개 가구를 3D뷰어를 통해 360도로 살펴볼 수 있고 자신의 주거환경과 잘 어울리는지도 확인해볼 수 있다.

나에게 맞는 옷을 미리 입어본다

일본의 유니클로는 소비자가 웹사이트에서 사고 싶은 옷을 선택하면 입력한 키, 연령, 체중이나 신체의 특징에 맞추어 추천 사이즈를 제안해준다.

스웨덴의 버추사이즈Virtusize는 이전에 구입한 정장과 비교한 사이즈를 이미지로 표시해준다. 사고 싶은 상품과 과거 구입상품 일러스트를 화면에 겹쳐 표시해 비교해볼 수도 있다.

영국의 핏츠미Fitsme도 가상 착용 서비스를 제공한다. 키나 허리둘레 등을 입력하면 자신을 닮은 체형의 모델이 화면에 표시된다. 헌옷 전문점 래그태그RAGTAG를 운영하는 틴팬앨리TINPANALLEY는 버추사이즈의 서비스를 활용한 뒤 소비자 반품 요청이 30% 정도 줄었다고 한다. 가상현실로 옷 입어보기 서비스가 고객의 만족도를 높여 반품을 줄이고 구매를 늘리는 효과를 발휘하고 있는 것이다.

이스라엘의 쇼핑업체인 지킷Zeekit은 소비자가 앱을 통해 자신의 신체를 촬영하면 자신의 신체 이미지에 원하는 의상들을 레이어Layer해 자신에게 가장 적합한 옷을 고를 수 있도록 해준다.

3. 드론 배달

드론발 배달혁명이 시작됐다

드론 택배가 세상을 확 바꿀 전망이다. 우리나라의 CJ대한통운도 국내 최초로 드론 물류배송 서비스를 시작했다. 영월 시범사업지역에서 영월영업소와 농업기술센터 사이 왕복 5.2km 구간에서 주 2회에 걸쳐 1kg 이하의 소형화물을 배송한다.

최근에는 드론이 택배, 택시, 자율주행차 등에 적용되어 교통과 물류혁명에 시동을 걸고 있다. 드론은 퀵서비스처럼 물건을 배달해주는 '택배 로봇'과 같은 역할을 하게 된다. 머지않아 어떤 물건이든 주소만 입력하면 폭탄까지 배달해 테러의 수단이 될 우려마저 나오고 있다.

드론 택배, 물류혁명을 일으킨다

드론 택배가 상용화하면 '배달혁명'이 일어나게 된다. 주변 16km 범위 내에 주문하는 물건은 30분 이내 배달이 가능한 '드론 택배' 30분 시대가 열린다. 교통체증도 없이 원하는 제품을 주변 쇼핑몰이나 마트에서 사는 것보다 손쉽게 손가락 몇 번만 움직이면 물건을 살 수 있게 된다. 도이치뱅크에 따르면 드론으로 인해 배달 비용을 최대 80%까지 절약할 수 있다. 물건을 더 싼값에 받아볼 수 있게 되는 것이다.

다만 날씨가 관건이다. 드론이 뜰 수 없는 날씨 상황이 되면 오히려 낭패다. 특히 배터리 수명도 관건이다. 중간에 배터리 수명이 다할 경우 추락사고의 위험이 있다.

그러나 더 큰 문제는 드론이 퀵서비스, 택배 등 인간의 일자리를 빼앗아갈 수 있다는 점이다. 동시에 하늘길이 복잡해져 예상치 못한 '드론 교통사고'가 새로운 사회문제가 될 수 있다는 점이다. 국회와 정부는 당장 예상되는 문제점에 대해 제도와 정책을 수립해야 한다.

AI가 배송 위치를 자동으로 확인한다

아마존이 선보인 드론 택배는 영국 케임브리지에 있는 배송센터 주변 $8.3km^2$ 안에 거주하는 고객을 겨냥하고 있다. 주문이 접수되면 제품이 자동으로 드론에게 전달된다. 드론에는 AI 기술이 탑재돼 있어 주소를 입력하지 않아도 주문할 당시 입력한 주소대로 배송 위치를 정확히 파악해서 찾아간다. 사람의 참여가 필요 없는 하나의 자동화 시스템인 것이다. 사람의 노동력이 점차 줄어드는 세상이 된다. 힘들게 일하는 퀵서비스, 택배기사도 설 자리를 잃게 될 수 있다.

UPS, 의료용품을 드론으로 배송하다

국제특송업체 UPS는 세계 최초로 아프리카 르완다에서 드론 배송 서비스를 시작했다. 르완다 서부 지역에 위치한 21개 수혈시설에 매일 최대 150건의 혈액을 긴급 배송하고 있다. 르완다는 출산 직후 출혈과

다로 산모의 사망률이 높은 국가다.

르완다는 혈액 보관시설이 부족한 데다 도로 사정도 열악해 장마 기간에는 교통이 마비되어 위급한 상황이 숱하게 발생한다. 르완다에 투입된 드론은 우천 시에도 왕복 150km를 비행할 수 있으며, 한 번에 1.5kg의 혈액을 적정한 온도를 유지하며 배송할 수 있다. 드론이 사람들의 생명을 구하는 일에 앞장서고 있는 것이다.

드론이 세계에서 처음 배달한 피자

도미노피자는 뉴질랜드에서 세계 처음으로 드론을 활용한 피자 배달 서비스에 성공했다. 도미노피자는 'DRU 드론'을 활용해 오클랜드 20마일 북쪽에 살고 있는 자니 노만 씨의 집으로 피자를 5분 만에 배달했다. 드론의 피자 배달이 아르바이트하는 청년 일자리마저 빼앗아갈 날이 다가오고 있다.

드론 택배 전쟁이 일어난다

구글, 아마존, DHL, 알리바바, 라쿠텐 등 전 세계 수많은 기업들이 음료수 하나까지 배달해주는 '드론 택배 전쟁'을 준비하고 있다. 일본의 라쿠텐은 한 골프장에서 100여 종의 메뉴를 드론으로 배달해준다. 구글은 편의점 용품까지 배송해주는 '윙 프로젝트'를 추진 중이다. 구글은 태양전지판으로 이루어진 대형 드론을 상공에 띄워 5G 이동통신용 전

파신호를 지상에 쏘아주는 프로젝트 '스카이벤더'를 상용화했다.

유럽 최초로 물품 배송허가를 받은 '도이치 포스트 DHL'은 파셀콥터Parcelcopter를 이용해 북해 연안 독일령 유이스트섬에 의료물품을 시험 배송하는 데 성공했다.

우버, 자율주행 택시 서비스를 시작하다

차량공유 서비스 회사인 우버는 미국 샌프란시스코에서 볼보 XC 90으로 자율주행 택시 서비스를 시작했다. 2016년 9월 피츠버그에서 시험 주행을 진행한 데 이어 상용화가 이뤄진 것이다.

이 차량에는 사람의 눈으로 보기 힘든 사각지대를 포함해 주변 지형을 분석하는 원격 레이저 시스템인 라이더LiDER 센서와 카메라 등이 탑재돼 있다. 운전자는 자리에 앉아 주행 상황을 지켜보기만 하면 된다. 필요하다면 직접 운전을 하는 것도 가능하다. 자율주행차 시대가 이미 시작된 것이다.

머지않아 드론이 물품 운송의 패러다임을 바꿔놓을 전망이다. 가정집에 생필품 배달은 물론 섬과 오지, 차량 접근이 힘든 산악지대, 교통 체증으로 제때 배송이 힘든 지역 등 드론 배달은 많은 변화를 가져올 전망이다.

4. 현금제로 · 가상화폐

일본에 등장한 비트코인 ATM 기기

일본에서는 산업계와 금융계가 비트코인과 같은 가상화폐 상용화를 서두르고 있다. 전통적으로 현금 결제를 선호하는 사회 분위기와는 정반대 현상이다. 가상화폐 활성화를 통해 탈현금캐시리스 사회로 변신하겠다는 구상이다. 일본 정부는 결제나 송금 편리성, 보안성을 앞세워 국가 차원의 법적·제도적 지원을 강화하고 있다.

가상화폐는 인터넷상에서 거래되는 화폐로 중앙은행에 해당하는 관리자가 없다. '거래소'를 통해 실제 화폐와 교환할 수 있다.

일본은 자금결제법을 개정해 가상화폐를 거래하려면 '가상화폐교환사업자'로 등록하도록 하고 있다. 18개사 정도가 가상화폐 거래 등록을 준비 중이며, 인터넷 증권사 등 10여 곳이 신규 진입을 시도하고 있다.

현금 없는 사회가 열린다

가상화폐가 뿌리 내리면 현금 없는 사회가 된다. 팀 쿡 애플 CEO는 "다음 세대 아이들은 돈이 뭔지 모르게 될 것"이라며 현금 종말론을 주장한다.

케네스 로고프 하버드대 교수는 저서《현금의 저주*The Curse of Cash*》에서 "탈세와 범죄행위를 막기 위한 방법으로 고액권 화폐를 폐지할 것"을 제안했다. 이 같은 의견의 영향으로 일본에는 1만 엔권 폐지론이 거세게 일기도 했다.

유럽중앙은행ECB은 2018년 말 500유로 지폐 발행을 중단하기로 결정했다. 지폐가 돈세탁에 악용되고 있다는 우려가 높아지면서 테러와 범죄단체의 자금줄을 끊겠다는 목적에서다. 하지만 진정한 목적은 장기적으로 현금을 없애려는 계획의 첫걸음이라는 해석이 지배적이다.

스웨덴, 덴마크 등 북유럽 국가들은 이미 현금 고액거래를 제한함에 따라 현금 사용이 급속도로 줄어들고 있다.

중국발 캐시리스 결제혁명

중국이 결제혁명을 일으키고 있다. 알리페이와 위챗페이가 각각 1조 2,000억 달러약 1,340조 원, 1조 7,000억 달러약 1,900조 원를 모바일로 움직인다. 플라스틱카드의 강자인 비자, 마스터는 물론 중국 거대 은행인 은련銀聯을 바짝 위협하는 수준까지 이르렀으며 세계 카드 시장 3위인 아멕스카드를 제쳤다.

알리바바는 '차세대 금융 네트워크 구상'까지 내놓았다. 알리페이 이용자는 국경과 상관없이 상품과 서비스를 구입할 수 있고 동시에 전 세계 가맹점은 세계를 대상으로 상품과 서비스를 판매할 수 있는 결제 시스템이다. 세계 어디로든 송금도 가능하다. 이른바 중국판 핀테크 굴기 프로젝트다.

중국은 노점에서 바나나를 사기 위해 10위안을 내더라도 위챗페이를 이용해 결제를 해야 한다. 중국 프랜차이즈 식당인 '아이러브귀리'에 가면 종업원이 없다. 스마트폰에서 위챗으로 QR코드를 찍어 메뉴를 선택하고 결제도 위챗페이로 한다. 스마트폰만 있으면 대중교통과 식당은 물론 노점에서도 결제가 가능하다. 춘절설 세뱃돈도 스마트폰을 통해 준다. 640억 건이 오갈 정도다. 중국이 이처럼 캐시리스 천국이 된 이유는 금융거래실명법과 같은 규제가 없기 때문이다.

인도의 캐시리스 혁명

"50시간 이내에 돈을 환금이나 계좌에 넣지 않으면 종이쓰레기가 될 것이다."
인도도 작년 11월 부패 척결을 이유로 화폐 개혁을 단행했다. 전체 화폐 유통 물량의 86%를 차지하는 500루피와 1,000루피 등 고액권 화폐 2종을 없애고 새로운 500루피와 2,000루피 화폐로 교환하도록 했다. 유례없는 과감한 화폐 개혁에 처음엔 혼란이 극심했지만 개혁 이후 뜻밖에도 모바일 결제 규모가 2배 이상 늘어나며 현금은 물론 카드 없는 사회가 머지않았음을 시사했다.

대변혁 ④: 이동혁명

1. 자율주행차의 등장

졸음을 경고하고 기분을 읽는 자동차가 온다

자율주행차의 핵심은 AI 탑재다. 앞으로 AI로 무장한 자율주행차가 새로운 미래를 열게 된다. 사람을 대신해서 AI가 차량 내 탑재된 모든 기능을 작동시킨다. 운전자는 차량에 탑승만 해서 목적지만 정하면 된다. AI는 어두워지면 자동으로 라이트를 켠다. 스스로 차선을 바꾸고 신호를 감지해서 빨간색이 들어오면 정차한다. 위험물이 등장하거나 앞차가 급정차하면 자동으로 멈춰 선다.

AI 컴퓨팅 기업인 엔비디아NVIDIA는 차량용 AI 컴퓨터 '자비어Xavier'를 공개했다. 자비어는 운전자의 얼굴을 인식하고 시선과 머리 움직임, 말할 때의 입술 움직임까지 감지한다. 만일, 운전자가 전방 주시 의무를 지키지 않거나 졸면 바로 경고 메시지를 내보낸다.

자율주행차, 탑승자 감정까지 알아낸다

사람과 교감하는 자율주행차는 운전자나 탑승자의 기분 상태까지 판단해서 주행 환경을 만들어준다. 화가 난 경우는 마음을 가라앉히는 음악을 틀어주고 피곤해 보이면 잠을 잘 수 있도록 실내조명을 낮춰준다.

혼다는 '감정엔진'이 탑재된 자동차 '뉴브이NeuV'를 개발했다. 대시보드 화면에 있는 카메라가 운전자 기분을 파악해 노래를 재생하거나 중지하고 탑승자의 잘못된 습관까지 지적해준다. 운행 중이 아닐 때는 다른 사람이 차량을 사용할 수 있도록 차량공유 시스템까지 갖췄다. 탑승자의 기분을 알아내서 주행 속도를 조절하고 주행 분위기도 조성한다. 이뿐만이 아니라 앞으로 차량에 탑재될 'AI 음성비서'는 운전자나 탑승자와 소곤소곤 대화까지 나누게 된다.

미래의 자동차, 사람과 실시간 교감한다

일본 토요타는 차량 윗면에 넓게 자리한 OLED 창을 활용해 자동차가 탑승자와 실시간으로 교감하는 자율주행 콘셉트카 '愛i유이'를 개발했다. 유이는 탑재된 AI가 탑승자의 감정이나 신체 상황을 읽어내 실시간으로 주행에 반영한다.

운전자의 운전 상태를 점검해서 집중력이 떨어질 경우 자율주행으로 바꿔준다. 음성비서까지 탑재해 자율주행 모드로 갈지 수동으로 주행할지를 음성으로 실행할 수 있다. 공상과학 영화에서나 보던 미래의 차처럼 문이 날개처럼 열리고, 다양한 색깔의 OLED를 활용해 "조심하세요", "안녕"과 같은 자막을 차 바깥에 표현해 다른 이들에게 재미를 줄 수도 있다.

'초연결' 자율주행차가 온다

독일의 보쉬Bosch는 IoT 기술을 접목한 초연결 콘셉트카를 공개했다. 이 차는 사람이 운전석에 앉는 순간 얼굴을 인식해 시트와 실내온도, 사이드미러 등을 최적의 환경으로 맞춰준다.

평소 즐겨 찾는 라디오 채널이 있으면 주파수까지 맞춰준다. 차 안에서 모니터를 통해 화상회의를 할 수 있고 텔레비전 프로그램은 물론 영화를 다운받아 볼 수 있다. 일정 확인은 물론 회사 업무는 무엇이든 차량 안에서 처리할 수 있다. IoT를 기반으로 초연결성을 갖게 됨에 따라 자동차가 거의 개인비서와 다름없는 역할을 하게 되는 것이다.

이 같은 연결성은 자동차와 운전자 간 맞춤 커뮤니케이션을 가능하게 할 뿐만 아니라 자동차를 가정, 사무실과 연결시켜 '제3의 생활공간'으로 거듭나게 할 수 있다.

동네 주차장을 쉽게 찾아준다

차량의 '초연결성'은 앞으로 주차장을 손쉽게 찾을 수 있도록 도와준다. 각 주차장과 차량이 센서로 연결되어 '주차' 버튼을 누르면 공간이 빈 곳으로 차량을 안내해준다. 차량이 도로를 운행하는 사이 센서들이 빈 주차공간을 감지해 내비게이션으로 주차 상황을 알려주는 것이다. 이른바 '커뮤니티 기반 주차' 솔루션이 차량에 장착된다.

차량이 집과 사무실이 된다

독일의 BMW는 집과 사무실이 되는 자동차 'BMWi'를 선보였다. 운전자는 자율주행 기능에 운전을 맡기고 거실 소파에 앉은 것처럼 책을 읽거나 컴퓨터 작업을 할 수 있다. 음악을 듣거나 영화를 볼 수도 있고 게임을 맘껏 할 수도 있다.

화상회의도 할 수 있다. 뒷좌석에서 영화를 재생하면 차가 알아서 조명을 어둡게 조정해주고 블라인드가 자동으로 내려온다. 음성비서는 친구와 약속장소를 정해주고 예약까지 해준다.

현대자동차, 2030년에 완전자율주행을 상용화한다

현대자동차는 아이오닉 일렉트릭 자율주행차 개발에 성공했다. 운전대에 손을 대는 사람이 없어도 스스로 운전하고 차선을 자동으로 바꾼다. 운전대에 손을 놓고 통화를 하거나 음료를 마셔도 차량이 문제없이 도로를 달린다. 교차로에서도 어김없이 신호등대로 움직인다.

아이오닉 일렉트릭 자율주행차는 미국자동차공학회SAE가 분류한 레벨 1에서 5까지 5단계의 자율주행 기준 레벨에서 기술적으로 완전 자율주행 수준을 의미하는 레벨 4를 충족시켰다. 2020년까지 고도 자율주행 단계에 들어가고 2030년에는 완전 자율주행차가 상용화되어 우리 곁으로 다가올 것으로 보인다.

스마트폰으로 문을 열고 차량을 점검한다

앞으로 자동차 키가 필요 없어진다. 키가 스마트폰 안으로 들어와 스마트폰만 있으면 시동을 걸고 차문을 잠글 수 있게 된다. 스마트폰에 다운받은 차량 앱은 자동차의 연료 상태와 차량 부품 상태를 정확히 알려준다. 언제 어디서든지 인터넷이 가능하도록 와이파이 핫스팟 기능이 제공된다.

2. 초고속 이동

서울~부산 16분 시대가 가능해진다

기술은 어디까지 진화할까? 순식간에 공간 이동을 할 수 있는 꿈의 기술이 각광을 받고 있다. 이른바 초음속열차와 초음속여객기가 등장해 5년 안에 '이동혁명'을 안겨줄 전망이다. 서울~부산 16분, 서울~뉴욕 3시간대 이동이 가능해진다. 이렇게 되면 지구촌은 말 그대로 '운송혁명'을 맞이하게 된다.

초음속 기술이 뜬다

기술의 핵심은 '초음속Supersonic Speed'에 있다. 초음속은 음속보다 빠른 속도를 말한다. 물체의 속도를 음속으로 나눈 값을 마하수로 표시하는데, 이 마하가 1 이상이면 초음속이라고 한다. 초음속은 음속, 말 그대로 소리의 속도보다 빠르다는 의미다.

마하 1은 상온에서 초당 약 340m, 즉 시속 약 1,224km를 이동할 수 있는 속도이다. 따라서 마하 1 이상인 초음속은 상상하기 어려운 빠른 속도다.

서울~부산의 16분 만에 주파… 시연회 성공

미국의 '하이퍼루프 원Hyperloop One'은 음속열차를 개발 중이다. 현재 서울에서 부산 간 이동 시간은 비행기로 55분 걸리지만 음속열차가 개발돼 국내에 들어오게 되면 서울~부산 이동 시간이 16분으로 단축된다. 놀라운 생활혁명이 가능해진다는 결론이다.

개발 중인 음속열차 '하이퍼루프Hyperloop'는 열차를 띄워 사람이나 화물을 음속에 가까운 시속 1,200km로 옮길 수 있는 교통 기술이다.

정전과 같은 사고가 나도 멈출 때까지는 열차가 떠 있기 때문에 엄청난 속도에도 불구하고 안전하다는 게 회사 측의 설명이다. 문제는 터널을 만들고 그 안에서 자기부상열차가 달리도록 해야 한다는 점이다.

'진공터널'로 공기저항 없애 속도 높인다

고속철도도 자기부상열차를 기술을 토대로 현재 시속 600km로 달릴 수 있다. 하지만 하이퍼루프는 진공터널을 만들어 속도를 내도록 하는 획기적 발상을 하고 있다. 게다가 상층부를 태양광 패널로 만들어 에너지를 자급할 수 있도록 했다.

이 회사는 최근 미국 라스베이거스에 소재한 사막에서 기술력을 선보이는 시연회에 성공했다. 시연 결과 하이퍼루프는 1초 만에 시속 100km를 돌파한 데 이어 다시 1초가 더 지나자 시속 480km의 속도를 냈다. 이 기술이 실용화되면 미국 LA에서 샌프란시스코까지 30분 만에 주파할 수 있게 된다.

워싱턴D.C.~뉴욕, 29분 만에 주파한다

스페이스 엑스와 테슬라의 CEO인 엘론 머스크는 워싱턴 D.C.와 뉴욕을 29분 만에 주파하는 도전에 나섰다. 그는 "워싱턴 D.C.와 뉴욕을 29분 만에 주파하는 하이퍼루프에 대해 (정부의) 첫 구두승인을 받았다"고 밝혔다.

머스크는 트위터에 "워싱턴 D.C.와 뉴욕을 잇는 새로운 초고속 운송 네트워크는 필라델피아와 볼티모어에서도 정차할 것이며, 각 도시에는 지하 승강장과 연결되는 최대 12개의 엘리베이터 출입구가 설치될 것"이라고 말했다.

중국, 음속 10배의 '극초음속 비행체' 개발

중국의 시도는 더 놀랍다. 음속의 10배에 달하는 극초음속 비행체를 개발해 마무리 단계에 들어갔다. 음속의 10배, 즉 마하 10은 1초에 3.4km를 비행하는 것이다. 이 속도가 실제로 가능해지면 1시간 안에 지구상 어디든지 갈 수 있게 된다.

중국 언론들은 최근 산시성의 우차이 미사일시험센터에서 극초음속 비행체의 시험발사에 7번째 성공했고 관련 기술을 개선 중이라고 보도하고 있다. 중국에서 개발한 극초음속 비행체 'DF-ZF'는 시험비행에서 핵탄두를 탑재하고 대기권 가장자리에서 최고 시속 1만 1,000km로 비행한 뒤 중국 서부 지역에 착륙하는 데 성공했다. 미국 국방부는 중국의 극초음속 비행기를 최첨단 방공망을 뚫고 표적을 타격할 수 있는 군사용으로 보고 경고논평까지 냈다.

2013년 S-51A 극초음속 비행체 시험발사에 성공한 미국도 2020년대까지 극초음속비행체무기AHW를 실전 배치할 전망이다.

초음속여객기 시대가 온다

현재 상용화된 운송수단의 속도는 KTX가 시속 305km, A-380이 시속 1,000km다. 유럽에서는 시속 2,000km의 콩코드Concord를 개발해 인천공항에서 미국 LA까지 5시간에 갈 수 있었지만 폭음과 추락사고 여파로 2003년 자취를 감췄다. 안전성 외에 일반 요금의 15배가 넘는 항공료 또한 큰 부담으로 작용했다.

하지만 영국의 '붐Boom'이란 벤처기업이 현재 런던~뉴욕 간 기존 비행 시간인 6시간 30분을 3시간 30분으로 단축할 수 있는 40인승 초음속여객기를 개발 중이다. 가격도 5,000달러약 560만 원 선이다.

미항공우주국 나사도 록히드마틴과 손잡고 2020년 시험비행을 목표로 서울에서 뉴욕까지 13시간 걸리는 거리를 3시간 만에 갈 수 있는 초음속여객기 '엑스-플레인'을 개발 중이다. 아침에 서울을 떠나 오후에

초음속여객기로 서울~뉴욕을 3시간 만에 갈 수 있다

는 미국 뉴욕에서 회의를 하고 다시 밤에는 서울에 있는 집으로 돌아오는 꿈같은 상상이 현실이 된다.

속도혁명, 지구촌 생활 패턴을 바꾼다

지구촌의 발달은 속도혁명에서 비롯됐다. 증기기관차를 비롯해 선박, 열차, 고속철도, 비행기 등의 등장은 글로벌화를 앞당겼고 나아가 제품의 유통혁명을 일으켰다. 철도의 탄생은 산업혁명을 가능하게 했고 지식과 정보의 유통 속도를 획기적으로 바꿔놓았다. 초음속열차와 항공기가 등장한다면 지구촌에는 또 다른 생활혁명이 일어나게 된다.

저렴한 '초음속 여행 시대' 열린다

새롭게 등장할 하이퍼루프는 '속도혁명'에 그치지 않고 '운송비혁명'까지 동반하게 된다. 공기저항을 없앤 진공터널은 에너지 소모를 극적으로 줄일 수 있다. 자기부상이기 때문에 설비가 마모되는 일도 없다. 터널 건설 역시 표준화된 원통형 부품을 연결하기만 하면 된다. 상층부의 태양광 패널은 에너지를 남아돌 정도로 충분하게 된다. 이렇게 되면 건설비, 유지비, 운영비 등이 기존 운송수단보다 저렴한 '운송혁명'이 일어나게 된다.

미래에는 저가의 초음속 여행 시대가 열리게 된다는 것이다. 이미 미국에서는 캘리포니아주 내 중심 도시인 샌프란시스코와 LA를 잇는 '하이퍼루프' 도로를 건설 중이다. 개발이 끝나면 두 도시 간 600km의 거리를 단 30분 만에 관통할 수 있게 된다. 도로는 2018년 완공될 예정이며 올해 안에 두 도시 사이의 키밸리 지역 8km 구간의 시험트랙이 완성된다. 우리나라도 과학기술 역량을 강화해 미래 기술경쟁에서 뒤처지지 않도록 해야 한다.

3. 드론 택시

드론 택시가 자동차를 대체한다

먼 훗날 도로 위를 달리는 자동차가 사라지게 될까? 대신에 교통혼잡도 없고 길이 막혀 약속 시간에 늦는 일도 없는 세상이 열리게 될까? 그런 가능성의 시대가 다가오고 있다. 교통정체 없는 세상이 열리게 된다. 이른바 드론 택시가 차량 이용문화를 바꿔놓게 된다.

두바이Dubai는 드론 택시를 도심 교통수단으로 도입할 방침이다. 시험운행에 성공한 드론 택시는 독일의 이-볼로E-Volo가 개발한 개인용 드론 '볼로콥터Volocopter'로 18개의 프로펠러가 달린 2인승이다. 40분 충전에 평균 시속 50km로 약 30분을 운행할 수 있다. 이 드론은 활주로 없이 수직 이착륙이 가능하며 무엇보다 조종이 쉬워 초보자도 5시간이면 숙달이 가능하다. 취미용 드론을 조작하듯 조종석에서 조이스틱만으로 원하는 방향으로 움직이면 된다.

두바이는 2021년 무인 탐사선을 우주에 보낼 계획이며, 이 지역 최초의 무인 로봇 경찰관 프로토타입을 도입한 바 있다.

사람을 태우는 드론이 나온다

중국의 민간 드론업체 이항Ehang, 億航은 세계 최초의 유인 드론 '이항 184'을 선보였다. 세계 최초로 사람이 탈 수 있는 드론으로 이른바 '하늘을 나는 자동차'이다. 이미 100회 정도 자체 시험비행도 성공적으로 마쳤다. 승객이 좌석 앞에 있는 태블릿PC에 목적지를 입력하면 기체에 탑재된 AI가 자율비행을 시작한다. 평균속력이 시속 100㎞, 최고 비행고도는 900m로 설계됐다.

물위에 뜨는 '플라잉 카'도 개발

하늘을 나는 자동차. 생각만 해도 가슴 설레는 일이다. 도심 한가운데 차가 막혀 이동할 수 없을 때 '하늘을 나는 자동차'만 있으면 막힌 도로 위를 시원하게 날 수 있다.

그 꿈같은 일이 현실이 되고 있다. 구글 공동창업자 래리 페이지와 자동차 전문기업 키티호크Kitty Hawk가 최근 '하늘을 나는 전기자동차' 개발에 성공했다. 현재 미국 실리콘밸리에서는 많은 벤처기업들이 '하늘을 나는 자동차'를 개발 중이다.

이 차는 제트스키 모양이다. 차체 밑에 달린 8개의 프로펠러의 도움으로 물 위에 뜬다. 캘리포니아주의 한 호수 위 약 4.5m 상공을 5분 동안 비행하고 착륙하는 데 성공했다. 전기로 움직이며 최고속도는 40km/h다. 운전자가 조종대를 잡으면 아래 장착된 프로펠러가 돌면서 차체가 가볍게 날아오른다. 차체는 수면에 착지할 수 있고 수면 이동도 가능하다. 아직 물위에서만 비행할 수 있고 도로 위에서는 아직 비행할 수 없는 단점이 있다.

하늘을 나는 자율주행차가 나온다

미국의 테라퓨지아Terrafugia는 2018년 목적지만 입력하면 날아서 원하는 곳에 착륙시켜주는 자율주행 방식의 '하늘을 나는 차Flying Car'를 상용화한다. 세계 최초로 시험개발에 성공한 이 비행차는 4인승 차 'TF-X'로 약 26만 1,000달러약 3억 1,200만 원에 팔릴 예정이다. 차량 뒤쪽에 2개의 접힌 날개가 펴져 이곳에 달린 엔진이 프로펠러 역할을 한다. 엔진에는 헬리콥터처럼 블레이드팬이 설치돼 있다. 엔진은 300마력의 출력을 갖고 있어 시속 322km로 최대 805km까지 비행할 수 있다. 다른 비행기, 악천후, 항공관제구역 등을 만나면 스스로 이를 피해 운항한다.

가장 큰 특징은 전기 배터리를 사용하고 수직 이착륙이 가능해 도로가 막히면 바로 수직 이륙을 통해서 막힌 구간을 탈출할 수 있다는 점이다. 그리고 일반 자동차처럼 집에 주차가 가능하도록 설계돼 있다. 배터리 충전은 자체 엔진을 사용하거나 지상에 있는 전기충전소를 이용할 수 있다. 현재 최신형 차량의 10분의 1 크기로 만들어 다양한 테스트를 하고 있다.

한 번에 700km를 이동할 수 있는 플라잉 카

슬로바키아의 에어로모빌AeroMobil도 하늘을 나는 자동차인 '에어로모빌 2.5'를 개발했다. 유라이 바츨리크 CEO는 "플라잉 카 모델을 발표하고 몇 년 이내로 사람의 조작이 필요 없는 '무인' 플라잉 카도 내놓겠다"고 밝혔다.

이 자동차는 현재 잔디밭 위에서의 이착륙에 성공한 상태고 활주로가 약 200m 정도 필요하다. 탄소 재질에 길이 약 6m, 너비 약 2m로, 날개를 전부 펼치면 너비만 8.24m로 넓어진다. 연료는 휘발유를 사용하고 자동차로는 8L 주유 시 평균 약 100km를 주행할 수 있으며 최고속도는 160km/h다. 엔진으로는 로탁스Rotax의 4기통 엔진 '로탁스 912'를 사용한다. 비행기로 변신하면 엔진과 함께 차체 후미의 프로펠러를 이용하여 시속 평균 200km/h의 속도로 약 700km를 이동하는 것이 가능하다.

'안전 문제' 선결돼야… 새 교통법안도 필요

네덜란드의 PAL-V는 주행 모드와 비행 모드로 전환 가능한 'PAL-V 리버티Liberty'를 제작·판매하고 있다. 접이식 프로펠러를 탑재한 이 차량은 2인승으로 10분 정도면 주행모드에서 비행모드로 전환할 수 있다. 최고속도는 공중과 도로 모두 180km/h이며 주행 거리는 하늘에서는 최대 500km, 지상에서는 1,200km에 이른다.

폭스바겐은 콘셉트카 '아쿠아 호버카'를 선보였다. 공중부양을 위해 4개의 팬이 자동차 주변부에 달려 있다. 또한 하단부에는 에어백이 깔려 있다. 이는 호버카가 사막, 물, 도로 위에서 움직일 수 있게 하며 최고속도는 100km/h다. 수소엔진이 상용화될 수 있는 단계로 개발된다면 수소엔진을 장착할 수 있다.

과거 역사를 보면 상상은 모두 현실이 됐다. '하늘을 나는 자동차 시대'가 곧 열릴 전망이다. 중요한 것은 안전 문제가 선결되어야 한다. 보험, 새로운 교통 시스템에 대한 규정 등이 마련돼야 한다.

4. 우주여행

인간, 2021년 다시 달에 간다

1969년 7월 20일. 영화 〈아폴로 13호〉에서 42세의 우주비행사 짐

러블Jim Lovell은 동료 닐 암스트롱Neil Alden Armstrong의 역사적인 달 착륙 장면을 텔레비전으로 지켜본다. 러블은 "반드시 달에 가보고 말리라"고 자신의 꿈을 다짐한다. 6개월 뒤 그 갈망은 현실이 되어 그는 아폴로 13호의 선장이 된다.

이 같은 영화 속 이야기가 이르면 2021년 현실이 된다. 유인 우주 탐사는 1972년 미항공우주국 나사의 아폴로 프로젝트가 끝난 이후 중단됐다. 그런데 나사와 유럽항공우주국이 달 궤도 프로젝트인 오리온 미션을 이르면 2021년 가동시킨다.

왜 달 착륙에 집착할까?

사람이 우주에 첫발을 디딘 것은 1969년 7월 달 착륙이 처음이다. 이때까지만 해도 사람이 지구를 벗어나 우주로 간다는 것은 상상하기 힘든 일이었다. 따라서 닐 암스트롱이 아폴로 11호를 타고 달에 첫발을 내디딘 것은 우주선에 사람을 태운 우주 시대를 향한 인류의 사실상 첫 도전이라고 할 수 있다. 달 착륙 이후 축구장 두 배 크기의 국제우주정거장ISS이 건설되어 우주 시대를 앞당기고 있다.

그런데 달은 어떤 곳일까? 중력이 지구의 6분의 1밖에 되지 않고 공기가 없어 생명체가 살 수 없다. 그런데 왜 달 착륙에 집착할까? 지구에서 가장 가까운 천체가 달이기 때문이다. 가장 가까이 있는 달부터 정복하고 지구와 조건이 가장 비슷한 화성을 정복하는 게 다음 목표다. 인류의 화성 정복을 위한 연습 과정이라고 할 수 있다.

더 중요한 이유는 달에 있는 자원 때문이다. 아폴로 11호가 가지고 온 토양과 운석 성분을 조사한 결과 다양한 광물과 차세대 연료로 평가 받는 헬륨3는 전 세계인이 최소 1만 년 동안 사용할 수 있는 양이 쌓여 있다. 이 에너지를 가져오기 위해 미국을 비롯해 중국2007년 4월 창어 1호, 일본2007년 9월 가구야, 인도2008년 10월 찬드라안 1호가 경쟁을 벌이고 있다.

달, 지구를 도는 하나뿐인 자연위성

달은 지구를 도는 하나뿐인 '자연위성'이다. 달은 특이하게 공전주기 와 자전주기가 같기 때문에 지구에서는 늘 달의 같은 면만 볼 수 있다. 따라서 달의 뒷면은 탐사선으로만 볼 수 있다.

지구의 자전 방향과 마찬가지로 서쪽에서 동쪽으로 하루에 약 13도 씩 돌아 약 27.3일에 한 바퀴를 돈다. 이 때문에 달에 태양빛이 비치는 각도에 따라 지구에서 바라보는 달의 모습이 초승달, 보름달, 그믐달 등의 모양으로 달라진다.

달은 지구로부터 평균 38만 4,400km 떨어져 있다. 닐 암스트롱은 4 일 걸렸고 현대 과학으로는 10시간 정도 걸린다. 우주비행체를 지구 궤 도가 아닌 달이나 다른 행성으로 보낼 때의 탈출 속도는 초속 11.2km 기 때문에 이 속도로 간다면 9시간 남짓 걸린다.

오리온 우주선, 달을 넘어 화성까지

달을 넘어 인간의 다음 도전 과제는 화성이다. 이 도전 과제는 우주선 오리온Orion이 맡고 있다. 2021년 발사될 오리온은 우주인 4명을 태우고 달 궤도에 진입해 비행하다 지구로 귀환하게 된다. 첫 비행에서는 달에 착륙하지 않고 달 탐사에 초점이 맞춰져 있다.

달 착륙을 위한 시도의 종착점은 결국 화성이다. 미국은 지구와 가장 닮은 화성을 인류가 사는 식민지로 만들기 위한 큰 꿈을 실현하기 위해 우주에 대한 도전을 멈추지 않고 있다. 인류가 달 착륙에 성공하면 2030년 유인우주선이 화성에 착륙해 화성 식민지 시대를 열게 된다.

현재 화성 식민지 건설에 뛰어든 국가는 미국, 러시아, EU, 인도, 중국 5개국이다. 여기에 민간 우주 기업 스페이스 엑스CEO는 엘론 머스크, 블

미국은 우주에 대한 도전을 멈추지 않고 있다

루오리진CEO는 제브 베조스, 버진 갤럭틱CEO는 리처드 브랜슨이 뛰어들었다.

화성 시대는 언제 열릴까?

미국은 2028년 화성 궤도를 도는 우주징거장 '마스 베이스캠프'를 구축하고 중국은 2021년에 무인 화성 탐사선 착륙, 2022년에 유인 우주정거장 건설을 계획하고 있다. 스페이스 엑스는 이보다 일찍 2022년까지 유인우주선을 화성에 보내고 2025년까지 화성 식민지를 건설할 방침이다.

달과 화성으로 가는 우주여행에 앞서 영국의 우주여행 회사인 버진 갤럭틱이 벌써 일반인에게 우주 관광상품을 판매하고 있다. 그 가격은 25만 달러약 2억 7,000만 원로 스티븐 호킹, 브래드 피트, 저스틴 비버, 레오나르도 디카프리오 등 700여 명이 이미 예약을 했다. 2017년 하반기에 단독 비행시험을 진행할 예정인데, 로켓엔진으로 시속 4,000km 속도로 지상 100km 상공까지 올라간 뒤 5분 정도 창밖으로 펼쳐진 아름다운 지구의 모습을 지켜보는 여행으로 발사에서 착륙까지 총 2시간 코스다.

누가 목숨을 건 '무중력 여행'에 나설까?

지구와 화성 간 거리는 가까울 때는 5,500만 km로 짧아지지만, 멀어질 때는 4억 km까지 벌어진다. 이로 인해 현재 기술로 지구에서 화성까지 가는 데 평균 80~150일 걸린다. 따라서 우주여행이 성공하면 먼 훗날 3개월 코스의 화성 우주여행 시대가 열리게 된다. UN 산하 국제민간항공기구ICAO는 우주여행 시대를 대비해 오는 2019년까지 우주 관광과 상업 프로젝트와 관련한 가이드라인을 마련할 계획이다.

하지만, 3~5개월간 우주여행을 하는 과정에서 우주선 탑승객은 무중력을 이겨내야 한다. 무중력은 척추를 늘어나게 하고 혈액과 체액이 몸의 중심부로 쏠리게 하는 부작용이 발생한다. 이른바 '우주멀미'가 심각한 신체적 충격을 줄 수 있다. 한마디로 목숨 건 우주여행을 해야 한다. 과연 몇 사람이나 이 도전에 참여하게 될까?

인류의 우주 정복에 대한 꿈은 매우 멀고 험난할 것으로 보인다.

대변혁 ⑤: 도시혁명

1. 3H의 결정판

3H의 결정판 스마트 시티가 온다

초지능, 초연결, 초산업의 3H를 구현한 결정판이 바로 스마트 시티 Smart City다. 스마트 시티는 첨단 ICT를 이용해 주요 도시의 공공기능을 네트워킹한 이른바 '똑똑한 도시'를 일컫는다. 언제 어디에서나 인터넷 접속이 가능하고 영상회의 등 첨단 IT 기술을 자유롭게 사용할 수 있는 미래형 첨단 도시라고 할 수 있다. 실시간으로 교통정보를 얻을 수 있어 이동거리가 줄고, 원격근무가 가능해지는 등 거주자들의 생활이 편리해질 뿐만 아니라 이산화탄소 배출량도 줄일 수 있다.

스마트 시티에서는 사무실에 나가지 않고도 집에서 모든 업무를 처리할 수 있는 텔레워킹Teleworking이 일상화된 모습이 된다. 스마트 시티는 미래학자들이 예측한 21세기의 새로운 도시 유형으로서, 컴퓨터 기술의 발달로 도시 구성원들 간의 네트워크가 완벽하게 갖춰져 있고 교통망이 거미줄처럼 잘 짜인 것이 특징이다.

초연결: 차와 주차장, 횡단보도가 연결된다

주차장을 찾는 운전자가 스마트폰이나 자율주행차의 모니터만 클릭하면 주변 주차장의 빈 공간이 나타난다. 운전자는 주차장을 찾아 방황할 필요 없이 빈 공간에 주차하면 된다. 주차장에 들어갈 때나 나올 때 주차티켓을 따로 받을 필요도 없다. 주차장에 설치된 센서가 번호판을 자동으로 인식해 자동으로 주차비를 청구한다.

초등학교 앞 횡단보도에는 스마트 볼라드기둥가 설치돼 횡단금지 신호일 때 길을 건너면 기둥에서 경고음이 울리게 된다.

초지능: 가로등, 빌딩이 똑똑해진다

가로등의 램프가 똑똑해져 기상 상태에 따라 밝기가 자동으로 조정되고 날씨가 밝아지면 자동으로 전등이 꺼지게 된다. 먼 곳에서 사람이 걸어오면 자동으로 불빛이 강해지고 지나가면 불빛이 약해진다. 방범 기능이 강화되어 CCTV 기능을 하는 가로등도 등장하게 된다. 빌딩은 스스로 똑똑해져 사람이 일정 시간 자리를 비우게 되면 전등이 꺼지게 되고 원격으로 언제 어디에서든지 불을 켜고 끌 수 있다.

초산업: 어디에서든지 일할 수 있다

근로자는 언제 어디서든지 네트워크에 접속해 회사 업무를 처리할 수 있다. 쇼핑, 가전, 에너지, 보건의료, 자동차, 공장, 주민편의, 스포츠 등의 모든 산업과 업무가 연결되는 유비쿼터스 세상이 된다. 도시 내부의 안전, 교통, 재난 등이 ICT로 연결되어 도시의 안전을 지켜준다. 시민들이 만들어내는 데이터는 최적의 편의를 제공하는 역할을 하고 인간과 자연, 에너지가 어우러진 도시 생태계를 만들어내게 된다.

2. 세계가 구상 중인 스마트 시티

세계는 지금 스마트 시티 구축 중

스마트 시티는 한마디로 도시 인프라의 계획, 설계, 구축, 운영에 IT를 적용해 똑똑한 도시를 만드는 일이다. 도시가 과밀화되면서 생기는 교통체증에 따른 비용 급증, 환경오염 등으로 삶의 질이 떨어지는 것을 예방하고 도시 기능을 최적화할 수 있는 대안이 되고 있다. 암스테르담, 코펜하겐, 오슬로, 샌프란시스코, 앨버커키, 볼드, 톈진, 살레르노, 마스다르 등의 도시가 스마트 시티의 모델이 되고 있다.

미국 뉴멕시코주의 앨버커키에서는 20개 이상의 부서에서 근무하고 있는 7,000명의 직원들 간에 데이터 공유를 자동화해 모든 직원들이 동일한 정보를 이용할 수 있도록 비즈니스 인텔리전트 솔루션을 사용하고 있다. 이를 통해 약 2,000%에 달하는 비용절감 효과를 얻었다.

두바이, 로봇 경찰이 치안 책임진다

2017년 5월 두바이는 도시 치안을 위해 AI 로봇경찰을 투입했다. 영화로만 봤던 로보캅이 실제 현장에 투입된 것이다. 몸무게 100kg, 키 175cm의 로봇경찰은 시민들과 관광객들 사이에 사진 모델로 매우 인기다. 2030년까지 로봇경찰은 두바이 전체 경찰의 25%까지 확대될 방침이다. 현재 로봇경찰은 경찰 업무 중에서 거리순찰이나 교통위반 벌금 부과 등 간단하고 보조적인 역할을 담당하고 있다.

대신에 기존의 인간 경찰들은 범죄 예방과 같은 높은 수준의 업무에 집중하고 있다. 로봇경찰에 이어 두바이는 순찰차 '로보카'도 등장시킬 예정이다. 귀여운 미니 자동차 크기의 이 순찰차는 무인 자율주행차다. 360도 카메라로 주위 순찰이 가능하고 생체인식 프로그램이 설치돼 용의자를 식별할 수 있다.

여기에 드론이 파트너로 움직여 지상과 하늘을 물 샐 틈 없이 순찰하겠다는 것이 두바이 경찰청의 복안이다. 최첨단 기술로 범죄와 맞서 싸

우겠다는 시도로 더욱 안전한 스마트 시티를 만들겠다는 구상에서 나온 것이다.

싱가포르, VR 기술로 스마트 시티 실험

싱가포르는 첨단 기술을 활용해 도시를 혁신하고 있다. 싱가포르는 이른바 '버추얼 싱가포르Virtual Singapore' 프로젝트를 통해 지속 가능한 스마트 시티를 만들어가고 있다. 3D시뮬레이션을 통해 도시 계획의 효과를 미리 검증해봄으로써 비용과 시간을 줄이고 시행착오를 없애 실패하지 않는 도시 설계를 하겠다는 구상이다. 이를 위해 싱가포르 전 국토를 3차원 가상현실로 본뜬 '디지털 트윈 싱가포르'를 만들어 다양한 가상실험을 하고 있다.

모니터에 나타난 건물에 손가락만 갖다 대면 해당 건물의 면적, 높이 외에 건물 옥상에 설치된 태양광 발전판에서 생산하는 전력량까지 확인할 수 있다. 이미 있는 건물뿐 아니라 현재 건축 중인 건물의 진행 상황은 물론이고 지하시설의 복잡한 구조까지 들여다볼 수 있다.

버추얼 싱가포르 플랫폼 개발은 2014년 11월 리셴룽李顯龍 싱가포르 총리가 미래 10년 비전으로 선포한 '스마트 네이션Smart Nation' 정책의 일환이다.

스마트 네이션은 기술과 데이터, 네트워크를 효율적이고 지능적으로 활용해 싱가포르 국민의 삶의 질을 향상시킨다는 목표를 갖고 있다.

정부가 수집해 놓은 기존 데이터에 스마트폰과 카메라, 센서가 실시간으로 수집한 데이터를 추가해 도시 계획에 활용한다.

Part 2

제4의 실업

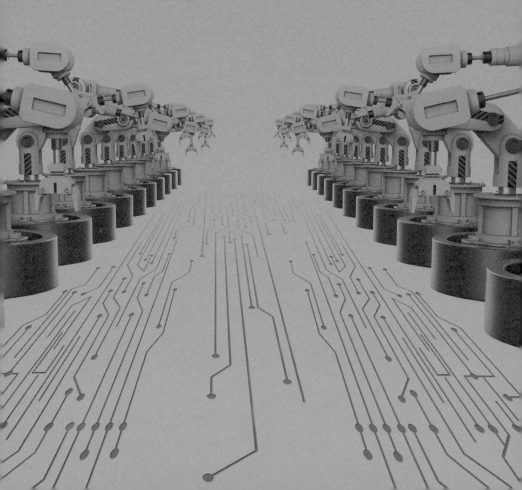

| 4차 산업혁명 시대 직업의 종말 |

제4의
실업

제1의 실업

1. 사람을 위기와 도전으로 내몬 인류 역사

1차 산업혁명, 지구촌을 대변혁시키다

역사 속에 정답이 있다. 헝가리의 경제사학자 칼 폴라니Karl Polanyi는 그의 저서 《대변혁The Great Transformation》에서 인류 역사의 진화를 대변혁The Great Transformation과 거대변혁The Greater Transformation으로 나누고 있다.

폴라니에 따르면 지구촌은 250년 전 산업혁명을 일으키며 산업사회의 막을 올렸다. 1760~1830년 사이 약 1세기 동안 기계의 등장은 인간을 위기 속으로 내몰았다. 사람의 노동력에 의존하는 수공업 방식의 소규모 소량 생산에서 기계가 물건을 생산하는 대량 생산의 공장제 기계공업으로 바뀌었다. 사람과 사회에 놀라운 충격을 주면서 우리는 대변혁기를 맞이했다. 가격이라는 메커니즘이 작동하는 시장경제가 출연한 것이다.

이 산업혁명은 새로운 지배자와 피지배자, 유산자와 무산자를 탄생시키고 빈부격차를 만들어내면서 자본주의 경제체제를 완성했다. 이것이 대변혁의 시작이었다.

자본주의, 부의 욕구를 일깨우다

이후 방직기를 발명한 영국이 자본주의를 제일 먼저, 가장 철저히 경험하였고 차츰 세계 각국에서 돈은 위력을 발휘하는 지배자로 등장했다. 자본주의는 시장만능주의를 앞세워 탐욕자본주의를 탄생시켰고 정부의 개입이 시작됐다.

대량 생산, 대량 소비, 규모의 경제, 선택과 집중의 현대 산업사회가 도래했다. 하지만 이것 역시 1990년대부터 무너지고 만다. 20세기 선택과 집중이 중요해지는 거대변혁이 진행되었기 때문이다.

폴라니가 제시했던 '대변혁'을 뛰어넘는 '파괴적 변화'가 엄습하고 있다. 지구촌의 모든 산업과 지구인 모두에게 충격을 주는 그런 대변혁이다. 지금까지 지구촌에 일어난 변혁의 결과로 인류는 세 번의 실업을 경험했고 이제 제4의 실업을 눈앞에 두고 있다.

2. 영국에 일어난 기계 파괴운동

영국, 산업혁명의 대변혁기를 맞다

1차 산업혁명은 18세기 영국에서 시작되어 전 세계로 확산되었다. 정치적 안정, 앞선 과학기술, 풍부한 자본과 지하자원, 상공업 발전, 풍부한 노동력이 영국을 가장 먼저 산업혁명의 주역으로 이끈 원동력이 됐다.

유럽 나라들 가운데 영국에서 가장 먼저 봉건제도가 약화되자, 영국의 농촌에는 자유로운 농민층이 생겨나기 시작했다. 그들은 직물 산업과 수공업을 자유롭게 발달시켰다. 그러자 값도 싸면서 쓰기도 편리한 면직물에 대한 수요가 폭발적으로 늘어나기 시작했다. 수요를 충족시키기 위해 인도산 면화가 대량 수입되었고 영국의 기존 직물 산업에 대변혁이 일기 시작했다.

면직물의 생산성을 높이는 기술개발이 시작된 것이다. 그 결과 방적기와 방직기가 차례로 발명됐다. 이어 제임스 와트가 증기기관을 발명했고 이 증기기관이 면직물 생산에 활용되면서 면직물 대량 생산 시대가 열렸다. 이로 인해 면직물 공업의 기계화 산업혁명이 일어났다.

수공업자들의 대량 실업… 기계에 대한 분노

기계화 산업혁명의 충격은 고스란히 농민에게 돌아갔다. 모직물, 견

직물 등 농촌지역 가내수공업에 종사하던 농민들이 실업의 충격을 받았다. 경쟁력을 잃은 농촌 수공업자들은 실업자가 되거나 공장에 취업해 방직기를 돌리는 공장근로자가 되어야 했다.

게다가 나폴레옹이 일으킨 전쟁의 영향으로 경제 상황마저 악화되자 적은 임금과 열악한 근로조건 속에 근로자들의 불만은 점점 증폭되었다. 결국 1811년 분노한 근로자와 실업자는 공장을 습격해 기계를 마구 파괴하는 '러다이트 운동Luddite Movement'을 벌이게 된다.

영국의 노팅엄을 시작으로 랭커셔, 요크셔 등 잉글랜드 북부 여러 지역의 근로자들은 야간에 공장을 습격해 기계를 파괴하고 공장주에게 위해를 가하기도 했다. 결국 러다이트 운동은 정부가 투입한 군대에 의해 진압됐으나 산업혁명으로 인해 변화를 맞은 근로자들이 일으킨 최초의 저항으로 평가받는다.

3. 농민의 직업 이동

농민, 공장근로자가 되다

증기기관은 영국을 경공업 중심의 국가로 변화시켰다. 이어 영국 전역에 일어난 공장 기계화는 산업뿐만 아니라 사회적·경제적 변화의 물결을 불러왔다. 봉건제도가 무너지면서 농민층은 농노에서 자유로운 신분을 얻게 되었고 직물 공업에 종사하면서 많은 부를 쌓을 수 있게 됐다. 그러나 사람의 노동력을 대체할 수 있는 증기기관이 등장해 직물 생산에 종사하던 농민층은 값싼 공장근로자로 전락하게 되었다.

영국, 농업사회에서 공업국가로 바뀌다

1750년대까지 영국은 농업사회였다. 국민총생산에서 농업은 약 40%, 공업은 약 20%를 차지했다. 농업에 종사하는 인구 비중이 무려 48%에 달했다. 하지만 증기기관을 기반으로 한 기계화 산업혁명으로 인해 1841년 농업 종사자는 25% 수준으로 급감했다. 국민총생산에서 농업이 차지하는 비중은 26.1%로 추락한 반면 공업은 31.9%로 비중이 늘어나게 됐다.

급기야 영국은 농업에서 공업으로 국가 산업구조의 틀이 급변했다. 농민들은 농촌을 떠나 도시로 이동했고 이로 인해 도시 인구의 비율 또한 급속도로 증가했다. 1750년 영국 전체 인구 중 15%만이 도시에 거주했으나 1900년에 이르러 85%의 인구가 도시에 거주하게 되었다. 1900년 런던에는 약 450만 명이 거주했고 글래스고 76만 명, 리버풀 68만 명, 맨체스터와 버밍엄에는 각각 약 50만 명이 거주했다.

1차 산업혁명을 통해 공업은 영국 경제의 중심 부분으로 자리를 잡았고 영국은 세계 최초의 공업국으로 부상하게 되었다. 또, 농업 중심 사회에서 공업 중심 사회로 변화하며 산업자본가와 임금근로자를 중심

영국 전체 인구 중 도시 거주 비율(1750년과 1900년 비교)

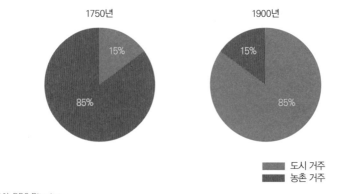

출처: BBC Bitesize

으로 한 계급사회가 형성되었다. 사회구조와 틀이 바뀌는 대전환이 일어나게 된 것이다.

4. 공장근로자의 탄생

기계공장의 탄생… 공장근로자라는 직업이 생기다

영국의 산업혁명은 제1의 실업, 즉 농민의 일자리를 빼앗는 충격을 가져다줬다. 가내수공업 종사자들의 몰락을 초래하면서 공장근로자 시대가 열렸다. 기계화 산업혁명의 영향으로 가내수공업이 사라지고 작업이 하나하나 기계화되어 공장제공업이 태어났다. 이로 인해 기계를 기초로 다수의 임금근로자를 고용하는 대규모 공장들이 출현하기 시작했다. 이른바 공장근로자란 직업이 생겨났다.

나아가 공장을 만들어 사업을 일으키는 생산자본의 소유자가 산업자본가로 등장했고 노동력을 팔아서 살아가는 임금근로자 계층이 생겨났다. 이 때부터 생산수단의 소유와 노동의 분리가 시작됐고 노사의 새로운 세상이 열렸다.

자본주의 지배구조가 만들어지다

기계가 사람을 대신해 물건을 생산하는 공장제공업은 노동생산력을 비약적으로 늘려 대규모 생산을 가능하게 했다. 기계는 발전하여 자동장치로 진화했고 근로자는 움직이는 기계의 보조자로 그 기능이 줄기 시작했다. 이 영향으로 부녀자와 아동 같은 저임금 미숙련 근로자들이 생산 현장에 투입됐다.

이 같은 현상은 자본주의적 생산양식을 만들어냈고 산업자본가 계급과 임금근로자 계급이 탄생하면서 두 계급의 대립 관계를 촉발시켰다.

제2의 실업

1. 자동화와 대량생산

2차 산업혁명, 공장근로자의 위기를 낳다

증기기관의 등장이 수공업 시대의 종언을 고하고 기계공장의 시대를
열어 패러다임을 바꿨다. 기계화 시대에 동력 역할을 하던 증기기관은
새로운 에너지원인 전기와 석유의 등장으로 생산방식의 대전환을 맞게
된다. 이른바 전기와 석유를 동력으로 사용하는 제2차 산업혁명이 세상
을 강타했다. 1870년 미국의 신시내티 도축장에서는 최초로 컨베이어
벨트가 등장하면서 전기에 의한 대량생산 체계에 대한 모델이 만들어
졌다.

포드의 대량 생산 시스템이 등장하다

포드의 창업자 헨리 포드는 컨베이어 시스템을 활용해 분업을 통한 자동차 대량 생산 시대를 열었고 이른바 '포드 방식'이 새로운 공장근로자의 작업 형태로 자리 잡았다.

포드는 1912년 도축장을 시찰하던 중 작업자들이 작업을 마친 후 모노레일을 이용하여 갈고리에 매달린 고깃덩어리를 다음 작업자에게 이동시키는 광경을 발견한다. 이로부터 불과 6개월 후, 세계 최초의 조립 라인인 포드 하이랜드 파크Ford Highland Park 공장에서는 자가발전기가 생산되기 시작했다. 도축장에서 얻은 아이디어를 이용하여 포드는 근대 제조와 자동차의 역사를 바꾸었던 것이다.

전기와 이동식 조립 라인의 도입으로 1910년 1만 9,000대의 자동차를 생산했던 포드는 1914년에는 23만 788대를 생산하게 된다. 한마디로 2차 산업혁명을 통해 대량 생산이 발전했으며 노동 분업을 통해 공장 생산의 효율성 또한 획기적으로 증가하게 되었다. 더불어 전기뿐만 아니라 2차 산업혁명의 강철, 내연기관, 전화 등 많은 기술혁신은 통신 산업, 자동차 산업 등 각종 산업을 발전시켰다.

2. 공장근로자의 변신

공장근로자, 변신해야 생존할 수 있었다

조립 라인을 통한 대량 생산 체제는 공장근로자의 변신을 촉발시켰다. 철저한 분업화가 이뤄졌고 숙련노동에서 반숙련노동으로 업무가 변했다.

조립 라인과 기계의 특성에 대한 이해도 필수적으로 필요했다. 포드사의 컨베이어 시스템은 대량 생산의 혁신을 일으켰다. 한 대당 조립 시간을 5시간 50분에서 1시간 33분으로 단축시켰다. 근로자들은 컨베이어의 이동속도에 맞추어 작업에 매진했고 공장은 생산성 향상을 위한 혁신에 주력해야 했다.

포드는 생산비를 최저로 낮추기 위해 제품의 단순화와 부품의 호환성을 근간으로 하는 생산의 표준화를 이뤄냈다. 이를 통해 각 작업자들이 조립한 반제품 자동차를 다음 공정으로 보내기 전에 작업자 한 명이 바퀴, 스프링, 엔진, 변속기, 발전기와 같은 모든 부품을 차체에 장착함에 따라 많은 시간이 소요되는 문제점을 개선했다.

포드는 부품의 호환성과 표준화를 통해 작업의 세분화와 분업화를 이뤄냈다. 자연스럽게 공장근로자들의 역할이 달라지게 됐다. 영국의 경제학자 애덤 스미스는 "(이 같은) 분업이 최대 생산성의 성과를 가져왔다"고 평가했다.

제3의 실업

1. 컴퓨터와 반도체의 등장

반도체의 등장, 산업의 틀을 바꾸다

3차 산업혁명은 컴퓨터와 반도체의 등장으로 시작되었다. 진공관을 사용한 세계 최초 컴퓨터는 1940년대 등장했다. 이어 1947년 미국 뉴저지주 벨연구소에 근무하던 과학자 윌리엄 쇼클리, 존 바딘, 월터 브래튼은 진공관을 대체할 최초의 반도체인 트랜지스터Transistor를 개발했고 이후 컴퓨터와 반도체는 여러 단계의 발전을 거치게 됐다.

1950년대 말 개발된 집적회로 반도체는 소형 컴퓨터 제작의 기반이 됐고 애플과 IBM은 1970년대 말부터 1980년대 전반에 걸쳐 PC 시장을 주도했다. 3차 산업혁명은 컴퓨터, 반도체에 이어 인터넷이 결합되면서 IT혁명을 일으켰다.

2. 가전제품의 전성시대

제조업의 디지털화, 제조방식을 바꾸다

컴퓨터와 반도체의 등장은 제조업을 디지털로 전환시켰다. 설계자와 엔지니어가 협력해서 컴퓨터에서 3차원 대상물을 만들어낸 것이다. 또한 공장기계가 지능화되면서 블루칼라 근로자들의 일부 업무들이 줄기 시작했다.

3차 산업혁명의 결과물로 태어난 가전제품은 가정과 개인의 생활필수품으로 자리 잡게 되었다. 냉장고, 세탁기, 에어컨 등 대형 가전제품부터 전기밥솥, 전자레인지, 청소기 등의 소형 가전제품까지 다양한 제품이 우리 생활 속으로 들어왔다.

LG전자의 전신인 금성사는 1959년 국내 최초로 진공관 라디오를 생산했다. 이후 선풍기, 냉장고, 텔레비전, 에어컨 등을 국내에 처음 선보였고 1977년 매출액 1,000억 원을 달성, 1978년에는 수출액 1억 달러를 넘기기도 했다. 삼성전자 역시 1970년대부터 본격적으로 가전제품을 시장에 내놓기 시작했고 이후 우리나라 가전제품 시장은 지속적인 성장세를 보여왔다.

기술이 발전함에 따라 제품 본연의 기능에 전혀 다른 새로운 기능을 추가한 컨버전스Convergence 가전제품이 개발됐고 심지어는 소비자의 취향과 라이프스타일에 따라 맞춤형 생산도 가능해졌다. 인터넷을 기반으로 홈 네트워크 시스템과 스마트가전까지 등장하고 있다.

3. 사무직의 업무혁신

화이트칼라의 위기, 사무혁신이 일어나다

3차 산업혁명 시대를 맞은 우리 사회는 빠르게 디지털화되었다. 컴퓨터와 반도체의 보급과 인터넷의 확산은 정보의 질적·양적 향상을 가져왔고 컴퓨터를 통해 업무자동화가 이뤄짐에 따라 생산성 역시 비약적으로 향상되었다.

컴퓨터와 관련 소프트웨어의 보급은 기업의 사무 처리에 변화를 가져왔고 전기 및 전화요금 계산, 은행 고객관리 시스템, 철도와 항공권 예약 등이 자동화되었다. 1980년대와 1990년대를 거쳐 PC가 대중화됨에 따라 기업 내 컴퓨터와 관련 기기의 업무 활용이 더욱 활발하게 진행됐다.

컴퓨터는 전 국민의 생활필수품으로 등장했고 컴퓨터를 모르는 화이트칼라는 위기를 맞았다. 컴퓨터가 상용화되면서 기존의 타이피스트,

식자공, 극장 간판 화가와 같은 직업의 필요성이 줄어들어 점차 사라지게 되었다. 근로자들은 스스로 역량 확보에 나서야 했다.

제4의 실업

1. 실업 쓰나미 사태

제4의 실업, 모든 근로자가 영향을 받는다

1차 산업혁명은 농민과 수공업자, 2차 산업혁명은 공장근로자, 3차 산업혁명은 화이트칼라의 위기를 몰고 왔다. 그렇다면 4차 산업혁명의 충격은 어떻게 다가올까?

산업과 업종에 관계없이 지구촌의 모든 사람이 직접적인 영향을 받게 된다. 3차 산업혁명까지는 한 분야의 기술로 인한 혁명이었으나 4차 산업혁명은 여러 첨단 분야의 기술이 결합된 융합혁명이기 때문이다.

4차 산업혁명의 핵심 키워드인 3H, 즉 초연결, 초지능, 초산업은 복합적으로 연결되고 결합되어 국가와 기업, 개인 등 모든 영역에 충격을 주게 된다.

4차 산업혁명, 변화를 예측하기 힘들다

4차 산업혁명이 가져올 특징 중 하나는 어떤 변화가 우리 사회에 어떤 영향을 줄지 예측하기 어렵다는 점이다. 한국고용정보원의 "4차 산업혁명의 영향일자리 증감 여부, 수행업무 변화에 대한 직업인 인식" 조사에서는 응답자의 44.7%가 "AI와 첨단 기술 때문에 자신이 종사하는 직업에서 일자리가 줄어들 것"이라고 응답했다. 반면 13%만이 "일자리가 증가할 것"이라고 응답했다. AI, 로봇, IoT는 이미 우리 삶의 영역 깊숙한 곳까지 침투해 사람을 대체하기 시작했다. 특히 사람보다 똑똑한 AI의 등장은 제4의 실업 쓰나미를 예고하고 있다.

2. 언스킬드 잡(Unskilled Job)의 위기

로봇, 미숙련 일자리를 대체하다

제4의 실업이 몰고 올 위기의 직격탄은 미숙련 일자리, 즉 언스킬드 잡으로 떨어지게 된다. 4차 산업혁명은 가장 먼저 단순·반복 업무 직군의 일자리를 사라지게 한다. 단순한 업무, 반복적으로 이뤄지는 업무는 사람보다 로봇이 더 불량률 없이 처리할 수 있다. 로봇은 밤새 일할 수 있고 지치지 않고 사람처럼 집중력이 떨어지지도 않기 때문이다.

상점의 계산원이 사라지고 계산대에는 사람 대신 무인 포스기가 업무를 대신하게 된다. 미국 아마존의 무인점포인 '아마존 고'를 시작으로 월마트, 중국의 알리바바 등이 무인 편의점 시대를 시작했다.

우리나라에서도 세븐일레븐이 업계 최초로 무인 편의점을 열었다. 이 편의점은 생체인식 결제기술을 기반으로 한 최첨단 스마트 편의점으로 사람의 정맥 굵기나 모양 등을 분석해 개인을 인증하는 기술인 '핸드페이'를 결제 시스템에 적용해 터치 한 번으로 입장부터 결제까지 가능하다. 신세계그룹의 편의점 브랜드 이마트24 역시 직영점 4곳을 대상으로 무인점포를 시범 운영 중이다.

무인 편의점, 계산원을 몰아내다

일본에서는 2025년까지 편의점 아르바이트가 완전히 사라질 전망이다. 세븐일레븐, 패밀리마트, 미니스톱, 로손, 뉴데이즈 등 일본의 편의점 5개사는 2025년까지 일본 내 모든 점포에 무인 계산기를 도입할 계획이다.

무인점포가 확대되면 계산원의 일자리가 사라지게 된다. 구인·구직 서비스 '알바천국'이 실시한 설문조사에 따르면 응답자의 61.2%가 무인 기계의 등장으로 아르바이트 일자리 축소가 우려된다고 답했다.

계산원 직군에게만 위기가 찾아오는 것은 아니다. 골드만삭스의 〈경제연구 보고서〉에 따르면 자율주행차가 보편화되면 미국 내 운전기사 연간 30만 명이 대량 실업사태를 맞게 될 것으로 예측했다. 이 보고서는 자율주행차로 인해 택시와 버스운전사보다는 트럭운전사에게 다가올 위기를 강조한 것이다. 미국의 운전사 400만 명 가운데 310만 명이 트럭운전사이기 때문이다.

생산직 근로자 1억 3,700만 명의 위기

운전기사 외에도 생산직 근로자가 일자리의 위기를 맞는다. 공장이 스마트 팩토리와 자동화로 업그레이드되면서 사람이 필요 없는 공장으로 다시 태어나기 때문이다.

UN 산하 국제노동기구ILO는 〈아세안의 성장과 일자리에 중대한 영향을 미치는 기술 변화 산업〉 보고서를 통해 캄보디아, 인도네시아, 베트남, 필리핀, 태국 등 동남아 5개국의 1억 3,700만 명에 달하는 노동자들이 로봇 등 자동화기기의 보급으로 일자리를 상실할 위험에 노출될 것으로 내다봤다. 앞으로 20년 사이에 전체 근로자의 56%가 일자리를 잃을 가능성이 있다는 이야기이다.

로봇이 제조 과정에 도입되고 공장 자동화가 확산됨에 따라 근로자의 기술수준에 따른 임금격차로 인해 계측 간 소득 불평등이 심화될 수 있다는 지적도 나오고 있다. OECD는 소득계층 하위 10%인 저소득층의 21%가 자동화로 일자리를 잃게 된다고 추정했다. 저소득층일수

자동화에 따른 국가 간 사라질 일자리 위험 비교분석

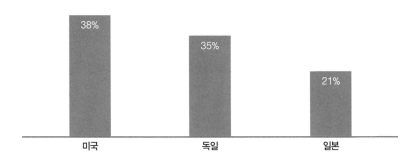

출처: ONS; PIAAC data; PwC 분석

록 단순·반복 노동이 많아 로봇으로 대체 가능하다는 주장이다. 회계컨설팅회사인 PwC는 자동화의 영향으로 2030년 초 미국 일자리의 38%, 독일 일자리의 35%, 영국 일자리의 30%, 일본 일자리의 21%가 사라질 위험에 처할 것으로 내다봤다.

3. 스킬드 잡(Skilled Job)의 위기

번역가, 요리사도 설 땅 잃는다

4차 산업혁명은 산업 분야와 직종의 구분 없이 노동의 본질을 완전히 뒤바꾸고 있다. 단순직, 전문직 구분 없이 고용 시장을 뒤흔든다는 게 4차 산업혁명이 일으킬 '제4의 실업'의 특징이다.

4차 산업혁명이 가져다줄 기술의 진화는 그동안 기계가 대체하기 어려웠던 직종에까지 2차 공격을 준다. 통·번역가, 치과기공사, 요리사 등이 제4의 실업 영향권에 들 대표적 직업군이다.

구글의 스마트폰인 '픽셀2'와 함께 출시된 블루투스 이어폰 '픽셀 버드'는 충격적인 세상을 예고하고 있다. 픽셀 버드는 스마트폰과 연동한 상태에서 40개 언어를 통·번역할 수 있다. 한국어, 영어를 포함해 독일어, 프랑스어, 일어, 중국어 등 각국의 언어를 알아듣고 평균 1~5초 내에 거의 실시간으로 통역 서비스를 제공한다.

AI의 발달이 지구촌 언어의 장벽을 무너뜨릴 전망이다. 주요 대학의 통·번역학과에는 위기의 신호가 벌써 전달되고 있다. 이화여대, 중앙대, 선문대 등 각 대학의 통번역대학원 지원자는 작년보다 10%가량 감소했다. 심지어 지난 20년간 국내 1위였던 통번역 입시학원은 학생 수의 감소로 문을 닫기도 했다.

AI, 사람보다 더 요리를 잘한다

AI는 다양한 분야로 침투하고 있다. IBM의 왓슨은 인간 요리사보다 더 맛있는 요리를 만들어내고 있다. IBM은 레스토랑 프랜차이즈 '본 아페띠Bon Appetit'와 손잡고 '셰프 왓슨Chef Watson'이라는 인지 컴퓨팅 앱을 선보였다.

이 앱에는 1만여 가지의 레시피가 담겨져 있다. 양파와 같은 식재료는 어떤 요리에 어떻게 사용될 수 있는지, 어떤 음식과 궁합이 맞는지 등 셰프 왓슨이 실제 요리사들로부터 다양한 요리법을 학습해 얻은 부가적 지식까지 제공한다. 이 요리법을 3D프린터에 입력하면 프랑스나 이탈리아 일류 셰프의 요리를 조리법대로 만들어준다.

여담으로 AI와 더불어 4차 산업혁명 시대의 핵심 기술 중 하나인 3D 프린팅 기술은 이제 치과기공사의 업무마저 자동화시키고 있다. 전문 영역까지 파고든 4차 산업혁명 기술이 우리의 일자리를 위협하고 있는 것이다.

4. 하이 스킬드 잡(High-skilled Job)의 위기

고숙련 전문직도 위험하다

제4의 실업은 고숙련 전문직이라도 안전하지 않다. 전통적으로 선망의 대상이 되었던 변호사, 의사와 같은 전문직 종사자들의 일자리마저 위협한다.

골드만삭스는 주식 트레이딩 AI 플랫폼 '켄쇼Kensho'를 도입했다. 이를 통해 2000년대 초반 600여 명에 달했던 뉴욕 본사의 트레이더 직원을 2명으로 줄였다. 켄쇼가 개발한 분석 시스템 '워런Warren'은 애널리스트 15명이 4주 동안 달라붙어야 끝낼 수 있는 분석 작업을 단 5분 만에 처리할 수 있는 능력을 갖췄다. 이처럼 대체 불가할 것이라고 여겨졌던 고숙련, 전문직 일자리의 안전마저 위협받고 있다.

의사, 약사, 변호사, 회계사, 건축가 등의 전문직이 갖고 있던 지식과 기술, 응용능력도 이제 AI가 인간을 압도한다. IBM 왓슨 기반의 의사와 변호사도 등장했다. 특이한 것은 이 의사의 암 진단 정확성은 96%로 인간 전문의보다 높다는 것이다.

AI 변호사, 파산 업무를 처리하다

미국 대형 로펌인 베이커 앤드 호스틸러의 AI 변호사 '로스ROSS'는 사용자가 질문을 하면 관련 법률 조항을 순식간에 찾아 알려준다. 지속적으로 새 판례와 법률을 학습해 시간이 지날수록 광범위한 데이터를 구축할 수 있는 능력까지 갖췄다. 초당 무려 1억 장의 판례를 검토해 사건에 맞는 가장 적절한 판례를 추천해준다. 인간이 절대 할 수 없는 일을 로스가 해주고 있는 것이다.

그 효용성이 검증되면서 수십 곳의 로펌이 로스를 속속 도입하고 있다. 리걸줌Legal Zoom, 터보택스Turbo Tax 등 법률 자문 AI 서비스까지 등장해 송사나 세금과 관련한 법률 지식을 즉시 알려주고 있다. 전문직이 설 자리를 잃는 것이다.

실제로 로스는 판결에도 활용됐다. 2017년 5월 미국 위스콘신주 대법원에서 총격 사건에서 차량 운전 혐의로 기소된 에릭 루미스에 대해

AI 기기인 컴퍼스Compas는 재범 가능성이 높다고 판단했다. 재판부는 이 같은 분석을 토대로 징역 6년을 선고했다.

AI 약사, 사람 먹는 약을 조제한다

미국 샌프란시스코대학병원은 세계 최초의 AI 약사 '필픽PillPick'을 고용해 약을 조제하고 있다. 필픽 25대가 현재 의료기관 내 조제 업무 전반을 담당하며 약물 검토 및 조제에 이르는 전 과정을 맡고 있다. 이 같은 무인 조제 시스템은 미국의 병원 및 약국 조제 업무의 97%를 자동화했고 600병상 이상 병원은 로봇 조제 비중이 37%에 달한다.

AI 약사는 간호사가 약물의 양을 잘못 표기해 발생할 수 있는 문제를 차단할 수 있다. 로봇 조제 시스템 도입 이후부터 5년 동안 35만 건에 달하는 처방전이 오류 없이 처방됐다.

5. 위기의 직업

일자리가 사라지고 업무 방식이 바뀐다

데이터의 기하급수적 증가, 컴퓨팅 능력과 통신 네트워크의 발달 그리고 기계학습은 상상도 못했던 일들을 현실로 만들어주고 있다. AI, IoT, 빅데이터, 가상현실, 블록체인, 3D프린터, 드론 등과 같은 새로운 기법이나 기술은 지금까지 존재하지 않던 새로운 직업을 만들어내고 기존의 업무 방식을 완전히 바꿔놓을 전망이다.

위기의 직업이 가진 3가지 특성

그렇다면 4차 산업혁명으로 인해 위기에 처하게 될 직업의 특성은 어떤 게 있을까?

첫 번째는 AI나 자동화에 의해 대체가 용이할 정도로 정형화되고 반복적인 업무라는 특성을 갖고 있다. 이미지, 글자, 숫자, 소리 등이 모두 디지털화됨에 따라 이들 데이터를 보고 의사결정을 내리는 단순 업무는 사라지게 된다. 예를 들어 특정 사이트의 내용을 보고 음란물을 포함하고 있는지를 판단하는 일, 환자의 신체 사진을 보고 암이 있는지 여부를 판단하는 일, 조립되는 제품의 상태를 보고 불량품 여부를 판단하는 일 등은 AI로 대체될 가능성이 높다. 데이터가 방대하더라도 데이터에서 일정한 규칙이나 패턴을 찾을 수 있고 이를 통해서 확률을 계산해 판단하는 일은 AI가 사람보다 더 잘할 수 있기 때문이다.

두 번째는 AI나 자동화 비용이 인건비보다 더 싸다는 것이다. 기술적으로 대체 가능하더라도 인건비가 적게 드는 직업은 대체될 가능성이 더 낮다. 이러한 이유 때문에 4차 산업혁명 시대에는 단순 노무 직업보다 지식근로자의 업무가 더 위험할 수 있다.

세 번째는 AI가 사람보다 더 뛰어나게 잘할 수 있는 업무로 구성되어 있다는 점이다. AI 등이 인간을 대체했을 때 인간보다 더 뛰어난 수행을 보여야만 인간의 일자리를 대체할 수 있다.

하지만 창의력이나 기획력을 요구하는 업무 그리고 사람들을 대하면서 소통하고 공감하는 일은 대체되기가 어렵다. 또한 위기의 직업이라도 해당 직업이 완전히 사라지는 것이 아니라 고용이 줄어드는 변화를 맞을 가능성이 높다.

왜 위기의 직업이 될까?

한국고용정보원의 직업 전문가들이 AI, 빅데이터, IoT, 모바일 등의 4차 산업혁명의 기반 기술로 인해 일자리 감소가 우려될 것으로 예상하는 직업 가운데, 이 책에서는 10년 후에 10% 혹은 20% 이상 감소할 것으로 예측되는 직업을 위기 직업으로 선정하였다.

영화 〈터미네이터〉에 나오는 강력한 AI가 언제 출현할지 모르지만 만약에 이러한 AI가 나타나서 확산된다면 우리가 하고 있는 대부분의 일이 대체 가능하므로 일자리의 상당수가 사라질 가능성이 있다.

AI 전문가나 과학자들 중에 AI가 일자리에 미치는 영향이 과대평가되어 있다고 생각하는 사람이 많다. 하지만, 영화에서 나오는 강력한 AI는 당분간 불가능하며 실현되기 어렵다는 전망이 지배적이다.

직업명	이유	관련 기술
콜센터 요원 (고객상담원 및 안내원)	고객의 문의가 정형화되어 있어 질문에 대한 답변이 동일하게 반복되는 경우 AI에 의해 업무가 용이하게 대체될 수 있다. 현재 통신사에서는 콜센터 운영을 사람에서 챗봇으로 바꾸고 사람들을 줄이고 있다. 2015 통계청의 "지역별 고용조사"에 의하면 콜센터 요원이 포함된 '고객 상담 및 모니터 요원'은 17만 3천 명이 있다.	AI, 빅데이터 분석
생산 및 제조 관련 단순 종사원	스마트 팩토리가 확산되면서 제품을 조립하고 물건을 나르며 그리고 불량품을 검사하는 일이 산업용 로봇으로, 그리고 제품의 이미지를 보고 불량 여부를 진단하는 일이 AI(비전)에 의해 대체될 가능성이 높다. 국내에서 스마트 팩토리가 진행되는 곳에서 생산 및 제조 관련 단순 종사원이 줄어들고 있다. 아디다스는 해외 공장을 독일 내로 이전하면서 스피드 팩토리를 구축하여 동일한 양의 제품을 생산하는 인력을 600명에서 10명으로 줄였다. 제조 관련 종사자의 직업은 한국 고용직업 분류로는 수십 개에 달하며 종사자의 수도 상당하다.	스마트 팩토리
치과기공사	3D프린터 때문에 과거 복잡했던 보철물 제작의 공정이 줄어들고 제작 시간이 감소하고 있다.	3D프린팅
의료진단 전문가	IBM의 왓슨이 사람 의사보다 진단을 더 정확하게 할 수 있다. 수많은 이미지 데이터를 분석, 판독해 진단하는 일은 AI가 더 인간보다 더 빠르게 잘할 수 있는 일이다. 스마트폰과 웨어러블 기기는 심박수뿐 아니라 스트레스지수, 산소포화도 등 더 다양한 건강 관련 지수를 측정할 수 있다. 향후, 혈당, 혈압, 콜레스테롤 수준 등을 간단히 측정하는 기기가 발명되면 의료진단 업무가 변화할 수 있다	의료기기 헬스, AI
금융 사무원 (은행 텔러/증권 중개인/투자분석가/보험인수심사원 등)	비교적 단순 업무 혹은 데이터에 근거해 의사결정을 하는 업무가 위기에 빠질 수 있다. 은행 직원이 없는 인터넷전문은행, 핀테크가 확산되고 있다. 소액결제 및 이체 시스템이 모바일을 통해 급속히 확산되고 있다. 공인인증서가 없어도, 상대방 계좌번호를 몰라도 예금이체 등이 자유로워지면서 금융 사무원의 입지가 더욱 좁아지고 있다. 컴퓨터 때문에 사라질 가능성이 가장 높은 직업의 하나로 은행 텔러가 손꼽혔다는 연구 결과도 있다. 금융계의 AI 로보어드바이저는 고객의 투자 성향, 목표 등을 입력하면 시황을 투자분석가보다 더 정확하고 빠르게 분석하여 투자 조언을 한다. 보험 계약자의 위험요소를 평가하여 가입 여부의 승인을 결정하는 일도 AI가 잘할 수 있는 일이다.	핀테크, 빅데이터, AI

직업명	이유	관련 기술
통·번역가	과거 번역 프로그램의 결과는 실망스러웠지만 현재는 수학적 모델을 적용한 번역이 상당한 수준에 이르렀다. 스마트폰으로 음성을 인식하여 통역하는 서비스의 수준도 더 향상될 것이므로 통·번역가의 수요가 감소할 것이다. 2017년에 통번역대학원에 학생 모집이 되지 않고 미달 사태가 처음으로 발생했다. 2015년 지역별 고용조사에서 통·번역가는 2만 7천 명 수준이다.	AI, 음성인식
창고 작업원	아마존의 키바 로봇이나 자동 컨베이어 시스템 등 무인 자동운반 시스템 도입으로 근로자는 업무 부담과 안전사고로부터 벗어날 수 있지만, 한편으로는 일자리 감소를 피하기 어려울 것이다. 또한, 독일의 벡틀(BECHTLE) 등에서 사용되는 AR 스마트글라스 등이 업무에 도입됨에 따라 오류를 줄이는 동시에 생산성 향상으로 창고 작업원의 인력도 감소할 것으로 예상된다.	IoT, 센서 기술, AR 기술 등
계산원	셀프 주유소가 도입된 지는 오래며, 아파트 관리에도 무인 시스템이 도입되어 경비원의 일자리를 놓고 사회문제화가 되고 있다. 키오스크가 패스트푸드점이나 프랜차이즈 식당, 커피전문점 등을 중심으로 빠르게 확산되고 있다. 대기업 마트나 편의점에서는 무인화를 위한 기술개발에 적극 나서고 있고 시범실시 중인 곳도 있다.	디지털화, 핀테크

출처: 한국고용정보원

4차 산업혁명 시대의 위기 직업 8선

1. 콜센터 요원

수행 업무

콜센터에는 고객상담원과 텔레마케터가 존재한다. 고객이 전화로 제기한 민원 사항에 응대하는 일을 하면 고객상담원이고, 전화를 걸어 각종 상품이나 서비스를 판매하면 텔레마케터이다.

콜센터에 근무하는 사람들은 제조업체, 호텔, 유통업체, 택시회사, 홈쇼핑 전문업체, 항공사, 보험업, 공공기관 등 다양한 분야에 고용되어 있다.

위기 직업인 이유

콜센터 종사자는 어떤 일에서 영향을 받게 될까? 그들은 반복되는 질문에 대한 답변을 한다. 고객상담원과 텔레마케터의 하는 일 중에서는 고객의 문의에 대해 답변하는 일의 비중이 높다. 예를 들어 구매한 컴퓨터의 인터넷이 연결이 안 되거나 화면의 설정이 변경되는 경우처럼 해결책이 정형화되어 있고 고객이 궁금해 하는 내용에 대한 답변 등으로 단순한 경우가 많다.

상품 주문이나 배송처리 예약도 정형화된 일이다. 과거 데이터나 답변 이력을 분석하면 고객의 민원이나 문의 사항에 대해 답변이 가능하다. 고객이 궁금해 하는 질문의 상당수는 지금까지 제기되지 않은 새로운 질문일 수 있지만 콜센터를 수년간 운영하면서 고객이 궁금해 하는 내용과 정해진 답변이 데이터베이스화되어 있다면 사람이 굳이 하지 않아도 첨단 ICT 기술이나 AI를 통해 답변이 가능하다.

챗봇과 AI 기반의 음성서비스가 콜센터를 위기로 내몰게 된다. AI 콜센터 서비스는 크게 채팅을 기반으로 하는 고객상담 챗봇과 전화로 응대하는 로보텔러Robo-teller로 구분된다. 챗봇이란 채팅하는 로봇으로, 정해진 응답 규칙에 따라 사용자 질문에 응답할 수 있도록 만들어진 AI 기반의 소프트웨어이다. 소비자에게 개인 맞춤형 서비스를 24시간 제공할 수 있다는 장점이 있다. 로보텔러는 음성인식에 기반을 두고 고객의 질문에 답변하는 AI 기반의 서비스이다.

챗봇을 가장 많이 활용하는 기업은 페이스북이다. 페이스북은 자사의 플랫폼을 이용하여 이미 각종 예약, 쇼핑, 날씨, 여행, 결제 등 분야에 약 4만 개의 챗봇을 만들어 활용하고 있다. 케이뱅크도 챗봇을 이용하고 있다. 챗봇의 도움으로 24시간 365일 서비스를 받을 수 있다. 자동차, 보험, 통신, ICT 등의 기업들도 속속 챗봇을 도입하고 있다.

AI 기업인 마인즈랩과 솔트룩스에 따르면 전화 한 통 상담에 인건비가 1,500원이 들지만 AI 상담원은 150~500원이면 충분하다. 가격도 계속 낮아지고 있다.

AIA생명에서는 판매된 보험 계약에 대해 로보텔러가 고객에게 직접 전화를 걸어 완전 판매를 모니터링하는 업무를 진행하고 있다. 삼성 SDS는 2017년 9월 콜센터 요원의 업무 등을 대신할 수 있는 기업용 대화형 AI 플랫폼인 '브리티Brity'를 공개했다. 브리티는 자연어로 대화할 수 있고 고객이 요청하는 업무를 수행한다.

2. 생산 및 제조 관련 단순 종사원

수행 업무

생산 및 제조 관련 단순 종사원은 제조업체와 같은 곳에서 물건을 만들어내기 위하여 제품을 운반해 작업장에 위치시키거나, 만든 제품의 불량 여부를 검사하는 일을 수행한다.

위기 직업인 이유

스마트 팩토리 때문에 생산 및 제조 관련 단순 종사원의 일자리가 위험하다. 제조업이 점점 똑똑해지고 있다. 아디다스는 외국에 있던 공장을 독일로 이전하면서 '스피드 팩토리'를 설립했다. 이제 아디다스는 5시간 만에 개인 맞춤형 신발을 만들어낸다. 할리데이비슨도 오토바이한 대를 만드는 데 걸리는 시간을 21일에서 6시간으로 파격적으로 단축했다.

스마트팩토리는 자동차 생산 효율성을 향상시키고 있다

출처: BMW Group PressClub Global

아디다스의 스피드 팩토리

출처: ADIDAS Media Center

그런데 스마트 팩토리는 소비자의 개별적 요구를 맞춤형으로 충족할 뿐 아니라 공장에서 일하는 사람의 수를 눈에 보이게 줄였다. 중국과 베트남에 있을 때 아디다스 공장은 운영에 600여 명이 필요했지만 공장이 독일로 들어오면서 동일한 개수50만 켤레의 신발을 만드는 데 10명이면 충분하다.

스피드 팩토리에 있는 자동화 로봇은 물건을 나르고 조립하는 사람을 대폭 줄였으며 '비전'이라는 이미지 판독 시스템은 불량품을 검사하던 사람의 수 역시 대폭 줄였다. 반면 자동화 로봇을 연구하고 설계하고 만드는 사람, 3D프린터를 이용하여 설계를 하는 사람의 일자리는 증가할 수 있다.

독일의 스마트 팩토리가 일자리에 미치는 영향을 분석한 보스턴컨설팅그룹의 연구 결과 연구개발과 인간의 특성을 고려한 인터페이스 설계, 물류 그리고 판매와 서비스 분야에서는 일자리가 늘어나는 반면에 생산과 품질검사를 맡는 업무의 일자리는 줄어들 것으로 예측되었다. 공장에서 물건을 조립하고 자동화 라인에 물건을 실어 나르고 눈으로 불량품을 검사하는 일은 위기 직업이 될 것이다.

우리나라에서도 생산성 향상을 위해 자동화 설비나 디지털 장비를 도입하게 되면 고용에 변화가 나타남을 확인할 수 있다. 현대자동차의 아산공장과 울산공장에서 가공 라인의 상당 부분이 자동화되면서 프레스, 용접, 도장 그리고 사출 등의 수작업이 사라졌다. 한 중공업 회사는 자동 품질검사 시스템의 도입 이후에 품질검사요원을 없앨 계획이며, 한 전자서비스 회사는 원격수리 시스템을 도입한 후에는 현재 수리기사의 절반 정도만 필요할 것으로 추정하고 있다.

3. 치과기공사

수행 업무

치과기공사는 구강에서 얻은 모형을 바탕으로 치과보철물 및 장치물을 과학적 방법과 기술로 제작해 구강의 기능이 원활하도록 돕는 사람이다. 상실된 치아 또는 주위 조직의 기능과 외관을 회복시키기 위하여 치과에서 보내온 개개의 인상체나 경석고 모형을 이용하여 구강 내에 장착될 보철물 및 장치물을 제작한다.

위기 직업인 이유

3D프린터의 진보 때문에 치과기공사의 수요가 감소할 가능성이 높다. 과거에는 치과보철물 및 장치물을 만들기 위해 복잡한 공정이 필요했고 시간도 많이 걸렸으나 3D프린터를 통하여 공정이 단순화되었고 제작 기간도 줄었다.

기존의 방식대로 치과보철물 및 장치물을 제조하려면 재료 블록과 절단 그리고 설계를 한 후에 의도한 대로 가공을 하고 때로 밀링 가공도 했어야 했다. 그러나 이제 치과에서는 환자의 치아나 구강 모양을 정교하게 스캔하고 만들어야 할 치아를 모델링해 3D프린터로 출력하면 된다. 3D프린터가 치아 제작이나 보철물을 만드는 데 활용되고 있으며 향후 더 확대될 것이다.

치과기공사는 이제 전문성 강화를 위해 3D프린팅 기술을 익혀야 한다. 현재까지 치과기공사의 면허를 취득하기 위해서는 3D프린팅을 다루는 능력을 검정받지 않았다. 요사이 대학의 치과기공학과에서는 치과기공사 시험 기준에는 없지만 3D프린터 사용을 가르치고 있다. 향후 치과기공사가 일하는 방식에는 많은 변화가 예측된다. 관련 이론과 응

3D프린터로 출력한 치아

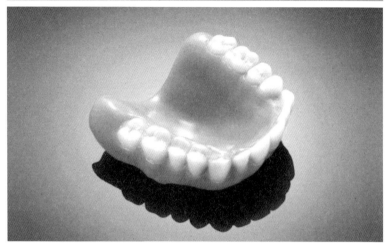

출처: Stratasys Newsroom

용을 연구해 새로운 업무의 방향을 설정해야 할 것이다.

4. 의료진단 전문가

수행 업무

의료인들은 전문적인 의료 지식 및 기술을 활용하여 환자의 병의 원인을 밝히기 위하여 진단하고 질병 및 장애가 있는 사람과 상해를 입은 사람들이 건강을 회복할 수 있도록 치료하는 업무를 수행한다. 여기서 의사의 구체적 업무는 전문 분야에 따라 세분화되는데 영상의학과

의사는 환자의 병으로 일어난 육체적·생리적 변화를 찾아내기 위하여 MRI, CT, 엑스레이와 같은 촬영 영상을 판독하는 진료의 영역을 담당한다.

병의 원인을 밝히거나 진단하는 데 도움을 주는 또 다른 직업인으로 임상병리사가 있다. 임상병리사와 같은 의료진단 전문가는 병원의 진료지원 부서에서 근무하면서 혈액, 소변, 체액 그리고 조직 등을 살펴 질병의 원인 규명과 예방 그리고 치료 경과를 확인한다. 보건의료기관에서 의생명과학 분야의 기초 및 임상연구를 진행하기도 한다.

위기 직업인 이유

영상을 보고 병의 유무와 종류를 판단하는 일은 사람보다 AI가 더 정확하고 빠르게 할 수 있다. AI가 인간의 일을 대신하기에는 아직 미흡하다는 이야기가 이제 의료계에서는 통하지 않는 것 같다. 영상의학과 의사는 병원에서 환자의 특정 질병 유무와 의심되는 질병을 진단하기 위하여 엑스레이, CT, MRI 등의 촬영물을 판단하는 일이 업무의 대부분을 차지한다.

이상이 생긴 부위가 너무 작거나 명확하지 않으면 오진이 생기기도 한다. 오진률은 의사에 따라 차이가 많다. IBM의 왓슨은 암 환자에 대한 진료를 할 때 환자의 의심되는 부위의 촬영물과 환자의 부위에서 떼어낸 조직을 검사해서 암 여부와 종류를 결정하는 의사의 역할을 수행하고 있다. 병의 유무에 대한 종합적인 판단과 책임은 여전의 인간 의사의 몫이지만 AI의 판단을 의사들이 절대로 무시할 수 없는 상황이다. AI는 의사보다 더 빠르고 정확하게 영상검사를 판독할 수 있다. 뿐만 아니라 환자의 성별, 나이, 암의 진행 정도에 따라 적정한 치료법을 추천해준다.

왓슨은 클라우드에 저장된 방대한 논문과 의학 정보를 분석하고 끊임없이 추가적인 의료 내용을 학습하고 있다. 의료진이 왓슨에게 환자의 성별과 나이, 몸무게, 혈액검사 수치, 현재 암 진행 정도 등의 정보를 입력하면 왓슨은 색깔별로 치료법이 적힌 문구를 제시한다. 추천하는 치료법과 권하지 않는 치료법과 그 이유, 관련 근거 논문들도 확인이 가능하다. 또한 치료법에 따른 생존율과 약물에 대한 부작용도 함께 제시해준다. 암을 진단하고 적정한 치료법을 추천하는 것은 AI도 잘할 수 있는 분야이다.

국내에서도 왓슨의 도입이 확산되고 있다. 2016년 12월에 인천길병원이 우리나라 최초로 왓슨을 도입한 이후 부산대, 건양대 등에서 도입했다. 왓슨은 수많은 환자들의 데이터를 기억하고 다양한 환자들의 영상결과를 학습해 오진률을 최소화할 수 있다. AI는 암 환자의 조직검사도 한다. 영상정보에서 암이 의심되면 조직을 떼어내서 검사를 진행하게 되는데 의사가 수백 건의 조직 슬라이드를 검사하는 과정에서 생길 수 있는 오진을 보완해줄 수 있다.

의사가 하던 진단의 영역을 AI가 대신하고 있는 것이다. 이제 의사는 지식에 근거하여 판단을 하는 단순 작업을 줄이고 환자에 대한 통합적 연구 그리고 의료 상담에 더 집중해야 한다. 컴퓨터가 1차로 환자를 진단한 후 의사가 종합적 판단을 하고 환자의 알 권리를 충족시켜주기 위한 상담을 더욱 강화해야 한다.

신체의 미세한 신호를 측정하기 위한 의료기기와 센싱 기술이 지금보다 더 발달하게 되면 질병을 진단하기 위해 혈액 및 기초검사를 수행하는 의료인의 수요를 감소시킬 수 있다. 스마트폰과 웨어러블기기는 심박수뿐 아니라 스트레스지수, 산소포화도 등 더 다양한 건강 관련 지수를 측정할 수 있다. 향후, 혈당, 혈압, 콜레스테롤 수준 등을 간단히 측정하며 IoT를 통해 병원 내 클라우드 서버에 게시한 후 문제가 있을 경우 사용자가 그 결과를 통보받을 수 있다면 병원에 굳이 가지 않아도 건강이 좋아질 수 있다.

5. 금융 사무원

수행 업무

금융 사무원은 은행, 보험사, 증권사 등에서 근무하면서 금융 및 보험과 관련된 사무 업무를 수행한다.

이 중에 출납창구 사무원은행 텔러는 시중은행, 저축은행, 신협, 우체국 등에서 고객을 대상으로 입출금 업무, 상품의 가입 및 해약, 공과금 수납 업무 등의 금융 서비스를 수행한다.

증권중개인은 증권사에서 일하면서 주식, 파생상품, 채권 등을 사고 팔려는 법인이나 일반인을 대상으로 그들이 원하는 거래주문을 받아서 거래를 성사시키는 일을 한다.

투자분석가는 자신의 회사나 개인 및 기업고객들이 주식, 채권, 파생상품 등에 대한 적절한 투자 판단을 할 수 있도록 각종 분석정보를 제공하는 일을 수행한다. 보험인수심사원은 보험 계약자의 위험요소를 평가하여 계약 여부를 결정하거나 보험료를 산출하는 계약심사 업무를 수행한다.

위기 직업인 이유

금융 산업에서는 개인 고객의 카드 소비 성향을 분석하는 빅데이터, 사람 대신 로봇이 투자 방향을 정하고 자산관리를 해주는 로보어드바이저Robo-advisor, 은행 지점에 가지 않고 인터넷으로 (비대면) 대출이 가능한 모바일 결제, 인터넷전문은행, 블록체인 등이 이미 도입되어 있고 빠르게 확대되는 추세이다.

핀테크로 은행 창구에서 근무하는 사람이 점차 줄고 있다. 이제 은행을 가지 않아도 입출금, 상품 가입 및 해지, 공과급 수납 등을 쉽게 할 수 있다. 과거에는 사람 대신 ATM기기가 입출금 업무를 주로 담당했다면 핀테크로 인해 언제나 모바일을 이용하여 입출금 업무는 물론이고 대출 및 적금, 공과금 납부 등까지 할 수 있다. 과거 ATM기기를 이용하는 것보다 모바일을 이용하는 것이 훨씬 더 편리하다.

점포 없이 은행 업무를 하는 카카오뱅크는 시작한 지 한 달 만에 300만 명의 가입자를 모았다. 계좌 개설, 대출 신청 등이 모두 모바일로 가능해져 편리하기 이를 데 없다. 게다가 기존 은행에 비해 대출이자는 낮고 예금이자는 높다. 시중은행에 비해 서비스의 질을 높일 수 있는 가장 큰 이유는 인터넷전문은행은 실물 지점이 없어 임대료가 없기 때문이다. 실물지점이 없다는 것은 과거 은행에서 입출금 업무, 예금의 신규 및 해약, 공과금 수납 업무 등의 금융 서비스를 제공하던 출납창구 사무원이 더 이상 필요 없게 된다는 것을 의미한다.

이제 공인인증서가 없어도, 상대방의 계좌번호를 몰라도 송금을 할 수 있게 되었으며 은행을 방문하지 않고도 대출과 적금 서비스를 받을 수 있다. 신용카드와 교통카드는 스마트폰 속으로 들어가고, 자신의 지문 혹은 홍채를 입력하면 금융 거래 중의 보안 위험도 감소시킬 수 있다. 향후 핀테크가 더욱 활성화되면서 출납창구 사무원의 수는 더욱 감소할 가능성이 크다. 실제로 KB국민은행, 우리은행, NH농협은행, 신한은행, KEB하나은행 등 5대 은행의 지점 수는 2012년 말 5,352개에서 2017년 2월 4,796개로 4년 새 10% 이상 감소하였다.

빅데이터와 AI의 영향으로 시황 분석, 증권 거래, 보험인수 심사 등의 업무도 위험하다. 과거 증권사나 투자자문사에서는 투자분석가가 어떤 종목의 주식이나 투자 상품이 좋을지를 투자자들에게 제안했었다. 이제는 AI가 투자 분석과 증권 중개 업무를 대체하고 있다.

골드만삭스의 켄쇼는 연봉 50만 달러의 투자분석가가 40시간 걸릴 일을 단 몇 분 만에 해낸다. 골드만삭스는 주식 트레이더를 600명에서 2명으로 줄였고, 임직원 4분의 1을 컴퓨터 기술자로 교체했다. 골드만삭스는 투자 분석이나 증권 중개를 사람이 하는 시대는 끝났고 그 자리를 수학적 원리와 컴퓨터 소프트웨어가 대신해야 한다고 주장하면서 자사가 이젠 투자자문사가 아니라 IT 회사임을 천명했다. 투자자문사는 빅데이터 분석을 통한 객관적 사고가 가능하고 시간과 장소에 구애받지 않으며 누구나 온라인으로 자산관리를 받을 수 있는 로보어드바이저를 소유하고 있다.

보험인수 심사원도 위기의 직업이다. 보험인수 심사원은 보험 계약을 의뢰한 사람의 인적 특성이나 과거의 자료를 보고 계약을 하면 회사가 손해를 볼 위험을 판단하여 보험의 인수 여부를 결정하는 사람이다. 보험 가입자의 특성과 보험지급 내역에 대한 데이터가 축적이 되어 있다면 AI가 빠르게 회사의 손실 가능성을 계산하여 일정 수준 이상의 위험이 있는 경우에 보험의 가입을 거절할 수 있다. 옥스퍼드대 연구진은 컴퓨터에 의해 대체될 가능성이 가장 높은 직업 중의 하나로 보험인수

심사원을 꼽았다.

6. 통 · 번역가

수행 업무

번역가는 특정 언어로 작성된 문서, 보고서 또는 전문서적이나 영상물 등을 의사소통이 정확하고 자연스럽게 이루어지도록 다른 언어로 옮기는 일을 전문적으로 수행한다. 이들은 한국어를 외국어로 번역하거나 외국어를 한국어로 번역한다. 번역 언어와 내용에 따라 번역가가 하는 일은 달라질 수 있다. 문학작품, 영상물, 전문서류, 각종 비즈니스 서류, 수출입 관련 무역서신, 제품설명서, 각종 계약서 등의 번역을 수행한다.

통역가는 서로 다른 언어를 사용하는 사람들이 서로 의사소통할 수 있도록 업무를 수행한다. 외국인의 대화나 발표를 우리말로 전달하거나 우리말을 외국어로 전달한다. 관광 통역안내원은 외국 관광객에게 관광지를 안내하며 통역하고 그 밖에 국제회의, 세미나, 학회, 기자회견, 사업상 미팅 등에서 활약한다.

위기 직업인 이유

기계학습과 음성인식 등의 영향으로 컴퓨터의 번역 및 통역 성능이 증대되고 있다. 과거 번역 프로그램은 상당히 실망스러웠다. 도대체 무슨 이야기를 하는지 모를 정도로 문맥도 부자연스럽고 잘못된 번역도 많았다. 과거의 번역기는 어색함의 대명사였다.

그러나 기계학습을 하는 AI의 영향으로 번역의 수준이 점차 향상되고 있다. 구글과 네이버는 새로운 번역기술인 인공신경망 번역NMT, Neural Machine Translation 기술을 사용하고 있기 때문이다. 인공신경망 번역이란 기계번역의 한 종류로 AI가 데이터 학습을 통해 문장 단위로 언어를 번역하는 기술이다. 기존 기계번역에 주로 사용된 통계 기반 기계번역SMT, Statistical Machine Translation 보다 발전된 형태이다. 사용자가 번역엔진에 문장을 입력하면 맥락을 파악한 후 이를 단어, 구문, 어순 등의 정보가 담겨 있는 좌표값으로 전환하여 번역한다. 과거의 번역기와 달리 문맥을 파악할 수 있어 자연스럽고 정확한 번역이 가능하다. 또한 이 AI는 기계학습이 가능하기 때문에 AI가 스스로 학습하여 번역을 수행하므로 입력되는 데이터가 많아질수록 번역은 정교해진다.

일상적인 번역은 AI가 일정 부분 대체할 수 있으므로 향후 단순한 번역을 하는 사람의 일자리를 위협할 수 있다. 그러나 AI는 문장의 섬세한 감정 표현 같은 부분에서 인간을 뛰어넘을 수 없다. 그리고 번역기가 아무리 발달해도 원문을 보며 문장의 미묘한 차이를 느끼면서 직접 정보를 취득하고 분석한 경우와 번역기로 돌린 내용을 보면서 학습한 경우는 차이가 있다. 번역기가 발달해도 탄탄한 영어나 외국어 실력을 갖고 있다면 다른 사람보다 경쟁에서 우위를 점할 수 있다.

물론 아직 원하는 외국어를 자유자재로 통역해주는 완벽한 통역기는 없다. 그러나 자유자재의 통역이 약 10년 안에 가능하다고 생각하는 사람이 많다. 구글의 딥러닝 프로젝트 팀장인 그렉 코라는 "10년 이내 어떤 언어든 실시간으로 번역할 수 있을 것이다"라고 전망했다.

MS의 스카이프 트랜스레이터는 서로 다른 언어를 사용하는 사람이 자국어로 말하면 바로바로 사용자의 언어로 통역해주는 실시간 동시통역 시대를 열었다. 현재 영어, 스페인어, 중국어, 이탈리아어, 프랑스어, 포르투갈어, 독일어, 아랍어, 러시아어에 대한 실시간 교차 통화가 가능하다. 한국어도 머지않아 실시간 동시통역이 가능한 언어로 추가된다.

7. 창고 작업원

수행 업무

창고 작업원은 관리자의 지시를 받아 자재, 공구, 설비, 생산제품 및 기타 물품의 입고, 보관, 불출 등의 업무를 수행한다.

구체적 업무를 보면 운반하고 모으거나 분출할 항목을 알아보기 위하여 생산계획서, 고객주문서, 작업 순서, 선적 순서 등에 따라 도구를 사용하여 재료나 물품을 수령한다.

그리고 수령한 물품 등을 생산 장소로부터 창고나 지정된 장소로 운반한다. 순서에 따라 재료나 물품을 크기, 형태, 양식, 종류 등으로 분류하여 수량을 파악하고 선반에 얹거나 상자에 담는다. 그리고 창고 내에 적재된 물품을 정리하며 물품청구서 또는 창고 관리원의 지시에 따라 물품을 찾아 불출한다. 입고되거나 불출한 수량을 물품대장에 기록한다. 회사 표준에 따라 물품을 분류하기 위하여 무게를 달거나 수량을 파악하여 재고량을 현황일자에 기록한다. 창고를 청소하기도 한다.

위기 직업인 이유

로봇이나 IoT, 센싱 기술 등을 이용한 무인 창고관리 시스템이 빠르게 발전하고 있다. 무인 창고관리 시스템의 발전형인 무인 자동운반 시스템은 단순히 컨베이어벨트를 말하는 것이 아니라 IoT 기반의 물품운반 로봇 등을 말한다.

이것은 근로자가 작업을 할 수 있도록 필요한 부품을 적시에 가져다주거나, 창고의 수많은 물품을 정리·불출하는 일을 한다. 또한 물품운반 로봇에는 센서가 부착되고 공장에서 물품 운반 중 사람이나 시설물과의 접촉으로 발생하는 안전사고를 방지할 수 있다.

무인 자동운반 시스템 도입으로 근로자는 업무 부담을 덜 수 있고 안전사고를 예방할 수 있지만, 한편으로는 일자리 감소를 피하기 어려울 것이다.

미국 아마존의 물류 창고에서는 로봇 '키바Kiva'가 인간을 보조해 일하고 있다. 거대한 물류창고에서 체력을 소모하며 작업해야 하는 근로자의 수고를 대신하는 역할이다. 이전 같으면 수천만 건 이상의 상품이 적재된 창고 안에서 시간을 들여 배송할 물건이 배치된 자리를 사람이 확인해야 했다. 그리고 해당 위치로 찾아가서 사다리를 타고 올라가 물건을 집어 와야 했다. 그 물건을 가지고 내려와 포장 작업을 할 수 있는 자신의 작업대까지 돌아오는 작업을 매일 수백, 수천 번 반복하면 힘이 들고 능률도 떨어지기 마련이다. 이러한 작업을 짧은 시간 안에 정확하게 해주는 것이 키바다.

아마존 물류창고에 배송물 적재와 포장을 자동화하는 키바가 도입된 것은 2014년이다. 아마존은 물류센터에 키바를 도입한 지 2년 만에 운영비용의 20%를 절감하는 효과를 얻었고, 이는 물류센터마다 약 2,200만 달러약 246억 원에 달하는 비용을 절감했다.

기존에 60~75분 정도 걸리던 물류 순환 속도는 약 15분으로 빨라졌으며, 공간을 효율적으로 사용하면서 재고를 둘 수 있는 공간도 약 50% 정도 늘었다는 평가를 받고 있다.

향후 AR 기술과 스마트글라스의 활용성도 기대된다. 독일의 IT 기업인 벡틀BECHTLE은 AR 기술과 스마트글라스를 활용한 스마트 창고 관리 시스템을 도입하고 있다. AR 기술과 스마트글라스의 활용 영역은 무궁무진한데 창고 관리, 플랜트 등의 산업 현장, 건축, 의료, 엔터테인먼트, 연구개발, 교육·훈련 등에 활용될 수 있다.

8. 계산원

수행 업무

계산원은 백화점, 대형마트, 할인점, 슈퍼마켓, 편의점, 일반 상점 등에서 소비자가 구매한 상품을 계산하고 요금을 정산하는 일을 한다. 계산원은 근무 장소에 따라 상품 계산 업무 외에도 소비자가 문의하는 물품에 대해 설명해주고, 더 좋은 상품이나 고객의 필요에 적합한 상품을 선택하여 추천하는 일을 하기도 한다. 고객이 구매를 결정하면 상품을 정확하게 계산하고 영수증을 발급하며, 고객이 원하면 포장을 해준다. 톨게이트나 주차장 등에서 요금을 수납하는 요금 수납원도 계산원에 포함될 수 있다.

위기 직업인 이유

디지털 기술이 산업 현장뿐만 아니라 사회 곳곳으로 확산되고 있다. 셀프 주유소가 도입된 지는 오래며, 아파트 관리에도 무인 시스템이 도입되어 경비원의 일자리를 놓고 사회문제화가 되고 있다. 키오스크가 패스트푸드점이나 프랜차이즈 식당, 커피전문점 등을 중심으로 빠르게 확산되고 있다. 또 대기업 마트나 편의점에서는 무인화를 위한 기술 개발에 적극 나서고 있고 시범실시 중인 곳도 있다.

2017년 5월에는 세븐일레븐이 업계 최초로 잠실 롯데월드타워 31층에 무인 편의점인 '세븐일레븐 시그니처'를 열었다. 정맥의 모양으로 결제하는 핸드페이 시스템을 갖춘 것이 특징이다. 이마트24는 같은 해 6월부터 무인 운영을 실험하고 있다. 앞서 일부 매장에 무인 결제 단말기를 설치한 적이 있으나 직원이 상주하고 있어 무인 편의점이라 볼 수는 없었다. 이마트24 무인 매장은 고객이 매장 문 옆에 설치된 리더기에 신용카드 등을 긁으면 문이 열리며 구매한 물건을 스스로 결제하는 방식이다. 이마트24 측은 무인점포 확산 방안을 검토할 예정이다.

무인주문 시스템 도입은 갈수록 치열해지는 자영업 경쟁과 최저임금 인상으로 더욱 촉진될 것이다. 이에 더해 모바일 쇼핑의 확산으로 오프라인에서 일하는 계산원이나 판매원의 고용 상황은 갈수록 어려움에 처할 것이다.

Part 3

듣보잡(Job) 일자리

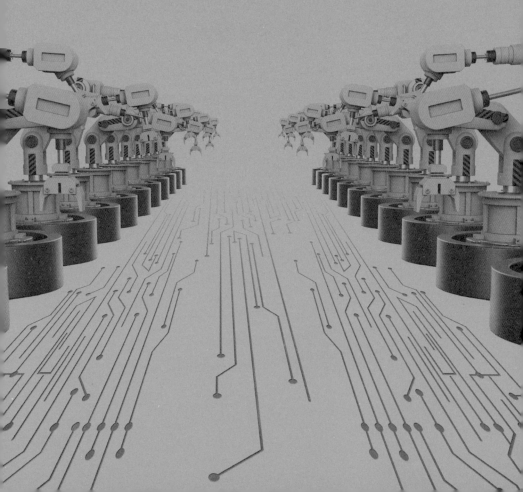

| 4차 산업혁명 시대 직업의 종말 |

제4의
실업

일자리의 열쇠는 'ICBMA'

ICBMA에 일자리 해법이 있다

4차 산업혁명은 인류에게 위기만 가져다줄 것인가? 그렇지 않다. 새로운 기회도 가져다준다. 새로운 신기술이 새로운 산업을 만들어내고 새로운 일자리를 만들어준다.

대표적인 일자리 창출의 열쇠가 될 기술이 바로 'ICBMA', 즉 IoT 사물인터넷, Cloud Computing 클라우드 컴퓨팅, Big Data 빅데이터, Mobile 모바일, Artificial Intelligence 인공지능이다. 4차 산업혁명을 이끄는 이 5가지 핵심 기술이 모든 이의 삶 전반에 걸쳐 혁신적인 변화를 만들어낼 것으로 보인다.

따라서 앞으로 우리는 이 ICBMA 기술을 적극적으로 활용해 산업 혁신과 신기술 개발에 박차를 가해야 한다. 산업이 흥해야 일자리가 생긴다. 일자리가 발생해야 경제가 활성화되고, 경제가 활기를 띠어야 다시 기술개발에 재투자를 하는 선순환이 반복될 것이다.

기본적으로 ICT 융·복합 기술인 이들 기술의 자체적인 잠재력과 유관 산업의 발전 가능성은 무궁무진하다. 그중에서도 드론, 3D프린팅, VR가상현실과 AR증강현실, 핀테크, 로봇공학, 스마트카, 보안, 헬스케어 등 8가지 유관 산업의 전망이 특히 밝다.

250조 원을 창출할 3대 산업

460조 원의 경제적 가치를 만드는 4차 산업혁명

글로벌 컨설팅 회사인 맥킨지앤드컴퍼니 McKinsey & Company 는 2030년을 기준으로 4차 산업혁명이 가져다줄 지능정보사회에서 발생할 총 경제적 효과가 최대 460조 원에 달할 것으로 예상했다. 우리나라 국가 '슈퍼예산' 400조 원을 훌쩍 넘는 수치다.

여기서 '총 경제적 효과'란 지능정보기술을 활용한 산업에서의 신규 매출, 비용 절감, 소비자 후생 증대를 통해 발생하는 경제적 효과를 의미한다. 데이터가 다량 발생하면서 데이터 활용 마케팅이 활발해지거나 신규 로봇산업이 활성화되면 이것이 신규 매출로 이어지게 된다. AI를 이용해 의료 진단의 정확도가 증대되거나, IoT를 이용해 제조 공정이 최적화되면 이는 비용 절감으로 이어진다. 또한 자율주행차가 상용

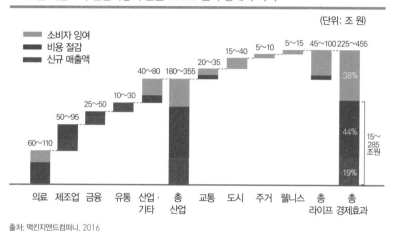

2030년 기준 4차 산업혁명이 만들 460조 원의 경제적 가치

(단위: 조 원)

- 소비자 잉여
- 비용 절감
- 신규 매출액

출처: 맥킨지앤드컴퍼니, 2016

화되면 교통사고가 감소하거나 대기의 질이 향상되고, 교통체증이 감소하면 이것이 소비자 후생 증가로 이어져 부가가치 창출효과를 가져다준다는 분석이다.

BIG 3 산업, 250조 원을 창출한다

그렇다면 어떻게 460조 원의 경제적 가치가 창출될 수 있을까? 맥킨지앤드컴퍼니 자료에 따르면 비용절감 효과의 비중이 무려 44%, 최대 199조 원에 달한다. 또한 소비자 삶의 질 향상으로 인한 가치 창출이 최대 174.6조 원38%, 기술 발달로 인한 신규 매출 발생이 최대 85.4조 원19%에 달한다.

그중 의료 부문이 최대 110조 원의 경제효과를 창출한다. 그 뒤를 제조업_{최대 95조 원}과 금융_{최대 50조 원} 부문에서 경제가치가 창출된다. 한마디로 의료, 제조, 금융 이 3가지 산업만 잘 육성해도 무려 약 250조 원의 경제가치가 창출되는 것이다. 의료 부문에서는 비용 절감으로 인한 경제가치 발생 비율이 매우 높고 제조업과 금융에서는 새로운 기술이 접목되어 신규 매출이 새로 발생한다는 진단이다.

이들 의료, 제조, 금융 이외에도 소비자 삶의 질 향상으로 인한 새로운 경제효과 발생이 예상된다. 다시 말해 교통, 도시, 주거환경이 개선됨에 따라 각각 최대 35조 원, 40조 원, 10조 원의 경제효과가 발생할 전망이다.

전자책, 찻잔 속 우려였다

전자책이 등장했을 때 전문가들을 포함한 많은 이들은 종이책 시대의 종말을 예견했다. 하지만 현재 출판 시장을 보면 어떤가? 한동안 마이너스 성장을 유지하던 종이책 시장은 다시 반등하고 있으며 오히려 전자책이 주춤하는 추세다. 전 세계적 추세가 그렇다. 2016년 1~9월 사이 미국 전자책 판매량은 18.7% 감소한 데 반해 종이책은 7.5% 늘었다. 2016년 영국 전자책 판매량 또한 17% 줄었으나 종이책과 잡지 판매량은 7% 증가했다.

이러한 현상을 분석하는 다양한 시각이 있지만, 종이책이 주는 따뜻함과 편안함을 선호한다는 의견도 크다. 이처럼 새로운 것들이 출현하면 우려가 먼저 엄습한다. 하지만 그저 찻잔 속 우려에 그치는 경우도 많다.

맥킨지앤드컴퍼니는 근로 시간 전체를 100% 자동화할 수 있는 일자리는 전체 일자리의 약 0.3%에 불과하다고 진단한다. 식품이나 담배 등급원, 미장공과 같은 일부 직업만 자동화된다는 분석이다. 반대로 자동화율이 10% 미만에 그칠 것으로 예상되는 직업은 무려 97%에 달한다. 로봇과 AI가 인간의 일자리를 빼앗아갈 것이라는 두려움에 사로잡혀 있을 필요가 없다는 이야기다.

더불어 기술의 발달로 인해 새로운 직업들이 속속 등장할 전망이다. 새롭게 부상할 직업도 적지 않다. 미래에 어떤 직업이 생성되고 유망해질지는 아직 아무도 모른다. 기술의 발전 외에도 정부 정책, 인구구조 변화 등 다양한 요인이 작용하여 영향을 미치기 때문이다.

그렇다면 4차 산업혁명의 영향으로 어떤 산업이 각광을 받게 될까? 어떤 일자리가 새로 생겨나게 될까? 제4의 실업은 그저 찻잔 속 우려에 그칠 것인가?

새로운 비즈니스가 출현한다

독일의 싱크탱크인 경제정책연구센터CEPR의 〈독일 노동 시장에서 로봇의 부흥〉 보고서에 따르면, 독일 내에서 로봇 한 대가 늘어날 때 제조업 일자리는 평균 2개가 사라진다. 실제 1994~2014년 동안의 자동화율을 기반으로 추산하면 로봇으로 인해 사라진 제조업 일자리가 27만 5,000개에 달한다. 하지만 제조업 일자리가 사라진 대신에 다른 업종에서 일자리가 늘어나 결과적으로는 고용 구성에만 변화를 주고 독일 내 일자리 총량에는 영향이 거의 없었다.

다보스포럼의 창업자 클라우스 슈밥Klaus Schwab은 "4차 산업혁명에서는 고용을 증가시키기 위한 신산업의 창출 효과의 속도와 타이밍을 제대로 이끌어내는 것이 중요하다"고 강조한다. 기술의 변화가 전 산업에 깊고 넓은 변화를 가져오기 때문에 기업이 얼마나 민첩하게 대응하느냐가 향후 기업의 경쟁력을 결정한다는 것이다.

새로운 직무가 생겨난다

4차 산업혁명 시대 승자의 길은 민첩한 대응에 있다. 기업이나 근로자는 IoT, AI 등의 새로운 기술의 출현으로 만들어지는 새로운 비즈니스를 적극적으로 받아들여야 한다.

이를 수용하지 못하면 시장을 잃거나 업무가 사라지고, 제품 품질 저하로 이어질 수도 있다. 반대로 기술을 수용하고 적극 활용하는 경우에는 새로운 고용과 시장 수요에 대응할 수 있다. 새로운 직무도 생겨나게 된다. 예를 들어 AI나 로봇 등을 만들어 새로운 비즈니스의 트렌드를 창출하는 직무, AI나 로봇을 이용해 함께 일하는 직무, AI나 로봇 등과 분담해 일하는 직무 등 다양한 직무가 생겨날 수 있다.

맥킨지앤드컴퍼니에서도 4차 산업 혁명에서 새로운 기술과 관련한 새로운 직업과 산업 분야에서 일자리가 등장하고 고숙련근로자에 대한 수요가 증가할 것으로 예상하고 있다. 최근 세계 시가총액 톱10을 차지하는 기업 중 7개 업체가 IT 관련 기업으로, 수년 전과 비교해도 최근 디지털 인프라를 기반으로 하는 업체들의 성장세가 두드러진다.

새로운 일자리가 온다

'초연결성'은 기존의 사람과 기계 간 연결을 넘어 기계와 기계, 사람과 제품, 제품과 제품 등 산업, 기업, 개인을 서로 촘촘하게 연결시켜준다. 이 그물망 사이에는 수많은 데이터가 왕래하고 쌓이게 된다. 이렇게 만들어진 빅데이터는 고부가가치와 서비스를 양산하는 촉매가 된다. 초연결성→데이터 축적→의미 있는 가치_{정보} 창출→새로운 비즈니스 등장의 사이클을 만들어낸다. 나아가 데이터와 플랫폼에 기반을 둔 서비스 제공은 소비자의 구매와 소비 패턴의 변화를 몰고 오게 된다. 이와 같은 방식으로 다양한 분야에서의 새로운 비즈니스가 출현하고 자연스럽게 하이테크 관련 분야의 직업과 일자리가 생겨나게 된다.

이로 인해 소비자의 수요를 즉각적으로 제품에 반영하기 위한 상품 기획가, 데이터 사이언티스트의 역할이 커지게 된다. 동시에 이들을 지원하기 위한 인력, 빅데이터 속의 숨은 가치를 찾을 수 있도록 디자인해주는 빅데이터 기획가, IoT 전문가 등이 새로운 직군을 형성하게 된다.

나아가 기업에 요구되는 새로운 경영전략을 수립할 수 있도록 지원하는 뉴비즈니스 경영 컨설턴트, 컴퓨터보안 전문가 또는 대기업에 비해 상대적으로 열세인 중소기업을 대상으로 새로운 기술과 경영전략을 수립해주는 중소기업 코디네이터 등의 일자리가 각광을 받게 된다.

어떤 일자리가 유망 직업일까?

기술 · 인구 등 복합적 원인이 일자리 생성에 작용한다

4차 산업혁명의 기술 진화는 기존 직업군 가운데 어떤 일자리를 늘어나게 하고 어떤 직업을 만들까? 미래의 유망 직업에 대한 예측은 쉽지 않은 일이다. 직업의 생성과 성장에는 기술의 진보, 정부 정책, 인구구조의 변화, 구성원 의식, 기후 변화, 사회경제적 상황 등이 복합적으로 상호작용하여 영향을 미치기 때문이다. 더욱이 IoT, AI, 빅데이터 등 첨단 기술의 변화와 발전이 급격히 이뤄지는 요즘의 상황에서 미래에 어떠한 직업이 유망할지를 정확히 예측하기란 어려운 일이다.

따라서 먼저 4차 산업혁명 시대에 유망한 분야를 먼저 짚어본 뒤 이후에 구체적 유망 직업을 제시하고자 한다.

유망 산업 분야를 먼저 봐라

4차 산업혁명 시대에는 IoT, 클라우드, 드론, 모바일, 자율주행차, VR, 로봇, 생명공학, AI 등 발전이 가속화된다. 따라서 이와 관련된 기술을 적용하고 활용하는 첨단 분야에서 일자리 기회가 많이 생기게 된다.

4차 산업혁명은 제조, 생산, 유통, 서비스 등에 ICT가 결합되어 지금과는 다른 방식으로 제품과 서비스가 제공된다. ICT와의 결합은 데이터를 만들어내고 방대한 양의 데이터를 이용해 비즈니스의 운영 방식을 바꿀 수 있다. 따라서 정보를 수집하고 저장하기 위한 센싱 기술, 데이터베이스 구축 그리고 무선통신 관련 인력이 더 많이 필요해진다.

또한 새로운 사업 모델을 만들기 위한 플랫폼과 시스템을 구축하기 위한 소프트웨어 인력 그리고 점차 증가하는 정보의 보안을 담당하는 사람들이 더 늘어나게 된다. 또한 4차 산업혁명의 시대에는 어려운 사람을 돌보고 삶의 질을 개선하는 데 기여하는 직업이 유망해진다.

또한 첨단 과학이 발달하면서 양극화가 심해지고 상대적으로 소외되고 어려운 사람들이 많아질 수 있으므로, 이들을 돌보고 삶의 질을 개선하는 분야에서도 일자리가 증가할 것이다. 즉 복지, 공공의 안전, 삶의 질 향상, 날로 다양해지는 개인의 욕구 충족과 관련된 분야에서의 새로운 일자리 기회가 더 많아질 것이다.

어떤 직업이 유망할까?

4차 산업혁명이 가져올 유망 직업에 대한 국내 연구는 다양한 각도에서 제시되고 있다. 대표적인 보고서가 한국고용정보원의 〈중장기 인력수급 수정전망 2015~2025〉, 〈2017 한국직업전망〉 보고서이다. 이 책에서는 〈중장기 인력수급 수정전망 2015~2025〉를 토대로 취업자 수가 증가하는 유망한 산업과 직종을 제시했다. 또 〈2017 한국직업전망〉을 토대로 직업세계의 주요 트렌드를 분석했다.

특히 한국고용정보원이 2013년부터 매년 발행하고 있는 〈신직업 연구〉를 토대로 선진국에는 있으나 우리나라에 없는 직업, 현재 우리나라에서 시작 단계이나 직업 세계의 흐름을 고려할 때 향후 확대가 가능한 직업 등을 찾아봤다.

최근 4년 동안 한국고용정보원이 발굴한 신직업의 목록은 총 382개 2013년 102개, 2014년 113개, 2015년 100개, 2016년 67개에 달한다. 새롭게 등장할 신직업은 4차 산업혁명의 기술인 AI, 빅데이터, 클라우드, 모바일, AR, 생명공학, 자율주행차, 블록체인, IoT, 3D프린터, 드론 등과 관련이 깊다. 10년 후에는 지금보다 이 분야의 일자리는 대폭 늘어날 전망이다.

4차 산업혁명 시대의 유망 직업

직업명	이유	관련 기술
IoT 전문가	사물 간 대화를 센싱할 수 있는 기기를 통해 자료를 수집하고, 이 자료를 데이터베이스에 저장하고 그 정보를 불러내 서로 통신할 수 있게 하는 IoT 전문가에 대한 수요가 더욱 증가할 것임	무선통신, 프로그램 개발 등
AI 전문가	인간의 인지, 학습, 감성 방식을 모방하는 컴퓨터 구현 프로그램과 알고리즘을 개발하는 사람에 대한 수요가 많음	AI, 딥러닝
빅데이터 전문가	비정형 및 정형 데이터 분석을 통한 패턴 확인 및 미래 예측이 가능한 빅데이터 전문가를 금융, 의료, 공공, 제조 등에서 많이 요구함. AI가 구현되기 위해서도 빅데이터 분석은 필수적임	빅데이터
VR 전문가	VR, AR은 게임, 교육, 마케팅 등에서 널리 사용하고 있으며 VR 콘텐츠 기획, 개발 및 운영 등에서 많은 일자리 생성 기대됨	VR, AR
3D프린팅 전문가	3D프린터의 속도와 재료 문제가 해결되면 제조업의 혁신을 유도할 것으로 기대됨. 다양한 영역(의료, 제조, 공학, 건축, 스타트업 등)에서 3D모델링 수요 증가	3D프린팅
드론 전문가	드론의 적용 분야(농약 살포, 재난 구조, 산불 감시, 드라마 및 영화 촬영, 기상 관측, 항공촬영, 건축물 안전진단, 생활스포츠 기록 등)가 다양해지고 있음	드론
생명과학 연구원	생명공학에서 IT와 NT(Nano Technology)가 융합되어 새로운 기술이 탄생하고 있음. 생명정보학, 유전자가위 등을 활용하여 질병 치료 및 인간의 건강 증진을 위한 신약 및 의료기술이 개발되고 있음	생명공학, IT
정보보안 전문가	IoT와 모바일, 클라우드 시스템의 확산으로 정보보호 중요성과 역할이 더욱 중요해짐	보안
응용소프트웨어 개발자	온·오프라인의 연계, 다양한 산업과 ICT의 융합, 공유경제 등의 새로운 사업 분야에서 소프트웨어의 개발 필요성이 더욱 증가함	ICT
로봇공학자	스마트 팩토리의 확대를 위해 산업용 로봇이 더 필요하며 AI를 탑재한 로봇이 교육, 판매, 엔터테인먼트, 개인 서비스에 더 많이 이용될 것임	기계공학, 재료공학, 컴퓨터공학, AI 등

4차 산업혁명 시대의 유망 직업 10선

1. IoT 전문가

수행 업무

IoT Internet of Things는 인터넷을 기반으로 모든 사물을 연결해 사람과 사물, 사물과 사물 간의 정보를 토대로 상호 소통하는 지능형 기술 및 서비스이다.

IoT 전문가는 사물이 서로 교신할 수 있도록 센서를 부착해 실시간으로 데이터를 인터넷으로 주고받는 기술이나 환경을 구축한다. 여기에서 Things사물란 차, 스마트폰, 가전제품, 로봇, 웨어러블기기, 약병, 기저귀, 목걸이, 교통안내판 등 물질세계에 있는 대부분의 유형의 물건은 물론 공간, 데이터 등 무형의 것까지 포함한다. IoT를 통하면 네트워크상에서 정보를 자동으로 전송할 수 있어 현명한 결정을 내리고 지속적인 개선과 상호작용을 위한 기반을 제공할 수 있다.

IoT 전문가가 수행하는 일을 좀 더 구체적으로 살펴보면 다음과 같다. ▲사물들끼리 연결하는 서비스 기획 ▲USB, 블루투스, 와이파이, NFC 등 네트워크를 활용한 센서 개발 ▲센서를 통해서 수집된 정보를 응용 목적에 따라 실시간으로 전달 ▲블루투스나 USB를 통해 모바일 혹은 컴퓨터로 정보를 쉽게 전송, 기록할 수 있도록 해주는 애플리케이션 개발 등이다.

필요 역량

IoT 전문가로 일하기 위해서는 기본적으로 ICT와 관련된 역량이 필요하므로 통신공학, 컴퓨터공학, 전자공학, 제어계측공학 등을 공부해야 한다. IoT 분야는 기술 자체도 중요하지만, 어떤 부분에 IoT 기술을 적용하고 확대하여 응용할지가 성공의 관건이다. 즉, 사업 모델을 만들어내는 것이 중요한 역량이 중요하므로 다양한 기기에 확대·적용할 수 있는 응용력과 창의력을 키우는 것이 무엇보다 중요하다.

활동 분야

IoT 전문가는 주로 통신사나 소프트웨어 개발업체의 연구소 또는 정부의 정보통신 관련 업무를 주관하는 부처의 산하기관이나 연구기관에 근무한다. 향후 IoT의 활용도가 높아질 분야는 헬스와 의료, 도시와 안전, 제조, 에너지, 자동차와 교통, 주택 등으로 예상된다. 정부가 스마트 시티 같은 대규모의 IoT 실증단지를 조성할 계획이기 때문에 건설 분야에서도 IoT의 활성화가 예상된다.

왜 유망한가?

첫째, IoT는 4차 산업혁명의 핵심 기반기술이다. 4차 산업혁명은 데이터의 혁명이라고 불리기도 하는데 이러한 데이터를 모으려면 자료를 수집하기 위한 IoT 기술이 필요하다. 또한 4차 산업혁명의 특징을 초연결성이라고 하는데 모든 것들이 연결되어 서로 교신하고 정보를 교환하기 위해서는 IoT가 필요하다. IoT는 제조업의 4차 산업혁명화를 하는 데에도 필수적이다. 기존의 자동화공정 시스템을 넘어 공장이 스스로 생각하고 움직이는 것이 바로 스마트 팩토리다.

이 스마트 팩토리가 가능하려면 공장의 자동화 모듈이나 로봇 등에서 생산·제조를 하는 과정에 대한 정보가 수집되어 한곳에 보내져 분석되어야 품질 향상과 에너지 절약을 할 수 있다. 생산 공정과 관련된 정보를 수집하기 위해서는 IoT 기술이 필요하다.

둘째, IoT는 적용 분야가 무궁무진하며 생활의 편익을 증가시킨다. IoT의 적용 분야는 교통, 의료, 건설, 가정용품, 교육, 제조업, 금융 등으로 다양하다. 사람이 다가가면 자동차의 잠금장치가 열리는 스마트

키, 자동으로 도로요금이 부과되는 하이패스도 IoT에 해당한다.

가정용 전자장비도 스마트폰 등과 연결되어 가정용 홈 네트워킹이 가능하다. 특히, 의료 분야에서 IoT가 많이 활용될 것으로 예상된다. 2016년 225억 달러를 기록한 IoMT Internet of Medical Things 시장은 2021년까지 연평균 26.2%의 성장률을 기록할 전망이다.

스마트워치와 같이 몸에 착용하는 웨어러블 기기는 체중이나 혈당, 혈압 등 사용자 생체정보를 블루투스나 무선 네트워크를 통해 스마트폰으로 전송해 실시간으로 데이터를 기록하고, 측정된 생체정보를 병원, 건강센터 등의 디바이스로 실시간 전송할 수 있다.

이처럼 IoT에 기반을 둔 융합 서비스가 일상화된다면 사람들은 더욱 신속한 건강관리 서비스를 받을 수 있고, 특히 독거노인이나 움직이기 힘든 환자의 관리가 용이해진다.

셋째, 차세대 핵심 ICT 사업인 IoT 시장의 성장이 예상된다. 세계 각국의 정부와 글로벌 기업들은 차세대 핵심 ICT 사업으로 IoT를 꼽는다. IoT는 이미 성숙기에 있는 스마트폰 시장을 넘어 자동차, 전자제품, 일상용품으로까지 적용 범위가 확대되고 있어 폭발적인 수요 증가가 예상되기 때문이다.

세계적인 IT 시장조사 전문기관인 가트너는 2012년 10대 전략기술 중의 하나로 IoT를 선정했고, IoT용 사물 및 기기가 2020년에는 2,000억 개에서 2040년까지 1조 개 이상으로 증가할 것이라 예상했다.

우리나라 역시 IoT 서비스 시장을 창출하고 확산하며 글로벌 IoT 전문기업을 육성하는 등 적극적으로 대응할 의지를 밝힌 상태다. 이 같은 정부의 육성 정책과 의지는 특정 분야의 일자리나 전망에 영향을 미치는 중요한 요인이므로 IoT 분야에서 일할 꿈을 가진 사람들에게는 긍정적인 신호라고 할 수 있다.

IoT는 아직도 시작 단계이지만 향후 더 큰 발전이 예상된다. 지금도 소프트웨어 개발회사나 통신사 등에서는 IoT와 관련된 전문지식과 실무능력을 갖춘 전문인력을 높은 몸값을 주고 서로 모셔가려 하고 있다.

2. AI 전문가

수행 업무

AI란 인간의 학습능력과 추론능력, 지각능력, 자연언어의 이해능력 등을 컴퓨터 프로그램으로 실현한 기술이다. AI 전문가는 인간의 뇌 구조에 대한 지식을 바탕으로 컴퓨터나 로봇 등이 인간과 같이 사고하고 의사결정을 내릴 수 있도록 AI 알고리즘을 개발하거나 프로그램으로 구현하는 기술을 개발한다.

여기에서 AI 알고리즘의 핵심은 딥러닝이다. 수많은 데이터 속에서 패턴이나 규칙을 발견한 뒤 컴퓨터가 사물을 분별하고 정보를 처리하도록 기계를 학습시킨다.

AI 전문가가 하는 일은 다음과 같다. ▲AI를 개발하기 위해 먼저 인간 뇌에서 발생하는 일련의 정보처리 과정 및 학습 과정 분석 ▲AI와 관련한 지식과 기술_{자연어 처리, 패턴 인식, 신경망, 지식베이스 시스템, 퍼지 이론, 딥러닝 등} 연구 ▲뇌의 정보처리, 학습 과정과 유사한 알고리즘과 컴퓨터 프로그램 개발 등이다.

필요 역량

대부분의 AI 전문가들은 컴퓨터공학과 인지과학_{인지심리학, AI, 언어학, 신경과학, 인류학, 철학 등의 여러 분야를 통합해서 지칭하는 학문} 분야의 석사 혹은 박사학위를 가지고 있다. 또한 프로그래밍 언어와 시스템 통계 및 분석에 대해 상당한 수준의 능력을 갖추어야 한다. 우리나라의 기업에서 현재 AI 전문가를 채용할 때는 대학에서 AI 관련 학위를 가지고 실제 프로그래밍이 가능한 사람을 선호한다.

활동 분야

AI 전문가가 활약할 수 있는 영역은 다양하나 이들이 가장 많이 진출하는 곳은 ICT 업체_{SI, 통신, 포털, SNS 업체 등}, 게임 회사, 자동화 로봇 제조업체 등이다.

왜 유망한가?

4차 산업혁명 시대에 가장 이슈가 되는 것이 AI다. 인간과 기계가 두뇌 경쟁을 하게 되면서 사람의 일 자체를 위협하기 때문이다. AI 전문가가 유망한 이유는 첫째, AI가 사람과 같은 위력을 발휘할 수 있는 가능성이 높아지고 있기 때문이다. AI는 1956년에 미국의 존 매카시라는 사람에 의해 탄생했다. 바둑의 컴퓨터 대국 프로그램 혹은 과거의 번역 프로그램도 모두 AI와 유사한 개념이다. 다만 지금까지는 그 성능이 사람에 훨씬 못 미쳐서 AI는 결국 사람을 능가하지 못할 것이라는 인식이 팽배했다. 그러나 기술과 성능이 획기적으로 향상되면서 상황이 달라지고 있다.

인간이 주입한 경험 지식이 아닌, 기계 스스로 데이터를 통해 지식을 찾아내는 방식으로 컴퓨터가 스스로 학습하는 딥러닝이 더욱 정교해지면서 다양한 분야에 AI가 활용되고 있다.

바둑 고수를 이긴 알파고

출처: 〈매일경제〉

페이스북의 자살 징후 탐색 AI

출처: 페이스북 뉴스룸

둘째, AI의 위력은 적용 범위가 무궁무진하다는 점이다. 현재 AI는 정신 스포츠, 번역, 상품 추천, 음성비서, 자율주행차, 영상판독, 법률, 금융 등 생활 곳곳에 적용되고 있다. 적용 범위는 무한대로 확산될 전망이다.

의료영상 분석 AI

출처: IBM Newsroom

정신 스포츠의 하나인 바둑에서 구글의 '알파고'가 2016년 3월 불세출의 승부사 이세돌을 4:1로 격파했으며, 2017년 5월 인간 최고 고수

뉴스를 분석하는 AI

출처: IBM Newsroom

커제를 3:0으로 제압했다. '알파고 제로'는 인간의 도움 없이 스스로 학습해 사람을 이기고 있다.

AI 번역 프로그램은 더욱 위력적이다. 질 왓슨Jill Watson은 대학에서 사람을 대신해 학생들의 수강신청 관련 문의에 답변하는 조교의 역할을 하고 있다.

AI 비서는 주인이 요청하는 내용을 음성을 통해 인식하고 클라우드에 있는 정보를 찾아주거나 음악을 들려주고 일정관리를 해주기도 한다. CCTV 화면에서 범죄와 관련된 상황이 무엇인지를 판단하고, 범죄 상황이 의심될 때 공권력이 출동할 수 있게 조치해준다. 페이스북의 경우 댓글을 분석해 이용자 중에서 자살의 징조를 보일 경우에 자살방지센터에 연락도 해준다. 복잡한 세무 관련 규정이나 조항 등을 고려하여 세무 신고를 도와주기도 하며, 포털사이트에서 음란물을 차단하는 역할을 수행하기도 한다.

또한 금융권의 AI 로보어드바이저는 투자자의 위험 감수 정도와 목표 수익률을 제시하면 최적의 투자 포트폴리오를 제공해준다. IBM 왓슨은 환자의 영상자료를 보고 사람 의사보다 더 정확한 확률로 각종 암의 여부를 판독한다. 앞으로도 AI의 적용은 교통, 공공안전, 제조, 의료, 금융, 교육, 사무행정 및 경영, 법률 등으로 더욱 확산될 전망이다.

셋째, AI 시장이 확산되면 이 분야의 전문가 시대가 열리게 된다. 미국의 경제전문지 〈포브스Forbes〉는 2016년도 기준 미국 내 기업의 38%가 이미 AI를 이용하고 있으며 2018년이면 62%까지 확대될 것이라고 예측했다.

우리나라에서도 AI 분야의 성장이 예상돼 향후 인력 수요가 더욱 증가할 전망이다. AI는 IoT, 빅데이터, 기계학습, 지각인식, 지식추론, 클라우드 컴퓨팅 등 다양한 기술의 결정체라고 할 수 있다. 전 산업에 걸쳐 AI에 대한 수요는 폭발적으로 늘어날 것이다.

3. 빅데이터 전문가

수행 업무

빅데이터는 수집과 유통이 빠른 아주 방대한 양의 데이터를 말한다. 데이터의 형태도 특정한 형식을 갖춘 것은 물론이고 형식을 갖추지 않는 다양한 성격의 정보까지 모두 포함한다. 이러한 빅데이터는 크기Volume, 다양성Variety, 속도Velocity의 3가지 요소로 구성된다.

빅데이터를 실시간으로 수집·저장할 수 있게 하고 이들 데이터를 분석해 가치 있는 정보를 추출하는 일을 하는 사람을 빅데이터 전문가라고 한다. 빅데이터 전문가가 하는 일은 크게 데이터 분석 기획, 데이터 수집, 데이터 분석, 시각화 및 보고서 작성 등으로 구분된다.

데이터 분석 기획 단계에서는 소비자가 빅데이터를 통해 얻고자 하는 정보가 무엇이고 어디에 활용할 것인지를 협의해 구체화된 빅데이터 분석 내용을 목록화한다. 데이터 수집 단계에서는 소비자가 보유한 데이터와 좀 더 심층적인 분석을 위해 다른 개인, 기업, 공공기관 등이 보유한 데이터를 수집하기 위해 협의한다. 분석 단계에서는 통계 혹은 전산 프로그램, 자체 개발된 검색엔진 등을 활용하여 목록화된 분석 내용에 따라 데이터를 분석한다. 빅데이터에 대한 분석이 완료되면 결과를 소비자가 쉽게 이해할 수 있도록 시각화해 보고서를 작성한다. 이외에도 빅데이터를 활용하여 유용한 정보를 상시적으로 얻을 수 있는 시스템을 구축하기 위해 데이터 엔지니어와 상의한다.

필요 역량

빅데이터 전문가는 대량의 데이터를 다각도로 분석하기 위해 다양한 분석 기법과 시각화 도구 사용법 등을 알고 있어야 한다. 이를 위해 데이터 마이닝, 기계학습, 자연어 처리, 패턴 인식 등과 관련한 지식이 필요하다.

구체적으로 대용량 데이터셋을 코딩하기 위한 프로그래밍 기술파이선, R, 자바, C++ 등, 수치 해석을 위한 수리적 지식다변수 미적분학, 선형행렬 대수, 확률 및 통계 등, 데이터 분석 플랫폼 및 분석 도구와 관련한 기술엑셀, SQL, R, SPSS, SAS, MATLAB, Hadoop 등 등이 해당한다.

빅데이터 분야에 진출하여 능력을 발휘하려면 전체적인 사회적 이슈와 트렌드를 살펴볼 수 있는 능력과 데이터를 분석할 때의 끈기도 필요하다.

활동 분야

빅데이터 전문가는 스마트 팩토리가 있는 제조업, ICT 회사, 의료기관, 은행/증권/보험사, 게임 회사, 공공기관, 빅데이터 전문 분석업체 등에서 활동할 수 있다.

왜 유망한가?

첫째, 빅데이터는 개인과 기업에 매우 유용한 정보를 만들어낸다. 우리는 이미 데이터의 홍수 속에서 살고 있으며 인터넷과 스마트폰의 확산으로 데이터의 양은 기하급수적으로 증가하고 있다. 모든 것들이 다 연결되고 정보화기기의 사용이 증가하면서 사람들이 도처에 남긴 발자국이 SNS, 쇼핑, 의료, 은행과 증권 거래, 교육과 학습, 여가활동, 자료 검색과 이메일 등의 분야에서 데이터로 저장되고 있다.

시장조사업체 IDC와 빅데이터 서비스 제공 회사 EMC의 〈디지털 유니버스 보고서Digital Universe Study〉에 따르면 전 세계 디지털 정보량은 2011년 1.8ZB제타바이트, 1제타바이트는 1조 기가바이트이다에서 2020년에는 50배 더 증가한다. 이에 따라 데이터로부터 의미 있는 예측과 결론을 도출하여 회사를 효율적으로 운영하거나 사회현상을 이해하기 위한 다양한 시도가 이뤄질 것이다. 데이터를 모으는 방법과 이를 분석하는 기술이 다양한 시도를 가능하게 해주기 때문이다.

둘째, 데이터는 원유에 비유될 정도로 부가가치가 높다. 데이터를 조합해 종합적 판단을 하려면 빅데이터 분석이 필요하다. IoT를 통해 클라우드에 저장된 빅데이터를 분석해서 의미 있는 패턴이나 규칙을 찾고, 이를 소프트웨어 프로그램으로 구현하는 작업은 각기 독립적으로 이루어지는 것이 아니라 유기적으로 연결되어 이뤄진다.

예를 들어 스마트 팩토리의 자동화로봇이나 모듈에 IoT를 달면 특정 작업을 몇 시간 동안 얼마나 했으며 작업을 수행할 때의 전기 사용량과 고장 발생 유무, 그리고 생산한 제품의 불량 여부 등을 데이터로 축적해 준다. 그 다음 축적된 데이터를 분석하면 스마트 팩토리를 최적화하는 아이디어를 얻을 수 있다. 스마트 팩토리의 모든 로봇이 골고루 일을 하게 하거나 고장을 미리 예측하여 정비를 먼저 할 수 있고, 불량품이 생성되는 이유를 밝혀낼 수 있다.

4차 산업혁명의 가장 큰 특징 중 하나는 기계학습이다. 따라서 향후 기업의 경쟁력은 기계학습을 위해 필요한 데이터를 소유했는지 여부에 의해 결정된다. 전기차를 생산하는 미국의 테슬라는 한 달에 생산하는 자동차 대수가 2017년 기준 약 2만 5,000대이고, 미국에서 가장 자동차를 많이 생산하는 GM은 한 달에 약 25만 대의 자동차를 생산한다. 생산하는 자동차의 양으로 보면 GM이 테슬라보다 약 10배나 더 많지만 기업의 가치는 테슬라와 GM의 차이가 거의 없다.

창업한 지 불과 10년도 안 된 테슬라가 100년 이상의 자동차 역사를 가진 포드나 GM의 기업가치와 대등하거나 혹은 능가해 시장을 선도하는 이유에는 제품의 제조 및 판매 방식을 바꾼 이유도 있지만, 더 중요한 것은 테슬라가 운전자로부터 운행 관련 정보나 위치 정보를 데이터로 구축하고 이를 활용하기 때문이다.

애플, 구글, GE, 페이스북, 아마존 등 세계 최대 글로벌 기업의 공통점은 엄청난 양의 데이터를 가지고 있으며 이를 마케팅 및 경영에 활

기업에서의 빅데이터 활용 사례(제조 분야)

시각화 및 선제적 대응	**분석 UI/UX**		**분석 결과 시각화**	**예측 모델 실행**
	제조 현장에 특화된 GUI 기반 분석 도구		• 제조공정 모니터링 • 맞춤 상황 시각화	• 주요 설비 상태 예측 • 주요 문제 상황 조기진단 • 예측 대응 모델

예측 분석	**최적 공정 조건 탐색**	**비정형 정보 분석**	**제조 4M 연관 분석**	예측적 패턴 및 파라미터 탐색 모델
	골든레서피 & RSM 탐색	제조현황 영상, 웨이브 신호 패턴 인식	4M 및 비정형 데이터 융합형 패턴 분석	

저장관리	**통합 저장 관리**			**데이터 정렬**	**데이터 정렬**	실시간 수집 프레임 워크
	클러스터 서버	Open SW 기반 분산저장 플랫폼	통합 스키마 및 인덱싱	계층적 플로우 기반 어노테이션	• 주요 파라미터 식별 • 데이터 디스패치 • 로컬 스토리지 관리	

데이터 수집	조작 방법/ 순서/ 평가기준	**제조 4M**		**제조 현장 파악 센서 (비정형 스트리밍)**	
		• PLC, CNC 검사/ 측정 • 작업시간	• 작업일지 • 재료평가/특징	• 오디오 • 비디오 온도	• 레이져 • 진동

출처: 조완섭, 2015. 5

용하고 있다는 것이다.

셋째, 빅데이터에 대한 수요는 향후 폭발적으로 늘어난다. 국내 빅데이터 분석가들은 기존 대기업 또는 네이버, 다음카카오 등 IT 업체, 전문 데이터 분석업체, 금융, 의료, 공공기관 등에서 활동하고 있다. 카드사 등의 금융업계도 앞 다퉈 빅데이터 전담 부서를 설치하고 있다.

기업은 생산성 향상과 매출 확대를 위하여 정부는 공공기관 서비스 효율을 높이기 위해 빅데이터 분석을 필요로 하고 있다. 빅데이터 분석가를 찾고 있지만 인력은 턱없이 부족한 상황이다.

IDC에 따르면 전 세계의 빅데이터 및 비즈니스 분석 시장은 2016년 1,301억 달러약 146조 원에서 2020년에 2,030억 달러약 227조 원 이상으로 늘어날 전망이다. 연평균 성장률이 11.7%에 달한다. 맥킨지앤드컴퍼니에 따르면 미국에서는 2018년 기준 데이터 심층분석 분야에서의 인력 수요는 최대 49만 명이지만, 공급 인원은 30만 명에 불과할 것으로 전망된다.

4. VR 전문가

수행 업무

VR은 컴퓨터 기술을 이용하여 인공적으로 만들어낸 특정한 환경이나 상황을 의미한다. VR 기술을 이용하면 현실세계에 존재하지 않거나 불가능한 것까지도 체험할 수 있게 된다. 책상에 앉아서도 패러글라이딩을 타고 하늘을 날아다니거나 잠수함을 타고 바다를 구경하는 것 같은 느낌을 얻을 수 있다. 멀리에 있는 물건을 마치 눈앞에 있는 것처럼 보고 만지는 것도 가능하다.

VR과 유사한 것으로 AR이 있다. 이는 VR의 일부분으로 실제 환경에 가상의 사물이나 정보를 합성해 원래 존재하는 것처럼 보이게 하는

AR 응용 사례

출처: 〈매일경제〉

것이다. 현실세계와 가상의 세계를 합쳐 하나의 영상으로 보여준다 하여 MRMixed Reality, 혼합현실이라고도 한다.

VR 전문가는 게임, 비행, 관광, 훈련 및 교육 등 VR에 대한 사용자의 요구, 사용목적 등을 파악하고 이에 따라 VR 콘텐츠와 시스템을 기획하고 개발한다.

구체적으로 하는 일은 다음과 같다. ▲VR에 대한 사용자의 요구, 사용목적 등을 토대로 콘텐츠를 기획하고 VR이 구현해야 할 현실 모습을 구체화 ▲VR에 등장할 모델을 정하고 외부 형상을 모델링 ▲VR에서 각 모델들이 존재하는 배경 환경을 설정하고 배경 환경을 모델링 ▲VR 콘텐츠가 구성이 완료되면 VR 촬영팀과 촬영 기획을 협의 ▲VR 콘텐츠가 기기로 구현될 수 있도록 시스템에 탑재해 사용자의 VR 체험 지원 등이다. 그 밖에는 VR이 개발된 후 사용자 체험 테스트를 통해 오류나 문제점을 발견하고 개선한다.

VR 및 AR 기술은 1990년대부터 방송, 운전, 교육, 정비 등의 분야에서 사용되기 시작하였는데, 이 기술의 사용 빈도와 적용 분야는 지금도 확대되고 있다.

필요 역량

VR 전문가가 되기 위해서는 컴퓨터와 소프트웨어에 대한 전문지식이 있어야 한다. 보통 업체에서 VR 전문가에게 요구되는 학력과 능력은 컴퓨터나 소프트웨어 전공의 대학 학위, VR 개발 관련 실무경험, 호기심과 의사소통 및 협업 능력 등이다.

구체적으로 3D모델링/조명/질감 StudioMax 등의 프로그램 사용 활용 능력, 3D시각화 소프트웨어 사용 능력, 컴퓨터 프로그래밍 언어 지식, 360도 시야 기술 및 조작 능력, 시각효과에 대한 전문지식 등을 필요로 한다.

활동 분야

VR 및 AR 전문가를 필요로 하는 곳은 ICT 기업, 게임 회사, 공연/여행/오락 등의 엔터테인먼트 기업, 방송 및 영상 제작업체, 교육콘텐츠 제공업체, 운송 회사, 온라인 쇼핑업체, 마케팅 기업 등의 서비스 산업 전반이다.

왜 유망한가?

첫째, VR 및 AR은 우리의 생활을 더 윤택하고 편리하게 만들어준다. VR 기술을 이용한 시뮬레이터와 AR 기술을 이용한 게임 등은 우리의 여가를 더욱 즐겁게 하고 있다.

VR 및 AR을 이용한 교육교재는 학습자의 몰입도를 높여 학습효과를 배가시킨다. 온라인에서는 가상의 공간을 실제로 체험해볼 수 있어 실제 가보지 않아도 매장을 둘러보고 진열된 물건을 실감나게 탐색할 수 있다.

AR 기술을 이용한 개인용 지도 안내 시스템 등도 우리 생활의 편익을 증가시킨다. 시각장애인이 VR 기기에 스마트폰을 장착하고 앱을 작동시키면 후면 카메라가 눈앞에 펼쳐지는 장면을 인식하기 쉬운 형태로 바꿔주어 눈앞의 형체나 행동을 알아보게 할 수 있다. 추락, 화재, 질식 등의 사고 상황이나 사람이 접근하기 힘든 공정을 VR로 만들어 안전교육이나 업무의 흐름을 이해시키면 교육효과가 배가될 수 있다.

또한 VR 및 AR은 업무를 더 효율적으로 수행하기 위한 수단으로 활용될 수 있다. 비행기 시뮬레이터를 이용하

AR을 이용하여 일하는 작업자

출처: 엡손, 스마트글라스

여 파일럿을 훈련시킬 수 있고 AR을 적용하여 가상의 이미지를 실제 화면에 중첩시켜 표시하면 조립이나 정비가 더욱 손쉬워진다.

둘째, VR 관련 시장이 급성장하고 있다. VR 기술은 사실 오래전부터 있던 기술이다. 1940년대 미 공군이 개발한 비행기 시뮬레이터로 처음 사용되었으며 1960년대에 미국 유타대가 HMD Head Mounted Display 를 이용해 VR 시스템을 개발하였다.

1990년대 중반에 개인용 관광안내 시스템, 각종 게임 등이 등장하기 시작했지만 비용의 장벽에 부딪쳤다. 하지만, 고속 데이터 처리, 카메라, GPS, 5G 등의 기능을 갖춘 스마트폰이 등장하면서 VR 시장은 폭발적으로 성장하고 있다.

한국VR산업협회에 따르면 국내의 VR 시장 규모는 2020년에 약 5,700억 원에 이를 전망이다. 국내 이동통신사도 VR 기반 기술 개발에 힘을 쏟고 있으며 삼성전자, LG전자가 HMD 디바이스와 360도 카메라 등을 출시해 시장이 형성되고 있다. VR 기기가 대중화되면 콘텐츠 시장도 점차 확대될 것으로 보인다.

5. 3D프린팅 전문가

수행 업무

3D프린터는 잉크젯프린터가 물감을 종이에 쏘아 인쇄하는 것처럼 소재를 여러 겹으로 쌓아 입체적인 물체를 만드는 기기다. 종전처럼 물체를 깎아 만드는 것이 아니라 소재를 적층으로 쌓아 물체를 만드는 것이 3D프린터의 특징이다.

3D프린팅 산업이 부상하면서 이 분야에서 다양한 업무가 등장할 것으로 전망된다. 3D프린터에 사용되는 3D디자인을 설계하고 모델링하는 3D프린팅 전문가는 가장 각광받는 직업 중 하나다. 또한 3D프린터 설치 및 정비원, 운영 및 관리를 하는 조작원, 그리고 기업 또는 개인을 대상으로 3D프린터의 활용법, 사용법, 관리법 등을 교육하는 강사 등의 일자리가 생겨난다.

3D프린팅 전문가가 하는 일은 구체적으로 다음과 같다. ▲3D프린터에 사용하는 3D디자인의 설계 및 모델링 ▲3D프린터 설치, 정비 및 관리 업무 수행 ▲3D프린터의 활용법, 장비 사용법, 관리법 교육 등이다.

필요 역량

3D프린팅 전문가에게 요구되는 가장 핵심적 역량은 모델링 능력이다. 자신이 구상하는 시제품을 쉽게 만들려면 3D프린팅의 기본 설계이

며 밑그림에 해당하는 모델링을 할 수 있어야 한다. 기업에서는 기계공학 및 관련 분야에서의 학위, 3D모델링 및 CAD 개발 분야에서의 전문 경력, 3D메시Mesh 조작, 3D소프트웨어 조작, 3D프린팅 방식에 대한 지식과 경험, 고급 시각화 기술, 기술 및 업계 동향에 대한 최신 지식 등이 요구된다.

활동 분야

3D프린팅 전문가가 진출할 수 있는 곳은 로봇, 자동차, 항공·우주, 방위 산업, 가전제품, 의료 및 의료장비, 의학, 건축, 교육, 영화 및 방송사, 애니메이션 및 엔터테인먼트, 완구, 패션 등의 제품과 서비스를 제공하는 기업이다. 특히 제조업과 대학에서 3D프린팅 전문가를 많이 요구하고 있으며 헬스케어, 자동차, 교통, 엔터테인먼트, 건설업, 항공 우주 산업 등에서 관련 전문가들을 많이 채용할 것으로 기대된다.

왜 유망한가

첫째, 3D프린팅은 개인이 원하는 단 하나뿐인 맞춤형 제품 시대를 열어준다. 개개인이 상상하는 제품을 직접 디자인해서 제작할 수 있으므로 세상에 단 하나밖에 없는 제품을 만들어낼 수 있다. 단종되었거나 조달하기 어려운 부품을 만들 수도 있다. 출시한 지 오래된 자동차나 전자제품 등은 고장 발생 시 부품을 구하기가 어려워 수리 자체가 힘들 때가 있는데 이러한 문제는 3D프린팅으로 해결 가능하다.

　최근 귀금속 상가에서는 3D프린터를 이용해 장신구 디자인 서비스를 제공하고 있다. 또한 심장병을 앓는 아기의 심장을 3D모델링으로 재현해 어느 곳에 문제가 있는지 그 원인을 정확하게 파악할 수도 있다. 한쪽 얼굴이 함몰된 환자가 3D모델링으로 복제된 얼굴을 이식하여 새 삶을 살게 된 경우도 있다. 암 덩어리 부위를 3D모델링으로 구현해 출력한 다음 가상수술을 해봄으로써 수술 성공률을 높일 수도 있다. 치아, 뼈의 인공 보형물을 만드는 등 의학 분야에서도 3D프린터의 쓰임이 활발하다.

　선박이나 항공기 등 제조업에서도 3D프린터로 출력한 제품이 적용되고 있으며 게임 분야에서도 캐릭터 디자인에 활용되고 있다. 캐릭터나 피규어를 상품화할 수도 있고 이동식 집을 8시간 만에 제작하기도 한다. 인도에서는 소형 인공위성을 3D프린터로 제작하는 데 성공하기도 했다.

　둘째, 3D프린터의 가장 큰 단점인 속도와 재료의 문제가 개선되고 있다. 3D프린터는 1988년 미국의 3D시스템즈3D Systems라는 회사가 최초로 내놓으면서 알려지기 시작했다. 역사가 거의 30년이나 된다. 초기에는 3D프린터의 가격이 비싸 대중화가 힘들었지만 2000년대 들어 3D프린팅 관련 기술의 특허 기간이 만료되어 누구나 자유롭게 이 기술을 이용할 수 있게 됐다. 이후 많은 회사가 이 분야에 뛰어들기 시작했고 제품의 종류가 다양해졌고 가격도 낮아지고 있다.

셋째, 제조업의 혁신을 이끌 핵심 기술이다. 주요 기업들이 3D프린터를 앞세워 제조업 혁신과 부활을 꿈꾸고 있다. 미국과 유럽 등 소수의 글로벌 기업이 세계시장을 주도하는 가운데 갈수록 시장규모가 확대되고 있다.

마켓앤드마켓Markets and Markets 보고서에 따르면 3D프린팅 시장은 2017년에서 2023년 사이에 연평균 25.8% 성장하여 2023년에 327억 8,000만 달러약 37조 원의 가치를 창출할 전망이다. 국내에는 3D프린팅 관련 민간 자격3D프린팅 마스터, 3D프린터 조립전문가, 3D프린팅 전문교사까지 생겨났다.

산업통상자원부는 3D프린팅 기술체험과 교육을 통해 3D프린팅 교육을 실시하겠다고 밝혔다. 고용노동부는 3D프린팅 전문 국가자격증3D프린터 개발산업기사, 3D프린팅 전문운용사을 신설했다.

6. 드론 전문가

수행 업무

드론은 무선으로 조종할 수 있는 무인항공기다. 카메라, 센서, 통신 시스템 등이 탑재돼 있으며 25g부터 1,200kg까지 무게와 크기도 다양하다. 드론은 군사용으로 처음 개발되었지만 최근엔 고공 촬영과 배달 등으로 확대되고 있다. 값싼 레저용 제품으로 재탄생돼 개인도 부담 없이 드론을 구매해 이용하는 시대를 맞이했다. 농약을 살포하거나 대기 질을 측정하는 등 다방면에서 활용되고 있다.

드론 전문가는 다양한 드론에 대한 지식과 조종 기술을 갖추고 있어야 한다. 또한 관련 법 내에서 정보를 수집하거나 배달 서비스를 제공한다. 구체적으로 하는 일은 다음과 같다. ▲비행 전 드론의 상태를 확인하고 배터리, 조종면의 작동 여부, 주파수, GPS 수신, 촬영장비의 부착 상태 점검 ▲시계비행조종사가 드론의 움직임을 눈으로 직접 보면서 드론을 조종의 경우 리모컨을 통해 조종 ▲계기비행미리 정해진 입력 값에 따라 드론을 비행의 경우 드론의 경로 등을 지정하고 확인 ▲목적에 따라 드론에 부착된 촬영장비를 조작하여 영상정보를 수집하거나 농약 살포 등의 업무 수행 ▲비행 중 필요한 경우에 배터리 교체 및 정비 ▲촬영 외에 학생 및 일반인을 대상으로 하는 드론체험교실, 드론과학교실 등 드론 조종 관련 수업 진행 등이다.

필요 역량

드론은 우리의 생활을 편리하게 할 수도 있지만 사생활 침해의 위험이 있고 현재 남북이 분단된 상황에서 안보와도 관련이 있어 지켜야 할 규제가 꽤 있는 편이기 때문에 관련 사항을 숙지해야 한다. 특정 지역이

촬영용 드론

출처: Pexels.co

미 공군의 무인 정찰 · 공격기

출처: 미 공군 홈페이지

아마존의 배달용 드론

출처: 아마존 홈페이지

중국의 위성 통신용 드론

출처: IMC

나 어느 정도 중량 이상의 드론을 비행시키기 위해서는 반드시 사전에 신고해야 한다. 하지만 아직 우리나라에서는 드론 비행 관련 면허제도 가 정립되지 않은 상태다.

미 연방항공국FAA에서는 드론의 조종 비행고도를 약 120m로 제한 하고 조종사가 눈으로 볼 수 있는 범위로 비행을 제한하고 있다. 그리고 연방항공국으로부터 부여받은 소형 무인항공기 조종 자격증Small UAS Pilots License, FAA 영공 규정에 대한 지식, 상업용 드론 소유/작동 경험, 드론 비행법에 대한 실무적 지식, 드론 촬영사진의 이미지 처리·편집 경험 등의 지식을 요구하고 있다.

활동 분야

드론 전문가가 활동할 수 있는 곳은 실로 다양하다. 드론 제작 및 교육업체, 드론 촬영을 필요로 하는 방송사, 영화사, 영상 제작업체 등에서 드론 전문가를 많이 필요로 하고 있다. 농업, 건설과 토목업, 공공안전 분야, 물류업, 통신업 등에도 수요가 있다. 2017년 6월 발표한 국토교통부의 〈국내 드론 활용 사업체 현황〉을 살펴보면 농업, 콘텐츠 제작, 측량 및 탐사, 건축 및 토목 등의 분야에서 다수의 드론 사업체가 활동 중이다.

왜 유망한가

첫째, 드론의 쓰임이 다양해지고 있다. 촬영용, 레저용, 군사용, 산업용, 학술용 등에서 감시용, 연구개발용, 범죄수사용, 물류용, 통신용 등으로 활용 범위가 점차 확대되고 있다. 또한 드론의 비행 시간과 촬영의 정밀도가 개선되면서 활용도가 다양해지고 있다.

우선 이벤트 및 공연계에 새 장이 열리고 있다. 미국에서는 미식축구 경기의 하프타임에 300여 대의 드론이 등장해 찬란한 조명쇼를 선보였다. 디즈니랜드는 드론을 이용해 불꽃놀이를 진행하며 드론에 의류 등의 신상품을 달아 하늘에 날려 일종의 쇼를 보여주는 전시도 등장했다.

학술용으로 쓰이는 드론은 어둠에 강하거나 특정한 빛을 감지하는 카메라 등을 달고 움직인다. 밀림이나 오지의 생태계를 관찰하고, 환경오염 정도를 분석하며 밀림의 야생동물 생활을 기록한다.

사람이 접근할 경우 유적의 훼손 위험이 있거나 안전에 우려가 있는 지역에도 드론을 보내 새로운 것을 발견하고 정보를 얻을 수 있다. 군사용으로 활약하는 정찰 드론, 우범 지역의 순찰과 감시 업무를 맡는 드론, 재해 현장에서의 피해 상황을 파악하는 드론, 길을 안내하고 복잡한 건물에서 주차를 안내하는 드론 등 용도는 다양하다. 농약을 탑재하고 정해진 구역의 농지에 살포하거나 곤충으로 인한 피해가 있는 지역의 방충 작업을 수행하기도 한다. 높은 산의 방목 장소에서 양을 몰기도 한다. 위험이 도사리는 화재 현장에서 소방관을 대신하여 진화한다. 해수욕장에서는 피서객의 안전관리 업무를 맡기도 한다.

중요한 것은 드론의 배터리 성능이 향상되고 더 무거운 중량의 물체를 탑재할 수 있도록 발전하고 있다는 점이다. 드론이 사람과 화물을 실어 나르는 교통수단으로 발전하게 된다는 뜻이다. 최근에는 드론에 카메라를 장착하여 헬리캠, 즉 촬영용 드론으로 널리 활용되고 있다. 사람의 접근이 어려운 곳, 쉽게 이동할 수 없는 곳으로 이동해 다양한 각도와 위치에서 촬영이 가능해 재해 현장, 스포츠 생중계, 탐사보도 등에 다양하게 활용된다. 우리나라에서도 방송사, 신문사 등이 국제 경기나 이벤트에 드론을 띄워 더욱 생생하고 멋진 장면을 촬영하고 있다.

둘째, 드론 시장의 확대가 예상된다. 가트너에 따르면 개인 및 상업용 드론 시장은 2017년 60억 5,000만 달러약 6조 7,000억 원에서 2020년에 112억 달러약 12조 5억 원 규모로 가파른 증가세를 보일 전망이다. 또한 얼라이드마켓리서치Allied Market Research는 드론 기술이 항공사진 시장을 촉진시켜 2016년 이후로 연평균 12.9% 성장해 2022년까지 28억 달러약 3조 원 규모로 성장할 것이라 전망했다. 국내에서도 드론 관련 장치 신고와 사용 사업체, 조종 자격 취득자가 늘고 있는 추세다.

기업 역시 드론 산업에 적극 나서고 있다. CJ대한통운은 카메라를 탑재한 드론으로 하여금 각종 화물 정보를 수집할 수 있도록 했다. 직접배송 시스템도 역시 구축 중이다.

아마존은 2013년 배송 시스템에 드론을 도입한 데 이어 무인택배 서비스를 이미 제공 중이다. 다만 국내에는 안전과 규제 등 여러 문제가 산재해 있어 상용화에는 상당한 시간이 걸릴 전망이다.

7. 생명과학 연구원

수행 업무

생명과학이란 생명에 관계되는 현상이나 생물의 여러 가지 기능을 연구해서 의료나 환경 보존 등 인류복지에 사용하는 종합과학 학문이다. 생명과학 연구원은 생물학, 의약, 식품, 농업 등 생명과학 분야의 이론과 응용에 관한 연구를 통해 다양하며 복잡한 생명현상을 탐구하고 이와 관련된 기술을 적용한다.

연구의 대상에 따라서는 크게 인체, 동물, 미생물, 식물 분야로 구분할 수 있다. 생명체에 대한 기원, 발달, 해부, 기능관계 등에 관한 기초원리 및 응용을 목적으로 한 실험, 분석, 보고서 작성 등의 업무를 주로 한다.

인체 분야 생명과학 연구원은 주로 인간유전체 해석 및 기능 연구, 암 등 난치병 예방 및 치료기술 개발, 의료기기 및 의료용 생체재료 기술 등을 연구한다. 동물 분야 생명과학 연구원은 동물복제 기술, 동물 형질전환 기술, 실험동물 생산, 이용 기술 등을 연구한다. 미생물 분야 생명과학 연구원은 미생물유전체 해석 및 기능 연구, 미생물 대사산물 이용 기술, 미생물의 농업, 환경, 식품이용 기술 등을 연구한다. 식물 분야 생명과학 연구원은 식물유전체 해석 및 기능 연구, 식물 조직배양 기술, 식물 형질전환 기술 등을 연구한다.

최근 생명과학 연구원은 기초연구보다는 유전자조작이나 세포조작 기술 같은 응용연구를 주로 진행하고 있다. 또한 바이오 칩, 나노 칩, DNA 해석 소프트웨어 등 생명과학 분야와 IT, 화학, 기계, 전자 등 타 과학기술과의 융합을 통한 이론 및 적용 분야를 연구한다.

필요 역량

생명과학 연구원으로 근무하려면 일반적으로 석사 이상의 학력이 필요하다. 관련 전공은 생물학과, 생물공학과, 미생물학과, 생명과학과, 생명공학과, 유전공학과, 바이오생명과, 농업생명과학과, 의학과, 약학과 등이다. 자연과학과 관련한 전반적인 기초지식이 필요하며 이에 더해 자신이 관심 있는 세부 전공을 집중적으로 공부하여야 한다.

대학이나 대학원에서 다양한 연구에 참여하고 관련 논문을 저널에 제출하는 등 연구 경력을 쌓는 것이 필요하며, 연구보조원 및 정부출연연구소 인턴 경험이 유리할 수 있다.

활동 분야

통계청의 지역별 고용조사에 의하면 생명과학 연구원은 주로 전문, 과학 및 기술서비스업51.6%, 제조업20.3% 그리고 보건업 및 사회복지서비스업8.9% 등에 종사하는 것으로 확인된다. 구체적으로 정부기관, 정부출연연구소, 기업부설연구소 그리고 의약품 제조업체, 식품 제조업체, 화학제품 제조업체, 생명기술 회사 등에서 주로 일한다.

왜 유망한가?

생명과학 분야에서는 유전학, 합성생물학, 유전자 편집 기술이 핵심기술로 꼽힌다.

첫째, IT, NT나노 기술 등과 융합해 인체의 신비를 밝히고 건강을 증진시키는 생명과학의 기술들이 발전하고 있다. 과학기술의 발달로 유전자 염기서열 분석은 저렴해지고 절차도 간단해졌다. 유전자 활성화 및 유전자 편집도 가능해졌다. 과거에는 유전자-인간 게놈 프로젝트 완성에 10년이 넘는 시간과 27억 달러약 2조 9,000억 원가 필요했지만, 현재는 몇 시간에 약 1,000달러약 110만 원만 있으면 몇 시간 안에 가능하다. 또한 DNA의 데이터를 기록해 유기체를 제작할 수 있는 합성생물학 기술이 개발되면서 심장병, 암 등 난치병 치료의 길이 열렸다.

개인의 바이오 데이터가 축적되어 개인별 맞춤의료 서비스와 표적치료도 가능해졌다. 유전자 편집기술을 통해 인간의 생체세포를 변형할 수 있고 유전자변형 동식물도 만들어낼 수 있게 됐다.

둘째, 정부에서도 신산업으로 바이오헬스를 지정하여 생명과학의 육성에 힘을 쏟고 있다. 우리나라도 미래 국가경쟁력을 높이고 발전의 중심이 될 바이오제약, 바이오에너지, 뇌 과학 등 첨단 생명공학 기술 개발과 바이오 산업 육성에 국가적 차원의 노력을 기울이고 있다.

생명공학 산업의 기반이 되는 각종 기초연구와 응용연구를 수행하는 생명과학 연구원의 일자리도 향후 생명공학 산업의 성장과 함께 증가할 전망이다. 특히 줄기세포 연구, 뇌 연구 및 신약 개발 관련 인력이 집중적으로 필요할 것으로 예측되고 있다. 한국고용정보원에 따르면 생명과학 연구원은 2015년 약 37.3천 명에서 2025년 약 42.3천 명으로 향후 10년간 약 5,000명_{연평균 1.3%} 증가할 전망이다. OECD는 기후변화 및 고령화 등 인류의 난제를 극복할 수 있는 핵심 기술로 생명공학을 손꼽고 있다.

8. 정보보안 전문가

수행 업무

정보보안이란 컴퓨터상에 있는 정보의 수집, 가공, 저장, 검색, 송수신 도중 발생하는 정보의 훼손, 변조, 유출 등을 방지하기 위한 관리적·기술적 방법을 의미한다.

정보보안 전문가란 이러한 내·외부의 위협으로부터 정보를 보호하는 사람이다. 이들은 컴퓨터상에 있는 정보를 함부로 열람할 수 없도록 인증 시스템을 만들어 접근을 제한한다. 정보를 해킹하려는 이들을 차단하기 위해 각종 방지책, 바이러스 프로그램을 차단하는 백신 프로그램을 만든다.

그리고 정보자산을 효율적으로 보호하도록 정보보안에 문외한인 사람에게 컨설팅을 한다. 조직의 정보 시스템이나 네트워크를 보호하기 위한 보안조치를 계획·실행하여 내·외부의 위협으로부터 정보자산을 보호하는 역할을 한다. 정책 수립부터 네트워크, 데이터베이스, 앱의 등 관련 시스템을 점검하고 다각적인 해결책을 제시한다.

필요 역량

정보보안 전문가로 일하기 위해서는 소프트웨어, 하드웨어, 네트워크 등 컴퓨터 전반에 대한 해박한 지식이 있어야 한다. 다양한 장비와 소프트웨어들을 이용하여 보안 업무를 해본 경험이 있는 사람이 유리하다. 정보보안 분야의 국내 자격으로는 국가기술자격증인 정보보안기사와 정보보안산업기사가 있으며 국제적으로 공인되는 정보보호에 관한 자격증으로는 CISA Certified Information Systems Auditor 와 CISSP Certified Information Systems Security Professional 가 있다.

정보보안 전문가는 문제점을 찾아서 해결하기 위한 분석력이 있어야 하며 해킹으로 인한 문제점을 해결하기 위한 끈기도 필요하다. 또한 정보보호에 대한 윤리의식이나 성실성도 중요하다. 해커와 정보보안 전문가는 정보보호와 관련된 지식과 능력은 비슷하지만 이를 어떠한 목적으로 사용하는가에 따라 일이 달라지기 때문이다.

활동 분야

통계청의 지역별 고용조사에 따르면 정보보안 전문가는 주로 출판, 영상, 방송통신 및 정보서비스업61.7%, 사업시설 관리 및 사업지원 서비스업15.0% 그리고 금융 및 보험업10.0% 등에 종사한다.

IT 관련 기업이 특히 정보보안 전문가를 필요로 한다. 정보보호 컨설팅 전문업체, 포털 및 SNS 업체, 백신 프로그램 개발업체, 인터넷서비스 제공업체ISP, 보안시스템 개발업체, 기업체의 정보보호 부서, 데이터가 많은 국가 및 공공기관, 그리고 카드 회사, 은행, 보험사, 의료기관, 운송업체 등 데이터베이스의 유출을 방지해야 하는 기업에서 정보보안 전문가에 대한 수요가 높다.

왜 유망한가?

현재 컴퓨터 해킹이 사회문제가 되고 있다. 컴퓨터를 원격 조종하여 서버를 마비시키는 디도스DDos 공격, GPS 전파 교란 및 통신망 안전 위협 그리고 특정 사이트에 대한 해킹 등의 공격이 정보의 안전을 위협하고 있다.

첫째, 정보보안 전문가는 해킹과 사이버 테러로부터 컴퓨터와 네트워크 그리고 정보를 안전하게 지키는 전문가라는 점에서 유망하다. 기업에서도 단순한 정보보호의 차원이 아닌 총체적 위험 관리를 위해 정보보안 전문가를 채용하고 있어 수요 증가가 예상된다.

둘째, IoT, 클라우드, 빅데이터, 모바일 등의 기반 기술이 모두 정보보안과 관련되어 있다. TV, 세탁기 등 가전제품은 물론 자동차, 열차, 항공기까지 네트워크로 연결되는 생활환경이 만들어지기 때문에 보안문제가 더욱 중요해진다. 일상을 지배하는 거의 모든 기기가 인터넷으로 연결된 상황에서 하나가 뚫리면 도미노처럼 모든 정보가 누출될 수 있다. 보이스피싱, 스팸메일을 통한 바이러스 유포 등이 더욱 활개를 칠 것으로 예상되기 때문에 IoT 분야에서 보안을 담당하는 전문가의 역할이 더욱 중요해지게 된다.

클라우드를 이용하는 개인 이용자는 개인, 개인에 대한 감시, 개인 데이터 갈취 등의 문제가 발생할 수 있다. 기업 사용자는 서비스 중단에 대한 손실, 기업정보 유출과 같은 보안 문제가 발생할 수 있다.

언제 어디서나 컴퓨팅을 구현할 수 있는 유비쿼터스 환경이 확대되면 누구의 정보든지 언제 어디서나 위험에 노출될 수 있다. 한국고용정보원에 따르면 컴퓨터 보안 전문가는 2015년 약 1만 4,000명에서 2025년 약 1만 9,000명으로 향후 10년간 약 5,000명의 컴퓨터 보안 전문가가 늘어날 전망이다.

9. 응용소프트웨어 개발자

수행 업무

응용소프트웨어란 컴퓨터 시스템을 특정 응용 분야에 사용하기 위해 제작된 소프트웨어를 말한다. 예를 들어 워드프로세서, 스프레드시트, 웹브라우저, 회계관리 프로그램, 통계처리 프로그램, 이미지 편집용 툴, 전자결재 시스템, 발권 시스템 등 컴퓨터에서 특정 목적을 위해 사용하는 거의 모든 프로그램이 해당한다. 특히 제조, 유통, 인사, 영업 등 기업용 응용소프트웨어 분야가 널리 사용되고 있다. 컴퓨터가 아닌 스마트폰, 태블릿PC 등 모바일 기기에서 실행되는 응용소프트웨어를 모바일 응용소프트웨어 Mobile App 라고 한다.

응용소프트웨어 개발자는 개인이나 기업체에서 필요로 하는 응용소프트웨어를 개발하는 일을 한다. 이를 위해 기존에 출시된 응용소프트웨어에 대한 시장조사, 소프트웨어의 용도 파악, 소비자의 요구 수렴 등을 거쳐 전체적인 개발 계획을 세운다. 이후 응용소프트웨어 개발을 위한 설계 작업을 수행한다. 이를 토대로 개발언어를 사용하여 코딩 작업을 거쳐 베타버전을 만든다. 소프트웨어가 정상적인 기능을 하는지에 대한 테스트를 한다. 테스트 과정 중에 오류가 발견되면 수정·보완 작업을 거쳐 완제품을 출시한다. 이용자의 의견을 수집하여 다음 버전의 소프트웨어 개발에 반영한다.

필요 역량

응용소프트웨어 개발자가 되기 위해서는 C, C++, 자바, 비주얼스튜디오, 델파이, 파워빌더 등의 프로그래밍 언어와 소프트웨어공학, 운영체제, 데이터베이스의 자료 구조에 대한 이론을 알고 있어야 한다. 동시에 실제 응용소프트웨어를 개발할 수 있는 역량을 갖추어야 한다.

변화하는 신기술을 습득하기 위한 자기계발에 적극적 자세를 갖춘 사람, 소프트웨어를 개발하기 위한 창의력, 개발 과정에서 발생하는 문제들을 점검하고 해결하는 꼼꼼함, 여러 사람과 원활하게 의사소통할 수 있는 능력과 책임감을 갖춘 사람이 선호된다.

활동 분야

응용소프트웨어 개발자는 컴퓨터 프로그램을 개발해야 할 필요성이 많은 기업에서 근무한다. 주로 SI시스템통합업체, 소프트웨어 개발업체, 금융권 등 기업체의 전산부서와 제조 기업 등에 진출한다. 통계청의 지역별 고용조사에 따르면 이들은 주로 IT 기업이 많이 있는 출판, 영상, 방송통신 및 정보서비스업84.7%에 종사하고 있다.

왜 유망한가?

글로벌 시장분석업체인 밀워드브라운Millward Brown은 세계 톱100 기업 중 약 50%가 소프트웨어 관련 기업으로 성장률 또한 가장 높다고 전망한다.

첫째, 소프트웨어 중심 사회가 가속화됨에 따라 응용소프트웨어 개발자의 역할이 중요해졌다. ICT 기술은 건설, 교육, 도소매업, 사업서비스업, 문화예술, 공연, 방송, 농업 등의 분야에 적용되고 있고 ICT 중에서는 소프트웨어의 비중이 갈수록 높아진다.

핀테크는 금융과 IT가 결합된 것이다. 이제 모바일상에서 공인인증서가 없어도, 상대방의 계좌번호를 몰라도 저장된 연락처만으로 송금 서비스를 할 수 있다.

제1금융권이나 사채업을 이용하지 않고 사람 간 대출 서비스를 제공하는 P2P 대출도 핀테크에 해당한다. 불특정 다수로부터 돈을 빌리려는 이들에게 돈을 빌려주고 거기서 수익을 원하는 사람을 연결해주는 프로그램을 통해 P2P 대출이 가능하다.

이 같은 서비스를 구현하려면 금융 관련 지식과 함께 소프트웨어에 대한 지식이 있어야 한다. 이제 온·오프라인의 장벽이 없어지고 공유경제가 더욱 확산되고 있다.

유휴 공간을 숙박 장소로 제공하고 싶어 하는 자와 값싸고 차별화된 여행을 원하는 여행객을 중개해주는 에어비앤비Airbnb와 같은 서비스가 제공되려면 숙박중개를 위한 웹사이트가 있어야 한다. 숙박할 수 있는 장소를 둘러보고 선택한 후에 결제까지 이루어지는 웹사이트를 구축하려면 응용소프트웨어 개발자가 필요하다. 즉, 공유하고자 하는 제품이나 서비스 그리고 소비자 등의 특성 등을 고려해 공유경제를 적용할 때 응용소프트웨어 개발자가 필요하다. 카카오택시도 택시라는 오프라인 서비스와 SNS 서비스를 연계한 것이다.

기존 산업에 ICT 혹은 빅데이터를 적용하면 다양한 사업 기회를 찾을 수 있다. 이때 ICT와 결합하기 위해 필요한 것이 소프트웨어이다.

이제는 농사를 짓거나 가축을 키울 때도 소프트웨어가 필요하다. 농작물이나 가축을 키우는 비닐하우스 혹은 사육장의 생육 상황을 스마트폰으로 모니터링하고 제어하려면 IoT도 필요하지만 이를 구현할 수 있는 소프트웨어가 필요하다. 또한 재배 및 사육하는 농축산물의 시세 동향을 알려주고 지금 판매하면 얼마나 수익을 올릴지 알려주어 합리적 의사결정을 할 수 있도록 해주기 위해서도 소프트웨어가 필요하다.

둘째, 응용소프트웨어 개발자에 대한 수요가 증가하고 있다. 한국고용정보원에 따르면 응용소프트웨어 개발자는 2015년 약 15만 5,000명에서 2025년 약 20만 2,000명으로 향후 10년간 약 4만 7,000명_{연평균 2.7%} 증가할 전망이다. 같은 기간에 전체 직업의 취업자 수 증가율은 0.8%로 응용소프트웨어 개발자의 취업자 수 증가율은 평균보다 3~4배 정도 높을 전망이다. 모바일 환경, 클라우드 서비스, 소셜네트워킹, 빅데이터 분석에 대한 시도가 늘어나면서 응용소프트웨어의 시장이 확대될 전망이다.

향후 음성인식, 문자인식, 웨어러블 인터페이스 기술, AR이 결합하여 스마트폰 기반의 모바일오피스, 콘텐츠 제공 그리고 SNS 등을 위한 응용소프트웨어 개발자의 고용이 늘어날 것으로 보인다.

10. 로봇공학자

수행 업무

로봇이란 인간과 비슷한 형태를 가지며 움직이거나 말하는 기계장치 혹은 어떤 작업이나 조작을 자동적으로 하는 기계장치로 정의된다.

로봇은 산업용 로봇, 가정용 전자제품 그리고 장난감 로봇 등으로 구분되지만 현재는 ICT와 콘텐츠가 결합되어 이른바 지능형 로봇으로 발전하고 있다. 지능형 로봇은 외부 환경을 스스로 탐지하고 판단해 필요한 작업을 자율적으로 실행하는 로봇이다.

로봇공학자는 기본적으로 로봇을 연구하고 제작하는 일을 한다. 로봇은 몸체나 외형을 구성하는 하드웨어, 이동하고 행동하기 위한 소프트웨어 등으로 구성되어 있다. 로봇은 복합체이기 때문에 하나의 로봇을 만드는 데에는 다양한 학문적 지식이 필요하므로 보통 전기공학, 기계공학, 기계설계, 재료공학, 전자제어 기술과 센서 기술, 영상처리 기술 전문가 그리고 AI 관련 전문가가 함께 로봇을 연구하고 제작한다.

필요 역량

로봇 제작 분야에서 일하기 위해서는 상상력과 이를 실현시키는 능력, 즉 무언가를 만들기를 좋아하는 특성이 중요하다. 로봇 설계, 운영, 제어, 디자인 등의 지식이 필요하며 로봇을 직접 만들어보거나 로봇경

진대회 등의 참가 경험이 도움을 준다.

로봇과 관련된 전공으로 로보틱스, 기계공학, 전자공학 및 제어계측공학, 컴퓨터공학, 통신공학, 물리학 등이 해당된다. 지능형 로봇을 개발하기 위해서는 기계·선사 등 전통 기술은 물론 신소재, 반도체, AI, 센서 소프트웨어 등의 첨단 기술이 요구된다.

활동 분야

로봇공학자는 산업용 로봇을 만드는 제조업체, 가정용 전자제품을 만드는 전자 회사, 그리고 장난감 로봇을 만드는 완구업체 등에 진출할 수 있다. 향후에는 사람처럼 행동하고 사고하는 지능형 로봇의 성장이 예상되므로 이를 필요로 하는 의료, 간병, 교육, 공연 등의 로봇제작 연구소나 기업에서 근무할 수 있다.

왜 유망한가?

앞으로 로봇 시장은 크게 확대될 전망이다. 로봇을 활용하는 분야가 기존의 수요처인 제조업체, 전자 회사, 완구업체뿐 아니라 의료, 국방, 환경, 실버, 개인 서비스, 교육, 엔터테인먼트 등으로 더욱 다양해지기 때문이다.

첫째, 로봇은 인간에게 힘든 일을 편하고 정교하게 할 수 있게 도와준다. 현재 가장 많이 사용되고 있는 로봇은 가정용 로봇청소기다. 자동차나 가전제품의 반복적 조립 업무 그리고 열악한 조건에서의 용접 업무와 같은 일을 하는 산업 현장 곳곳에서 로봇은 인간의 힘든 일을 대신해주고 있다. 의료 분야에서도 로봇은 맹활약을 하고 있다.

예를 들어 다빈치 로봇은 최소한으로 절개를 하고 복잡한 수술을 원활히 수행할 수 있도록 도와준다. 비뇨기과, 산부인과, 외과, 비뇨기과, 심장, 흉부외과 등의 여러 수술에도 로봇이 이용되고 있다. 고화질 영상의 확대된 화면을 제공하고 의사의 손 움직임을 환자 체내의 소형 기구로 전달해 수술을 용이하게 해준다. 예를 들어 로보닥ROBODOC은 인공관절 삽입시술을 할 때 정교한 뼈의 절삭을 돕는 로봇이다.

환자의 재활과 기능 회복을 돕는 로봇도 있다. 착용 로봇은 교통사고로 하반신이 완전 마비되어 걷지 못하는 환자까지 걸을 수 있도록 도와주고 있다. 또한 소방관이 무거운 소방도구를 쉽게 들 수 있도록 도와주기도 한다.

둘째, 스마트 팩토리의 확산으로 산업용 로봇이 대폭 늘어난다. 스마트 팩토리는 공장 내 설비와 기계에 센서가 설치되어 데이터가 실시간으로 수집되면 이를 분석해 목적한 대로 작동하는 공장이다.

스마트 팩토리를 구현하려면 공장 자동화와 산업용 로봇을 구비해야 한다. 스마트 팩토리는 화학, 반도체, 자동차 제조, 플랜트, 의료, 전기, 에너지 산업 등에 적용 가능성이 높다. 스마트 팩토리가 구현되면 생산량은 증가하고 에너지 사용량과 불량률은 줄어 제조업의 경쟁력을 높일 수 있다. 이에 정부도 '민관합동 스마트공장 추진단'을 구성해 스마트 팩토리 구축에 앞장서고 있다.

셋째, 지능형 로봇의 확산이 기대된다. 사람의 외형이나 행동을 닮은 더 똑똑해진 지능형 로봇이 사회 곳곳에 활용된다. 컴퓨터 프로세싱 능력의 향상, AI 기술 발전, 센서 및 IoT 확산, 초고속 통신의 보편화, 클라우드/빅데이터 보급, 오픈소스 확산 등이 지능형 로봇을 갈수록 똑똑하게 만들어준다.

일본에서는 소프트뱅크의 페퍼가 매장이나 기관을 방문하는 소비자에게 사람을 대신해 정보 제공, 길 안내, 주문 접수, 외국어 대응 등의 서비스를 제공하고 있다. 이러한 로봇을 접객 로봇이라고 하는데 일본에서는 임금 상승, 단순·반복 접객 업무의 자동화 필요성과 소비자 만족도 증가 등을 위하여 접객 및 주문접수 업무를 키오스크나 로봇으로 대체하려는 기업들이 증가하고 있다. 소비자 입장에서는 24시간 365일 서비스를 제공받을 수 있으며 대기 시간이 단축되어 만족도도 높아진다.

전 세계 접객 로봇 시장 규모는 2017년 약 14억 달러7만 5,000대에서 2025년 약 118억 달러91만 대로 8.4배 성장할 전망이다. 접객 로봇은 주로 유동인구가 많은 쇼핑몰, 음식점, 호텔, 공항, 병원, 은행 등에 도입될 전망이다.

지능형 로봇 중 향후 가장 큰 시장을 이룰 것으로 전망되는 분야는 엔터테인먼트 로봇이다. 현재까지는 교육·연구용 로봇이나 취미·완구용

4차 산업혁명 관련 기업별 주요 전략

기업명	주요 전략	응용 분야
폭스콘	로봇 생산 체제 도입	스마트폰
닛산	무인차 개발	전기, 자율주행차
아마존	신개념 쇼핑 체계(아마존 고) 구축, AI 비서(에코) 프로그램 개발	쇼핑, 스마트홈
GE	디지털 트윈 활용 '비포 서비스' 구현	발전기, 엔진
스타벅스	O2O 기술(사이렌오더), 소비자 맞춤형 서비스 구축	비콘(Beacon), 커피
아디다스	로봇 생산 체제 도입, 공장 본국(독일) 소환	신발, 웨어러블 기기
IBM	AI 컴퓨터 시스템(왓슨)개발	센서
우버	운송 · 물류 효율화, 스마트 시티 구축	자동차(자율주행)
츠타야	동네 친화적 놀이터, 마을사랑방 구축	도서, 마일리지 체계
테슬라	무인 전기차 개발, 재생에너지 생산	전기차, 솔라시티

출처: 최재홍, 2017

로봇의 비중이 높으나 앞으로는 소셜 로봇의 비중이 빠르게 확대될 것으로 기대되고 있다. 엔터테인먼트 로봇이란 인간과의 상호작용을 통해 인간에게 즐거움을 제공해 줄 수 있는 로봇인데 그중에서도 소셜 로봇은 인간과 대화하고 교감하는 감성 중심의 로봇을 의미한다.

그 밖의 유망직업

그리드 현대화 엔지니어

혈관의 상태가 불량하거나 혈전이 쌓이면 인체에 치명적 질병을 초
래할 수 있다. 도시도 마찬가지다. 상하수도관망, 전력망 등은 도시의
혈관과도 같다. 이 모든 망이 깨끗하게 양호한 상태로 유지되지 않으면
도시 기능에 심각한 영향을 미친다. 이러한 수도, 전력, 교통 등 사회의
기초 공익사업 시설망을 그리드Grid 라고 한다. 세계 곳곳에서는 스마트
그리드Smart Grid 사업이 추진되고 있다. 이를 구축하고 관리하는 직업
이 그리드 현대화 엔지니어Grid Modernization Engineer 이다.

예를 들어 미국의 유틸리티 망은 1900년대 초반 구축되어 노후화되
었고 비효율적으로 운영되고 있는데, 이것이 스마트화되면 놀라운 변
화가 일어날 수 있다. 또한 모든 전자기기가 서로 전력 사용량을 공유해

전력 소비를 최적화하고 운영 효율성도 높일 수 있다.

시내의 모든 인프라가 서로 연결되어 있다고 상상해보라. 가로등, 교통신호등 등이 서로 연결되어 있다면 에너지 소비를 자율적으로 간소화시킬 수 있다. 이것이 나중에 스마트 시티로 연결된다. 실례로 GE는 캠퍼스나 지역사회 단위의 스마트 그리드인 마이크로그리드Microgrid 솔루션을 제공하고 있다.

예측수리 엔지니어

스마트 팩토리는 센싱, 네트워크, 빅데이터, 그리고 IoT 기술의 집약체라고 할 수 있다. 자동화를 넘어서 지능화된 스마트 팩토리에서는 더 이상 자산이 고장 난 후 정비하는 것이 아니라 고장을 예측하여 정비하는 예측수리Proactive Maintenance를 하게 될 것이다. 이에 따라 기존 유지보수 엔지니어의 개념도 사후Reactive에서 사전Proactive으로 바뀌게 될 것이다.

예측수리는 지금도 여러 공장에 적용되고 있다. 스마트 팩토리의 선두주자 GE는 예측수리보다 사후수리에 비용이 5배 더 소요된다고 진단한다. 만일 자동차나 열차가 고장 나지 않도록 예측수리 전문가들의 도움을 받게 되면 막대한 비용을 줄일 수 있다는 계산이다.

실제로 호주의 오리진 오스트레일리아 퍼시픽 LNGOrigin Australia Pacific LNG는 GE의 자산 현황 모니터링 솔루션을 도입해 예측수리 전략을 세움으로써 유지보수 및 운영비용을 500만 달러나 줄였고 900만 달러약 100억 원나 증가시켰다.

뉴로모픽 엔지니어

AI보다 더 강한 녀석이 등장했다. 뉴로모픽Neuromorphic 칩이다. AI보다 훨씬 더 인간의 뇌와 비슷한 컴퓨터 칩이다. 인간의 뇌신경 구조를 하드웨어 칩으로 구현하는 것이다.

사실 AI는 전력 측면에서 보자면 그다지 효율적인 시스템은 아니다. 이세돌 9단과 대결을 펼쳤던 알파고도 중앙처리장치CPU가 1,202개, 그래픽처리장치GPU가 176개에 달해 전력을 12GW기가와트, 1GW는 1,000mW와 동일하며 2016년 말 기준 우리나라 풍력발전 누적 설치량이 1GW를 조금 넘었다나 잡아먹는, 말 그대로 지능도 용량도 슈퍼 사이즈인 컴퓨터였다. 하지만 뉴로모픽 칩이 개발되면 인간을 기준으로 밥 한 공기 정도의 적은 에너지로도 AI 시스템을 운용할 수 있다.

반도체 업계를 선도하는 국내 기업들이 뉴로모픽 칩 개발에 뛰어들었으며 인텔Intel은 13만 개 이상의 뉴런과 1억 3,000만 개 이상의 시냅스로 구성된 로이히Loihi라는 이름의 AI 칩을 뉴로모픽 방식으로 개발 중이다.

뉴로모픽 칩은 IT 업계에서 늘 추구하는 고성능, 저전력, 소형화가 가능하기 때문에 앞으로 지속적으로 촉망받을 전망이다. 소형화가 가능하기 때문에 로봇뿐만 아니라 모바일, 웨어러블 디바이스 및 센서에도 탑재할 수 있기 때문에 이 분야의 연구개발에 대한 수요는 지속될 것으로 보인다.

범죄예측 분석가

영화가 현실이 된다. 톰 크루즈Tom Cruise 주연의 영화 〈마이너리티 리포트Minority Report〉는 2054년의 워싱턴 D.C.를 그리는 영화인데 2002년에 제작되었다는 것이 믿기지 않을 정도로 현재 구현되는 미래 기술을 정확히 그리고 있다.

자율주행차, 바이오 인증, VR, 음성인식 컨트롤 시스템, 손으로 디스플레이를 조정하는 동작인식 기술, 투명 디스플레이 등 정도의 차이는 있지만 현재 모두 구현 가능한 기술들이다. 그중에서도 단연 돋보이는 것은 범죄예측 시스템이다. 영화에서는 미래를 예지하는 3명의 예지자로부터 정보를 얻지만, 실제로도 빅데이터를 활용하면 범죄를 사전에 예측하고 방지할 수 있다.

빅데이터뿐만 아니라 AI, 센싱 기술 등 4차 산업혁명의 핵심 기술을 활용한 예측 치안Predictive Policing은 이미 미국 LA 경찰국에서 도입해 실제로 범죄율을 낮추는 데 성공한 바 있다.

신체 부위 제작자

3D프린팅과 바이오 소재 기술이 발전함에 따라 환자의 세포를 토대로 장기를 비롯하여 팔다리 등을 프린팅할 수 있는 날이 올 것이다. 이미 인공장기까지 만드는 데 성공하며 21세기형 연금술로 각광을 받고 있다. 세포 구조체를 만들 수 있는 바이오잉크Bioink로 동맥, 간, 콩팥, 신장, 피부, 심지어 심장까지 바이오 3D프린터로 만들 수 있다.

이에 따라 인간의 신체 부위를 만들어내는 신기술의 신체 부위 제작자가 각광을 받게 된다. 눈과 귀, 손가락, 팔다리 등 신체 부위를 실제 사람의 것과 똑같이 만들 수 있고 이식할 수 있게 되는 것이다.

오감 체험 전문가

VR 기술이 발달함에 따라 오감을 자극하는 VR 체험이 가능할 것이다. 이러한 경험에서 이질감을 최소화하기 위해 오감을 조작할 수 있는 기술 전문가가 필요하게 될 것이다. VR 단말기를 통해 실제 오프라인 매장에서의 쇼핑 느낌을 내려면 오감을 모두 구현할 수 있는 VR 개발이 중요하다. 오감 체험 전문가들은 기계가 놓치기 쉬운 비인간적인 부분을 찾아내 오감을 모두 만족시킬 수 있는 기술과 아이디어를 구현하는 일을 맡게 된다.

로봇 트레이너

포드의 창업자 헨리 포드가 공장에 컨베이어벨트를 도입한 1913년 당시에 컨베이어벨트는 혁신이었지만 지금은 이미 기초 중의 기초 시설이 된 것과 같이 미래에는 로봇이 기초 시설이 될 것이다.

지금도 로봇 생산 시설은 기본 중의 기본이다. 하지만 로봇에 명령어를 입력하던 시대는 곧 막을 내리고 로봇과 협업해야 하는 시대가 올 것이다. 이에 로봇이 인간의 도움 없이 보다 복잡한 과업을 수행할 수 있도록 모방과 반복을 통해 아이를 가르치듯 로봇에게 일을 가르치는 전문가가 등장하고 있다.

그 외에 새로 생기거나 부상하게 될 직업들

디지털 수사관, 사이버 포렌식 전문가, 그로스해커, 빅데이터 기반 사기 방지 전문가, 디지털 장의사, 기억 대리인, VR 저널리스트, VR 영화감독, 홀로포테이션 전문가*, 3D프린터 모델러, 3D건축가, 챗봇 개발자, AI 성격 개발자, 알고리즘 전문가, 로봇 수의사, 양자컴퓨터 전문가, 착용로봇 개발자, 기계언어학자, 로봇 카운슬러, 메카트로닉스(Mechatronics) 엔지니어, IoT 기획자, 무인차 엔지니어, 전자증거(e-Discovery) 조사관, 복합운송(Intermodal Transport) 개발자, 풀러스택(Fuller stack) 개발자, 스마트 헬스케어 서비스 기획자, 생체로봇 외과의사, 장기취급 전문가, 기후변화 대응 전문가, 날씨 엔지니어, 유전자공학 가축 생산자, 바이오연료 엔지니어, 스마트 농업 기술자(Agricultural Technologist)

* 홀로포테이션(Holoportation): 홀로그램(Hologram)과 이동(Transportation)의 합성어. 홀로그램 기술을 사용하여 원거리에 있는 사람과 마치 한 공간에 있는 것처럼 교류할 수 있는 기술을 말한다.

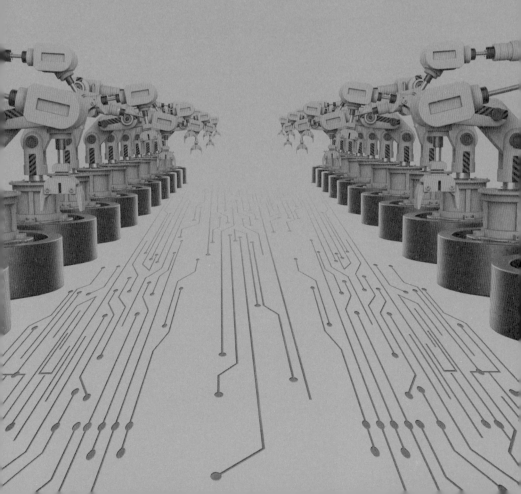

Part 4

일자리 강국의 길

| 4차 산업혁명 시대 직업의 종말 |

제4의
실업

일자리를 만드는 3I 전략

일자리 강국의 핵심은 대한민국의 역량 강화Upskilling에 달렸다. 개인과 기업 그리고 국가의 내재적 가치를 끌어올리고 글로벌 경쟁력을 확보하는 것이다. 이를 위해 불합리한 규제를 혁신하고, 4차 산업혁명에 맞는 인프라 투자와 인재양성을 통해 실질적인 기술력을 확보하고 선도 산업을 육성해야 한다. 이를 위해 대한민국의 역량 강화를 위한 3가지 핵심 포인트, 3I 전략을 강구해야 한다.

국가 역량 강화에 나서자

이제 대한민국은 역량 강화를 위한 그랜드 플랜을 수립해야 한다. 개인과 기업뿐만 아니라 국가 역량까지 강화시켜야 한다. 4차 산업혁명의 기술 경쟁에서 뒤지면 글로벌 경쟁에서 뒤처지게 된다. 선진국들이 4차 산업혁명 기술 개발에 앞장선 것은 불과 10여 년 전부터다. 구글, 아마존과 같은 글로벌 기업들은 빅데이터, 클라우드, AI 기술을 앞세워 독점적인 글로벌 지위를 구축했고 플랫폼 기업의 기틀을 만들어 전 세계 기업을 자신들의 플랫폼 아래로 몰려들게 만들었다.

세계는 4차 산업혁명 기술로 무장 중

4차 산업혁명의 모범국가로 꼽히는 독일은 국가 전체 시스템을 바꿔 나가고 있다. 스마트 팩토리가 부가가치 창출의 핵심이라고 판단해 스마트 팩토리 구축 시스템을 주력 수출품목으로 정한 상황이다. 그리고 '인더스트리 4.0 프로젝트'를 통해 노조원들을 4차 산업혁명의 파트너로 참여시킨 것은 시사하는 바가 매우 크다.

우리가 한발 늦었다고 생각하는 이웃 중국은 더욱 무서운 기세로 치고 나가는 상황이다. 장야친張亞琴 바이두 총재는 "4차 산업혁명 시대 중국은 미국을 앞지를 것이다"라며 "AI와 같은 핵심 기술을 국가우선 정책과제로 선정하고, 500억 달러약 57조 원의 예산을 쏟아붓고 있다"고 말했다.

전통적인 제조강국 일본도 자신들의 강점인 로봇 기술을 앞세워 전 세계 로봇 표준화에 박차를 가하고 있다. 여기에 아베노믹스가 담긴 4차 산업혁명 전략인 '소사이어티 5.0'도 공개했다.

선진국들은 재빠르게 움직이고 있다. 우리도 서둘러야 한다. 정부나 교육 당국이 손 놓고 있는 사이 개인들마저 선제적 대응 타이밍을 놓쳐 버린 것이다. 오죽했으면 "우리나라 청년 10명 중 6명, 4차 산업혁명에 대해 모른다"는 조사 결과까지 나왔을까?

일자리 강국의 열쇠는 3I가 결정한다

글로벌 석학들의 진단과 국내 과학기술 전문가, 미래학자들은 한결같이 3I 전략을 제시했다. 4차 산업혁명 시대 글로벌 화두인 3I는 규제혁신Innovation, 인프라 투자Investment, 인재양성Inspiration이다.

이 중 가장 시급한 것이 규제혁신이다. 현재 대한민국 규제는 산업화 시대의 틀에서 벗어나지 못하고 있다. 국경과 언어, 문화의 장벽을 넘는 혁신적인 온라인 기업들이 속속 등장하고 있는데도 온라인 기업에 오프라인 규제를 적용하고 있다. 아예 규정 자체가 없는 경우도 허다하다. 세상의 변화 속도를 따라가지 못하고 있다.

인프라 역시 4차 산업혁명 시대에 걸맞게 전면 리모델링해야 한다. 아날로그형 인프라를 혁신해 21세기형 디지털 인프라로 혁신해야 한다. 인터넷 보급률은 세계 1등이지만 대부분의 핵심 인프라는 30~40년 전에 구축된 것들이다. 대학과 고등학교에서는 수십 년째 주입식 교육이 이어지고 있고 4차 산업혁명 시대에 필요한 인재가 아니라 산업화시대 인재를 육성하고 있다. 사회에 진출해봐야 큰 효용성이 없는 지식이 대부분이다.

'제4의 실업' 충격파는 우리 사회 전 국민에게 직접적인 영향을 주고 있지만 교육은 아직 변할 조짐이 없다. 학생과 취업준비생뿐만 아니라 기존 근로자, 은퇴 예정자까지 전 국민이 이제 다시 교육을 받아야 한다. 그래야 개인은 물론 기업과 국가의 역량이 강화된다. 규제혁신, 인프라 투자, 인재양성을 통한 국가 역량 강화, 즉 업스킬링이 시급하다.

3: 규제를 혁신하자

규제, 신산업 · 신기업 출현을 막는다

국가 역량의 강화, 즉 업스킬링 코리아의 첫 번째 과제는 규제혁신이다. 4차 산업혁명의 특징은 모든 신기술의 융합이다. 온·오프라인 간의 경계가 사라지고 산업 간의 장벽도 허물어진다. 이 같은 변화는 지금까지 존재하지 않았던 새로운 산업과 비즈니스 모델을 탄생시킨다. 규제가 이들 신산업·신기업의 출현을 가로막아서는 안 된다.

시가총액이 10억 달러 이상인 비상장 스타트업을 '유니콘 기업'이라 한다. 미국 시장조사기관 CB인사이트CB Insights 에 따르면 유니콘 기업은 세계적으로 216개에 달하는데 이 중 절반인 108개가 미국 기업이다. 중국이 58개로 2위, 영국이 12개, 인도가 10개, 독일이 5개지만 우리는 소셜커머스 업체 쿠팡과 모바일 플랫폼 기업 옐로모바일 2개뿐이다. 왜 그럴까? 규제의 벽 때문이다.

포지티브 규제가 사업의 발목을 잡는다

우리나라에서 새로운 사업을 하려면 포지티브Positive 규제에 가로막혀 허용되는 것 이외에는 정부의 허락을 받아야 한다. 미국과 유럽 국가의 네거티브 시스템Negative System과 정반대다. 이들 국가는 안 되는 것 빼고는 모두 가능하다.

논란에도 불구하고 미국은 에어비앤비, 우버를 몇 년 만에 매출 1조 원이 넘는 대표 기업으로 키워냈다. 지금도 논쟁 중인 우리의 현실과는 매우 대조적이다. 규제의 벽에 가로막혀 누적 투자액 기준 전 세계 100

우리나라 스타트업의 글로벌 혁신 경쟁 도태 상황

최근 1년간 투자 받은 스타트업 중 누적 투자액 상위 100개 업체의 국적	누적 투자액 상위 100개 업체의 사업 모델을 한국 시장 적용 시 규제 저촉 가능성 분석			
	누적 투자액		해당 업체수	포함 기업 예시
미국 56곳 / 중국 24곳 / 영국 6곳 / 독일 3곳 / 기타 11곳 / 한국 0곳	40.9%	불가	13	에어비앤비, 우버, 앤트파이낸셜
	30.4%	조건부 가능	44	크레딧카르마, 소파이, 오픈도어
	28.7%	가능	43	스냅, 위워크, 스포티파이

~70%

1,160억 달러

출처: Pitchbook, 테크앤로 법률 검토 결과, 팀 분석

대 스타트업 중 우리나라 기업은 최근 1년 동안 한 군데도 없다.

심지어 전 세계 100대 스타트업의 사업 모델을 우리나라 시장에 적용해봤더니 70%가 '사업 불가' 판정을 받았다. 에어비앤비나 우버는 국내에서 사업이 힘든 실정이다. 빠르게 변하는 기술을 따라가지 못하도록 가로막는 규제 때문이다.

1. 이해 충돌을 조정하는 컨트롤타워를 만들자

갈등 조정에 보낸 '허송세월' 2년

2014년 3월 소셜커머스 업계에 '로켓배송'이라는 혁명이 일어났다. 소셜커머스 업체인 쿠팡이 자체 배송인력인 '쿠팡맨'을 채용하고 24시간 안에 고객에게 상품을 전달하는 로켓배송 서비스를 시작한 것이다. 주문과 판매는 유통업체, 배송은 택배업체가 맡던 기존 물류 시스템도 뒤집었다. 고객의 반응도 뜨거워 매출은 전년 대비 7배 이상 뛰었다.

하지만 기존 물류업계는 쿠팡이 정부로부터 허가받지 않은 차량으로 배송 서비스를 계속하는 것은 위법이라 반발했고, 지난 2015년 10월 가처분신청을 시작으로 본격적인 소송전이 시작됐다.

쿠팡의 로켓배송 뒤에는 불법이라는 꼬리표가 따라붙었다. 합법화 문제가 해결되지 않은 신규 투자는 난항을 겪을 수밖에 없었다. 이듬해 정치권에서는 1.5t 이하의 차량, 직영제, 20인 이상 사업자 등의 조건에 한해 화물차 증차를 허용하자는 내용을 담은 법안, 일명 전기차특별법이 발의됐다. 쿠팡 입장에서는 수천만 원 웃돈이 붙어 거래되는 영업용 노랑 번호판을 사야 하는 부담 없이도 배송 가능한 택배차량을 마음껏 늘릴 수 있는 절호의 기회였다. 하지만 이마저도 국회 통과가 좌절되며 갈등이 더욱 깊어졌다.

소송이 시작되고 2년여가 지난 2017년 7월 서울중앙지법 민사합의 30부(이환승 부장판사)는 한국통합물류협회 소속 10개 택배업체들이 쿠팡을 상대로 낸 운송금지 등 청구 소송에서 원고들의 청구를 모두 기각한다고 판결했다. 쿠팡의 승리였다. 무려 2년 동안 갈등 조정을 하지 못하고 법원 판결까지 간 것이다. 그러나 이마저도 여전히 법제화가 안 된 상황이어서 신규 투자의 걸림돌로 작용하고 있다.

쿠팡은 지난 2014년부터 미국 기업평가업체 CB인사이트가 선정한 유니콘 기업에 유일하게 포함된 우리나라 기업이었다. 하지만 최근 2년간 기록한 적자가 1조 원을 넘어설 정도로 심각한 어려움에 직면한 실정이다.

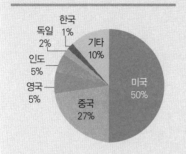

유니콘 기업이란?

유니콘 기업은 기업가치 10억 달러(1조1,300억 원) 이상으로 평가받는 비상장 스타트업을 지칭한다. 상장 전 기업가치가 1조 원에 달하는 것이 전설의 동물 유니콘처럼 상상 속에서나 가능하다는 의미로 붙여진 표현이다. 시장조사기관 CB인사이트에 따르면 전 세계의 유니콘 기업은 216개다. 가장 기업가치가 높은 것으로 조사된 업체는 차량공유 서비스업체인 우버로 680억 달러(약 77조 원)로 평가받았다. 국가별로는 미국과 중국 기업들이 각각 108개, 58개로 77%에 달한다. 그 뒤로 영국(12개), 인도(10개), 순이다. 우리나라 기업은 쿠팡(30위), 옐로모바일(35위) 등 2개가 포함됐다. 비중으로 치면 전 세계 1%에 불과하다.

칸막이 규제, 부처 입장 서로 다르다

쿠팡의 사례는 빙산의 일각이다. 우리 사회의 갈등 조정 능력은 심각한 상황이다. 여야로 나뉜 정치권, 부처 간 칸막이로 조정 기능이 원활하지 않은 정부 조직, 이해관계로 꽉 막힌 산업별·기업별 갈등까지….

이를 조정하는 컨트롤타워가 없다면 원활한 규제 혁신도 일어날 수 없다. 단적인 예로 4차 산업혁명에 발맞춘 로봇 교육훈련을 준비했던 A씨. 로봇과 관련한 연구 파트는 미래창조과학부현재 과학기술정보통신부, 산업계 인력 양성은 산업자원부현재 산업통상자원부 소관, 기업 인력양성은 고용노동부 소관, 또 학교 쪽 교육은 교육부 산하로 주무부처가 부처가 모두 나눠져 있었다. 결국 사업이 원활하게 진척되지 못했다고 한다.

4차 산업혁명 시대 융·복합화 혁신을 통한 신규 비즈니스 모델은 앞으로 더욱 늘어날 것이다. 이때마다 기존 산업, 기존 규제와의 충돌은 불가피하다. 때론 기존 산업 종사자의 실업이라는 부작용도 발생한다.

하지만 지속적 혁신을 통해 산업구조를 변화시키고 글로벌 경쟁력을 갖춘 기업을 육성해 더 많은 일자리를 만들어내는 방향으로 가야 한다. 우리 사회가 갈등 조절 기능을 갖추지 못한다면 기존 산업과 신규 산업 모두 혁신의 기회를 놓치게 된다.

미국, 우버 갈등 조정해 '윈-윈' 창출

미국의 차량공유 서비스 합법화 정책을 살펴보자. 우버는 개인의 유휴 자가용 차량을 활용해 돈을 벌 수 있는 차량 이용중개 플랫폼이다. 우리나라에서는 택시기사 사업권과 충돌한다는 이유로 영업금지 처분을 받았다. 이 때문에 국내에서는 개인 유휴차량 활용 서비스와 카풀 서비스 등을 제외한 채 고급택시 사업만을 이어가고 있다.

반면 미국 메사추세츠주에서는 우버 서비스로 갈등이 생기자 갈등 조정 협의체를 만들어 합법화라는 해법을 도출해냈다. 이해 관계자 전체, 즉 플랫폼 서비스 업체와 보험사, 운수업체, 이동이 불편한 장애인 등 각계 대표단으로 구성된 자문단을 구성해 주 정부에서 이해관계를 적극적으로 조정한 것이다. 특히 메사추세츠 주정부 DPU Department of

Public Utility 산하에 우버 등 차량공유 서비스 중개업체를 관할하는 부서를 신설해 신속하게 의사결정을 하고 책임지는 권한을 부여했다. 결국 2016년 8월 메사추세츠주에서는 우버 서비스를 합법화하는 조건으로 이용 횟수당 20센트의 세금을 2026년까지 부과하기로 결정했다. 이렇게 마련된 재원의 25%는 2021년까지 기존 택시업계를 지원하는 데 쓰기로 한 것이다. 메사추세츠주에서 이뤄지는 차량 공유 서비스는 매달 250만 회 이용에 달해 세금 징수액은 수백만 달러에 달할 것으로 예상된다.

또 운전자 등록심사를 엄격하게 해 결격 사유를 가진 운전자를 배제하는 등 소비자 피해를 예방하는 보호장치도 마련함으로서 잠재적인 소비자 피해 예방에도 주력했다.

갈등 조정, 국민 편익으로 돌아온다

이해 조정 컨트롤타워가 가져온 효과는 소비자 이익으로 돌아온다. 우버와 같은 신규 사업자의 등장으로 소비자의 편익은 높아졌으며 동시에 택시업체와 같은 기존 사업자는 지원금을 통해 서비스 향상을 도모할 수 있게 됐다. 국가적으로 우버라는 유니콘 기업의 탄생으로 새로운 산업 영역이 생겨났고 자원의 재활용, 고용창출 효과까지 생겨났다. 동시에 소비자 선택의 폭도 넓어졌다.

결론적으로 사회적 갈등이 생기거나 새로운 비즈니스의 등장으로 이해관계자 사이에 충돌이 생길 때 정부가 주도해서 컨트롤타워를 가동해야 한다. 민간이 알아서 해야 할 일이라고 먼 산 보듯 해서는 안 된다. 이해관계가 얽힌 산업 간 갈등은 기업 스스로 해결하기 힘들다.

기존 사업자와 신규 사업자가 모두 다 불만인 기존 규제의 틀을 180도 뒤집어 기존 사업자와 신규 사업자가 모두 수긍하면서 선의의 경쟁을 할 수 있도록 해야 한다. 그래야 일자리도 생겨난다.

2. H.O.F. 규제부터 철폐하자

H.O.F. 유니콘 기업을 키우자

그렇다면 과연 어떤 규제부터 우선적으로 손봐야 할까? 답은 나와 있다. 혁신이 가장 활발하게 일어나는 분야와 일자리 창출 효과가 큰 분야부터 손봐야 한다. 즉, 유니콘 기업이 탄생할 수 있는 분야에서 승부를 걸어야 한다.

최근 동향을 보면 유니콘 기업은 바로 헬스케어, 온·오프라인 연계 서비스인 O2O 비즈니스, 그리고 금융 분야에서 태어나고 있다. 절반에 가까운 유니콘 기업들이 바로 이곳에서 탄생하고 활발하게 사업 영역을 확장하고 있다. 이들 영어의 앞머리 글자를 따면 H.O.F. 호프다. H.O.F. 규제부터 혁신시켜야 4차 산업혁명 시대의 또 다른 호프Hope,

세계 유니콘 사업군의 국내 규제 저촉 예시

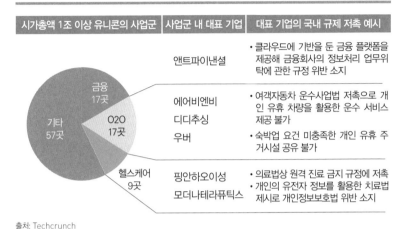

시가총액 1조 이상 유니콘의 사업군	사업군 내 대표 기업	대표 기업의 국내 규제 저촉 예시
금융 17곳	앤트파이낸셜	• 클라우드에 기반을 둔 금융 플랫폼을 제공해 금융회사의 정보처리 업무위탁에 관한 규정 위반 소지
O2O 17곳	에어비엔비 디디추싱 우버	• 여객자동차 운수사업법 저촉으로 개인 유휴 차량을 활용한 운수 서비스 제공 불가 • 숙박업 요건 미충족된 개인 유휴 주거시설 공유 불가
헬스케어 9곳	핑안하오이성 모더나테라퓨틱스	• 의료법상 원격 진료 금지 규정에 저촉 • 개인의 유전자 정보를 활용한 치료법 제시로 개인정보보호법 위반 소지

출처: Techcrunch

즉 희망이 생긴다.

규제혁신 분야 ①: 헬스케어(H)

헬스케어는 일자리의 보고이다. 헬스케어 서비스의 높은 고용창출 효과는 제조업을 능가한다. 의료 서비스 산업 고용창출 효과가 10억 원당 11.8명으로 제조업6.1명과 전체 산업 평균치8.6명보다도 훨씬 높다.

이 중 가장 시급한 규제혁신 과제가 바로 원격진료다. 우리나라 원격진료는 의료법·약사법에 가로막혀 10년째 시범사업만 하고 있다. 원격진료의 핵심인 의사와 환자 간 원격진료가 금지되어 있다. 의료기기 개발이나 서비스도 10년째 발목이 묶여 있다. 설사 기술을 개발해도 돈을 벌 수 없는 구조다. 이 때문에 규제에 가로막힌 국내 업체들이 해외로

눈을 돌리는 실정이다.

반면 미국과 일본, 영국, 독일, 중국 등 많은 국가들은 이미 원격진료의 빗장을 열었다. 고령화 시대와 4차 산업혁명을 묶는 미래의 유망 사업으로 손꼽혀 글로벌 혁신 기업들이 앞 다퉈 뛰어드는 시장이다.

미국 최대 원격진료업체인 텔러독Teladoc은 1,100만 명 이상의 회원과 의사·치료사 3,000여 명을 24시간 365일 연결하는 서비스를 제공한다. 2015년에 나스닥에 상장됐고, 이 업체의 기업가치는 14억 달러약 1조 6,000억 원를 넘어서는 등 사업 모델의 혁신성이 시장에서 인정받았다.

미국의 시그나보험Cigna Group은 헬스케어 서비스 전문 자회사를 통해 26개의 체중, 식단관리 서비스 등 맞춤형 헬스케어 서비스를 제공하며 차별화를 꾀하고 있다. 데이비드 코다니Dabid Cordani 시그나그룹 CEO는 "미국의 보험업계는 지난 10년간 헬스케어에 주력해왔지만, 한국 시장에서는 규제에 막혀 미국과 같은 수준의 헬스케어 사업을 진행할 수 없다"고 말할 정도다.

일본에서도 스마트폰과 태블릿PC 등을 활용해 병원에 가지 않고도 가정이나 직장에서 진료를 받을 수 있는 원격진료가 빠르게 퍼지고 있다. 일본에서는 그간 의사 수가 부족한 외딴섬이나 산간벽지 등 인구 과소지역을 중심으로 원격진료가 부분적으로 활용됐지만, 최근에는 도심 직장인들 사이에서 병원을 직접 방문할 시간적 여유가 없는 불편함을 원격진료로 메우고 있다.

중국은 지난 2014년 정부의 '의료기구 원격의료 서비스 추진에 관한 의견' 발표를 계기로 의사와 환자 간 원격의료 서비스가 가능해졌다. 선진국들에 비해 늦었지만 발전 속도는 오히려 빠르다. 원격진료 및 처방에 의약품 배송까지 허용한 것이다. 또 중국 헬스케어 기업인 닥터 엘레펀트는 원격진료에 IBM 왓슨 솔루션을 도입했다. 이 서비스는 종양과 같은 중대한 질병의 원격진료 서비스를 위해 쓰일 전망이다.

영국의 경우 2000년대부터 원격의료 활성화 정책을 추진 중이며, 독일은 원격의료와 대면진료에 대해 같은 수가 기준을 적용한다. 원격진료와 함께 해당 국가들의 의료기기 시장도 호황기를 맞고 있다.

규제혁신 분야 ②: O2O 비즈니스(O)

O2O 비즈니스는 온라인 기술을 이용해서 오프라인의 수요와 공급을 혁신시킨다. 기술혁명을 바탕으로 만들어내는 초연결, 초산업이라는 4차 산업혁명의 가장 대표적인 모델이다. 문제는 O2O 관련 규제다. O2O를 모델로 하는 혁신 기술과 비즈니스는 계속 쏟아지고 있는데 관련 규제가 전혀 못 따라가거나 심지어 기존 업체의 기득권 보호로 신규 산업의 진입을 막고 있다는 것이다.

그 대표적 사례가 온라인 중고차 거래 플랫폼 헤이딜러 사태다. 헤이딜러는 서울대 재학생들이 창업해 설립 1년 만에 누적거래액이 300억 원을 돌파하며 주목받은 중고차 온라인 경매 회사다. 하지만 황당한 법 개정으로 인해 급작스럽게 불법 업체가 됐다. 2015년 12월에 국회를 통과된 자동차관리법 개정안은 자동차 경매를 하려면 오프라인 공간^주 차장 면적 3,300㎡ 이상, 경매장 면적 200㎡ 이상을 반드시 개설하도록 해 온라인 자동차 경매업체를 사실상 불법으로 규정한 것이다.

이에 헤이딜러 역시 졸지에 서비스 종료의 길로 내몰렸다. 이후 헤이딜러 서비스가 잠정 종료되었다는 사실이 언론을 통해 알려지면서 자동차관리법 개정안이 4차 산업혁명을 가로막고 온라인 플랫폼의 현실을 이해하지 못한 규제라는 여론의 뭇매를 맞고 나서야 정치권이 부랴부랴 다시 법 개정에 나섰다.

헤이딜러의 사례뿐만이 아니다. 우리나라는 음식 배달을 시작으로 홈서비스, 대리운전, 세탁 등 다양한 분야로 O2O 서비스가 확대되고 있지만 규제는 속도를 따라가지 못하고 있다. 공간 공유 O2O 서비스인 스페이스클

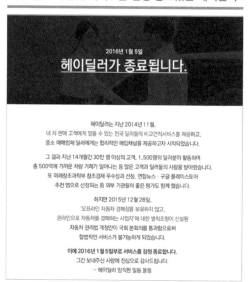

법 개정으로 인해 서비스를 잠정 종료했던 헤이딜러

라우드는 카페나 사무실 등 유휴 공간을 청년들에게 무상 혹은 저렴한 비용에 대여하는 사업을 한다. 하지만 주중 교회에 대한 공유 사업을 추진했다가 곧바로 중단했다. 전국에 약 8만 개에 이르는 교회 공간은 예배가 없는 주중에는 이용률이 현저히 낮은 편이지만 종교시설은 비과세 지역으로 외부인이 상업적으로 이용할 수 없다는 규제 장벽에 막힌 것이다.

심야 시간대 셔틀버스 서비스도 여객자동차운수사업법에 따르면 택시나 버스 사업 허가를 받지 않은 법인이나 기업은 셔틀버스를 유·무료 모두 운영할 수 없는 규제에 막혀 있다. 심야 O2O 셔틀버스 서비스인 콜버스랩처럼 서울 시내에서 제한적으로 허가를 받아 운행하는 경우도 있지만 대부분은 규제에 막힌 상황이다.

규제혁신 분야 ③: 금융(F)

금융 분야에서는 가장 답답한 곳이 핀테크FinTech이다. 핀테크는 Finance와 Technology의 합성어이다. 우리나라 금융법은 열거주의원칙 적으로 모든 것을 금지하고 예외적으로 금지되지 않는 사항을 나열하는 방식으로 가장 많은 규제가 몰린 곳이기도 하다. 이 때문에 법에서 정하지 않은 비즈니스 모델은 원천적으로 등록이나 사업이 어려운 상황이다. 세계 100대 핀테크 혁신 기업 국가별 분포를 살펴봐도 우리나라 핀테크 혁신기업은 단 한 군데도 등장하지 않고 있다.

해외 송금업 관련 규제만 봐도 얼마나 규제의 장벽이 높은지 쉽게 알 수 있다. 기본적으로 우리나라는 금융감독원의 인가를 받은 은행만이 송금 서비스를 할 수 있다. 원천적으로 스타트업의 탄생이 불가능하다. 반면 해외에서는 2011년 창업해 송금 수수료를 획기적으로 낮춘 영국의 트랜스퍼와이즈Transferwise, 2014년 창업해 블록체인 기술을 활용하는 미국의 아브라Abra 등이 무서운 속도로 성장하고 있다.

은행의 독점적 지위가 지나치다는 여론에 따라 최근 개정 움직임도 나왔다. 2017년 7월부터 외국환거래법시행령 개정안을 내놓은 것이다. 하지만, 개정안에서도 해외송금업자로 등록하려면 자기자본을 20

세계 100대 핀테크 혁신 기업 국가별 분포 현황

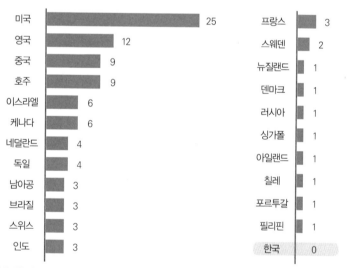

출처: KPMG, 2016

억 원 이상 보유해야 한다는 규정이 있다. 예탁규모_{하루 송금액 대비 은행에 예} 탁해야 하는 금액는 고객 지급요청 일평균 금액의 3배, 다시 말해 일평균 거래량이 5억 원이라면 15억 원을 금융감독원에 예탁해야 한다. 이제 막 사업을 시작하는 스타트업에 최소 30억~40억 원 이상을 갖추라는 것은 사실상 핀테크 업체에게 장사하지 말라는 소리와 같은 것이다.

벤처투자 시장에 대한 장벽도 만만치 않다. 특히 벤처투자는 창업 생태계의 핵심적인 역할을 해야 하지만 벤처캐피털 설립에도 높은 진입장벽이 있다. 예를 들어 대표적인 벤처캐피털으로 꼽히는 창업투자회사는 자본금 50억 원과 전문인력 2명 이상이라는 요건을 갖춰야 하고, 신기술 사업금융 회사 역시 최소자본금이 100억 원에 달한다. 미국, 영국 등 해외 금융선진국 대부분이 벤처캐피털 등록에 자본금이나 전문인력 요건을 규정하지 않는 것과 비교된다.

벤처투자 업종에 대한 규제도 까다롭다. 금융, 보험업, 부동산업 등의 업종에 대해서도 과도한 투자 제한으로 인해 관련 비즈니스를 준비하는 스타트업이 적기에 자금을 공급받지 못하고 있다. 예를 들어 부동산 서비스와 IT를 결합한 프롭테크_{Proptech, Property와 Technology의 합성어}는 새로운 사업 모델로 각광받고 있다. 하지만 프롭테크 기업에 대한 투자는 여전히 국내에서는 불가능해 부동산 서비스 선진화나 프롭테크 활성화에 걸림돌로 작용하고 있다.

3: 인프라 리모델링에 투자하자

산업화 시대의 유물인 아날로그형 인프라는 4차 산업혁명 시대에 걸맞게 새로운 리모델링 투자가 필요하다. 이제 미래형 국가로 도시와 국가 기반 인프라를 전면 리모델링해야 한다.

산업화 물결이 일자 우리나라는 빠른 추격자Fast Follower로서 2개의 인프라 투자로 국가의 미래를 열었다. 제철소 설립으로 '산업의 쌀'이라고 할 수 있는 철의 공급을 원활하게 했고, 원전 투자로 값싼 전기를 공급했다. 이 전략적 투자는 대한민국을 가난한 나라에서 제조업 강국으로 탈바꿈시키는 토대가 됐다.

그렇다면 4차 산업혁명에 맞는 인프라 투자는 무엇일까? '산업혁명 시대 석유'로 불리는 빅데이터 수집 인프라와 제조업 혁신을 위한 신기술 테스트베드이다. 더불어 눈앞에 닥친 자율주행차 인프라 구축도 시급하며 신규 창업자를 위한 창업 플랫폼의 리모델링도 필요하다.

1. 빅데이터 고속도로를 깔자

중국의 알리바바 창업자인 마윈은 "빅데이터는 21세기의 원유가 될 것"이라고 수차례 강조했다. 영국의 최고 경제지 〈이코노미스트〉 역시 "데이터가 과거 원유처럼 성장과 변화의 주역이 된다"고 예견한다.

왜 빅데이터일까? 과거 산업화 시대 원유는 정제 과정을 통해서 석유를 비롯해 각종 화학제품과 의약품까지 만들어낼 수 있는 최고의 재료였다. 마찬가지로 빅데이터는 4차 산업혁명 시대에 AI를 비롯해 각종 다양한 서비스를 만들어내는 기초 재료로 사용되기 때문이다.

예를 들어 알파고는 바둑 대국의 빅데이터를 제공하고 학습시킨 결과물이다. IBM의 왓슨도 의료 빅데이터를 기반으로 환자 상태와 비교해 의사들에게 병명 진단이나 치료법 등을 추천하는 일을 한다.

그 외에도 우리가 잘 알고 있는 '배달의 민족'이나 '여기어때' 같은 O2O 서비스 역시 빅데이터를 활용해 등장한 서비스다. 이처럼 방대한 양의 데이터를 수집해 관리하고 분석하면 무궁무진한 비즈니스 기회를 잡게 된다. 그럼에도 우리나라는 빅데이터의 불모지나 다름없다.

세계 3대 애널리스트로 꼽히는 톰 데이븐포트Tom Davenport 밥슨칼

리지Babson College 교수는 "한국은 빅데이터 금광인데 제대로 캐내지 못하는 것 같아 아쉽다"고 말하기까지 했다. 인터넷 보급률은 세계 최고이며 80%가 넘는 스마트폰 보급률, 지불 결제 중 절반 이상을 신용카드로 하는 나라이지만 빅데이터를 접목한 사업은 이제야 첫걸음을 뗀 상황이다.

그 원인으로는 강력한 개인정보보호법 규제가 꼽히고 있다. 우리나라의 개인정보보호법은 선진국은 물론, 전 세계 모든 나라와 비교해도 가장 강력한 수준이다. 특히 개인정보에 대한 높은 수준의 사전동의 규제는 스타트업이 데이터 기반 혁신 비즈니스를 시작하는 데 저해요인으로 꼽힌다. 개인정보 활용 목적, 기간, 제3자 제공 대상자에 대해 명시적 동의를 받도록 규제하고 있어 개인정보 수집에 어려움을 겪고 있다.

빅데이터 없이 출발하는 스타트업은 기반부터 취약하다. M&A 시장에서도 찬밥 대우를 받기 일쑤다. 4차 산업혁명의 선두주자로 꼽히는 한 글로벌 기업의 임원은 "빅데이터만 가지고 있어도 그 기업은 M&A 시장에서 주목을 받을 수 있다. 하지만 우리나라의 대부분 스타트업이 보유한 빅데이터 수준이 낮아 M&A 매력이 떨어진다"고 말했다.

이에 비해 선진국을 포함한 대다수 국가들은 '비식별 개인정보'에 대해서는 규제의 수위를 대폭 낮춰 빅데이터로 활용하기 용이하도록 조치했다. 이 때문에 지난 2016년 7월 우리나라는 관계부처 합동으로 '개인정보 비식별 조치 가이드라인'을 공개했지만 아직 법적 효력이 없는 참고자료여서 기업들의 개선 요구가 크다.

> **비식별 개인정보란?**
>
> 누구에 대한 정보인지를 확인할 수 없도록 조치한 개인정보를 말한다. 주민등록번호처럼 특정인을 구분할 수 있는 것을 제외한 데이터로 빅데이터의 원천이 되는 정보이다.

선진국에는 빅데이터를 조성하고 거래하는 시장이 활발하다. 당연히 스타트업부터 거대 기업까지 이를 활용한 비즈니스가 활발하고, 이를 통해 창출되는 일자리도 어마어마하다.

중국의 경우는 정부 주도로 빅데이터 시장 조성에 나섰다. 2014년부터 중국 지방정부가 참여한 7개의 빅데이터 거래소가 개설돼 민간 데이터 거래를 활발히 촉진시키고 있다.

미국의 경우는 특정 영역별로 데이터 시장이 발달됐다. 관련 데이터 거래소 수가 무려 650여 개이며 연매출 규모는 1,560억 달러약 174조 원로 추정된다. 그밖에도 BDEX 등 다수의 참여자가 거래할 수 있는 데이터 마켓 플레이스 형태의 시장도 있다.

반면 우리나라는 양과 질에서 모두 밀리고 있다. 이 때문에 먼저 개인정보보호법을 개정해 우선 비식별 개인정보부터 활용이 가능하도록 해야 한다. 하지만 이것만으로는 부족하다. 정부 주도의 빅데이터 시장 활성화 조치가 있어야 한다. 공공 데이터를 적극적으로 공개하는 것이다. 빅데이터 시장의 초기 단계에 정부가 데이터 공급자로 적극 나서는 것이다.

빅데이터의 양뿐만 아니라 질도 정부 차원에서 개선해야 한다. 현재 유통되는 데이터들이 제대로 활용되기 위해서는 이른바 데이터 클렌징 작업이 필요하다. 이른바 표준화된 가공 작업이다.

구글과 같은 대형 플랫폼 회사도 빅데이터 분석에서 80% 정도의 시간을 이 데이터 클린징에 쏟아붓는데 공공 데이터의 경우는 정부가 이 작업을 수행할수록 가치 활용도가 높아질 것이다. 빅데이터 활용이 활발해지면 빅데이터에 대한 이해도가 높아지고 활동도 무궁무진하게 진화할 수 있다.

나아가 글로벌 데이터가 거래되는 거래소를 우리나라에서 주도하는 것도 전략적으로 고려해볼 만하다. 주식과 선물이 한국거래소를 통해 거래되듯 최근에는 글로벌 가상화폐 거래소까지 등장하고 있다. 글로벌 데이터 거래소는 적법한 형태의 데이터가 대량으로 거래되는 글로벌 마켓이다. 이를 통해 빅데이터 경제체제로 전환하고 관련 산업의 고용 효과를 극대화하는 것도 기대해본다.

2. 전국에 테스트베드를 만들자

4차 산업혁명 시대 제조업 혁신을 위한 테스트베드는 반드시 필요하다. 테스트베드는 한마디로 스마트 팩토리 실현을 위한 핵심기술 검증용 실험공장이다. 스마트 팩토리 공급 산업과 수요 산업을 연결하는 교량과도 같은 역할을 한다.

테스트베드는 제조업 혁신을 위한 연결고리다. 우리나라 대기업의 경우 자금과 기술력을 바탕으로 4차 산업혁명에 맞는 자체 테스트베드를 운영하지만 중소·중견기업의 경우 사실상 어려운 게 현실이다.

테스트베드의 용도는 크게 3가지다. 기술검증, 교육, 제조 데이터 축적이다. 4차 산업혁명에 맞는 적층 제조기술3D프린터을 비롯해 AR, 보안 등 모든 분야를 체크해볼 수 있고, 이를 통해 관련 직무교육을 자연스럽게 성취할 수 있다. 특히 산업화 시대 테스트베드와 다른 점은 테스트베드를 통해 제조 데이터를 축적할 수 있고 이를 공유할 수 있다는 점이다.

현재 우리나라 제조업에서는 자체 데이터를 축적하기도 힘들고, 설사 데이터를 모은다 하더라도 이를 공유할 리가 만무한 상황이다. 하지만 테스트베드에서 발생하는 모든 데이터는 공유가 가능하고 이를 통해 새로운 비즈니스 창출도 가능하다.

물론 스마트 팩토리 확산에 대한 우려의 시각도 있다. 지금도 공장

자동화율이 높은데 스마트 팩토리로 전환하면 단기적으로 일자리가 줄어들 것이라는 우려다. 하지만 최적화를 통한 생산성 향상과 효율 증대라는 긍정적인 측면이 더 크다.

생산 현장 없이는 성장도 일자리도 없다. 공장이 사라진다면 제조업에서 무슨 일자리가 늘어날 것인가? 특히 우리나라는 생산단가가 지속적으로 상승해, 제조의 효율성을 이루지 못하면 경쟁력을 상실할 가능성이 크다.

이미 우리나라 제조업은 산업의 자동화가 다른 선진국에 비해 훨씬 높다. 따라서 자동화된 기존 제조업이 스마트 팩토리로 변신한다 해도 일자리 감소는 그다지 크지 않다.

오히려 스마트 팩토리로의 변신으로 경쟁력을 확보하는 게 더 중요하다. 양질의 일자리와 새로운 부가가치를 창출할 수 있는 스마트 팩토리를 확산하고 지속 가능한 정책으로 추진하기 위해서는 중소기업이 벤치마킹할 수 있는 테스트베드도 구축해야 한다.

테스트베드를 통한 스마트 팩토리 활성화는 해외로 나갔던 공장들이 돌아오기 좋게 하기 위한 유인책이기도 하다. 싱가포르의 고급재생산기술센터 ARTCAdvanced Remanufacturing & Technology Center가 대표적이다. 이곳은 로봇, IoT, 3D프린팅 등을 활용한 제조 기술을 개발하는 곳이다. 스마트 팩토리의 방향을 제시하고 관련 솔루션·장비들의 테스트베드로써 최고 수준의 스마트 제조 기술이 집약된 미래형 공장 모델이다. 대기업과 장비·솔루션 공급 기업, 중소기업이 멤버십 형태로 함께 참여해 스마트 팩토리, 공동 연구개발을 통해 제조혁신을 선도하고 있다.

유럽에서 시행 중인 테스트베드를 통한 스마트 팩토리 사업은 주목할 만하다. 2000년대 들어 유럽의 화학 산업은 기존 대량 생산 방식을 고수할 경우 아시아 기업과의 경쟁에서 뒤질 수밖에 없다고 판단해 2009년부터 유럽의 25개 화학·제약 기업들이 중·소량 맞춤, 유연 생산에 최적화된 스마트 팩토리 구축을 위해 'F3 팩토리 컨소시엄'을 구성했다. 이를 위해 7개의 테스트베드를 만들고 총 4,800만 유로약 627억 원를 지원했다. 2020년까지 예산이 추가 지원될 예정이다.

독일은 개별적으로 구체적인 테스트베드를 활용했다. 제조혁신 국책사업인 인더스트리 4.0의 일환으로 스마트 팩토리에 총력을 기울이며 대·중·소기업별로 특화된 총 3개의 테스트베드를 가동했다.

자동차 부품 소기업은 5축 드릴머신 설치·사용을 위한 테스트베드, 자동차부품 중기업은 설비이상·불량감지 테스트베드, 자동차 조립 대기업은 용접설비 예방보수·고장대처 시뮬레이션을 해볼 수 있는 테스트베드를 구축했다.

3. 자율주행차 시범도시를 만들자

자동차 산업은 4차 산업혁명을 거치며 대전환기를 맞게 된다. 연료가 석유에서 전기로 바뀌고 운전사가 필요 없는 자율주행차 시대가 열리기 때문이다. 자동차 안전기술을 개발하는 모빌아이Mobileye의 암논 샤슈아 CEO는 "2021~2023년 정도면 4단계 또는 5단계 단계의 자율주행차가 상용화될 것"이라고 말했다. 불과 3~4년 후면 자율주행차가 쏟아지는 것이다.

글로벌 기업들이 치열하게 사활을 걸고 있는 시장이 바로 자율주행

미국 자동차기술학회(SAE)의 자율주행 기술 단계

구분	정의	내용
Level 0	비자동화	운전자는 속도와 방향을 계속 통제. 시스템은 주행에 전혀 영향을 주지 않음
Level 1	운전자 보조	운전자는 속도와 방향을 계속 통제. 시스템은 주행에 관한 다른 기능에 개입함
Level 2	부분 자동화	운전자는 적극적 주행에 개입하고 주변 상황을 주시. 시스템은 정해진 조건에서 차의 속도와 방향을 조절함
Level 3	조건부 자동화	운전자는 적극적 주행에 개입하거나 주변 상황을 항상 주시하지 않아도 되지만, 항상 직접주행을 통제할 준비를 해야 함. 시스템은 정해진 조건에 차의 속도와 방향을 조절하고, 기능 구현이 한계에 미치기 전에 운전자가 대응할 시간적 여유를 두고 운전자에게 적극적 운전을 이어나가도록 알림
Level 4	고도 자동화	운전자는 정해진 조건에서 운전에 개입하지 않음. 시스템은 정해진 조건에 모든 상황에서 차의 속도와 방향을 조절하는 적극적 주행
Level 5	완전 자동화	운전자는 모든 상황에 개입하지 않음. 시스템은 주행 중 모든 경우에 차의 속도와 방향을 통제하는 적극적 주행

차 산업이다. 토요타, 메르세데스벤츠, BMW, 포드 등 생존이 걸린 글로벌 자동차 기업들뿐만 아니라 전기차 업체인 테슬라, 플랫폼 기업인 구글과 중국의 바이두, 스마트폰 제조업체인 애플, 심지어 공유서비스 업체인 우버까지 쟁쟁한 기업들이 자율주행차 시장에 총력전을 펼치고 있다. 자율주행차는 내연기관이 사라지기 때문에 관련 부품업체에 미치는 영향이 엄청나다. 기존 내연기관 자동차의 총 부가가치 중 40~60%가 새로운 파트너에게 돌아갈 것이라는 전망이다.

문제는 이 자율주행차 산업을 우리가 절대 놓쳐서는 안 된다는 것이다. 부품 회사나 타이어, 전자기기까지 포함하면 우리나라 산업에서 자동차 산업이 차지하는 비중이 무려 30% 이상이라고 전문가들은 분석하고 있다. 이런 국가력 주요 산업이 새롭게 등장하는 자율주행차에 제대로 대응하지 못한다면 그 충격파는 실로 어마어마할 것이다.

문제는 우리나라의 준비 속도가 너무 늦다는 것이다. 이미 세계적인 자동차 완성업체는 IBM, MS 등 ICT 기업과 협력하거나 관련 기업을 인수하고 연구소를 설립하는 등 기술에 집중적으로 투자하고 있다. 델파이, 보쉬 등 부품 기업이나 구글, 애플 등 대형 ICT 기업 또한 자율주행차의 필수요소인 하드웨어 및 소프트웨어를 개발·시험하여 완성차업체와 협업 중이다.

구글, GM 등 글로벌 선도기업은 이르면 2020년에 완전 자율주행차 상용화를 목표로 하고 있으나 현대·기아차 등 국내 기업의 상용화 목표

시기는 이보다 한참 뒤진다. 한국산업기술평가관리원 산업기술수준조사에 따르면 최고 수준의 원천기술을 보유한 유럽과 우리나라는 1.4년 정도 격차가 있는 것으로 나타난다. 반면 원천기술 수준 2위인 일본과 3위 미국의 경우 유럽과 비교해 실질적으로는 차이가 없어 글로벌 경쟁에서 우리나라만 뒤쳐질 우려가 커지고 있다.

글로벌 완성차업체 자율주행 관련 동향

기업명	주요내용
GM (미국)	• 2016년 유명 자율주행 스타트업인 크루즈오토메이션 인수 • 차량 공유회사 리프트(Lyft) 인수 • IBM 왓슨 도입, 자사 플랫폼인 'On star go'로 데이터 수집/분석
포드 (미국)	• 2016년 이스라엘 영상 AI 스타트업 사이프스(SAIPS) 인수 • 2017년 AI 스타트업 아르고(Argo) 인수 및 해당 분야에 5년간 10억 달러 투자 계획 발표
BMW (독일)	• 2021년 자율주행차 'iNext' 양산을 목표로 인텔, 모빌아이, 중국 바이두 등과 기술/제조 협력 중
토요타 (일본)	• 2015년 구글 AI 로봇총괄인 제임스 커프너 박사 영입을 시작으로 해당 분야 전문가 확보 중 • AI/로봇 기술개발을 위한 TRI 설립 및 자율주행 특허출원(세계 1위) • 2016년 MS와 협업하여 빅데이터 분석만을 위한 자회사 설립
닛산 (일본)	• 자사 자동차부품 제조회사인 칼소닉칸세이 매각 대금으로 AI 기술개발에 투자, 인터넷 기업 DeNA와 협력하는 등 자율주행차 개발 본격화 • 2016년 MS와 자율주행차 플랫폼 협력 발표(최초의 MS-완성차 간 업무협력)
혼다 (일본)	• 2016년 혼다혁신연구소 개소를 시작으로 AI R&D 본격화 • 소프트뱅크와 AI 활용 협력 중
볼보 (스웨덴)	• 시각 AI 최고기업 엔비디아와의 협력을 통해 엔비디아의 AI 자율주행 플랫폼 Drive PX-2를 자사 자동차에 탑재하기 위한 기술개발 중
FCA (영국)	• 구글과 OS/자율주행차 등에 관한 포괄적 협력 체결
상하이기차 (중국)	• 알리바바와 차량용 인포테인먼트(인포메이션+엔터테인먼트) 및 OS 협력

출처: 유진투자증권, 2017

세부적으로 들어가면 더 암울하다. 국내 자율주행차에 달린 위치인식 장치, 눈 역할을 하는 카메라 등 핵심 부품은 거의 외국산이다. 미국의 엔비디아, 이스라엘의 모빌아이 등과 경쟁하기엔 하드웨어 분야에선 이미 너무 격차가 크다는 지적이다.

자율주행 기술 소프트웨어가 그나마 해볼 만한 분야라는 분석이다. 그러기 위해서는 실험 데이터를 꾸준히 축적해야 한다. 미국 테슬라는 이미 21억 km 이상의 자율주행 기록을 갖고 있다. 포드는 미국 미시간주, GM은 뉴욕, 우버는 펜실베이니아주에 각각 자율주행 시범장소를 조성했다.

우리도 뒤늦게 2018년 하반기 경기도 화성시에 자율주행차를 위한 가상 도시인 32만 m²11만 평 규모의 'K-시티'가 들어서지만 아직 미흡하다는 지적이다. 과감한 발상의 전환이 필요하다는 조언도 있다. 새만금과 같은 광활한 공간을 자율주행 시범도시로 정하고 국가적으로 나서야 한다는 것이다.

4. 창업 플랫폼 공유 시스템을 만들자

청년들의 4.7%만이 창업에 도전하는 우리나라

4차 산업혁명 시대에는 창업을 통한 새로운 일자리 창출이 매우 중요하다. 반면 우리나라는 정반대로 창업의 열기가 매우 낮다. 국제 연구기관인 '글로벌 기업가정신 모니터GEM, Global Entrepreneurship Monitor'의 2016~2017년 보고서를 보면 우리나라의 초기 창업활동 비율은 6.7%로 조사 대상국 64개 중 52위로 하위권에 머물렀다. 초기 창업활동 비율은 창업한 지 3년 6개월이 안 된 기업의 비율을 말한다.

청년 창업은 더 저조했다. 우리나라 15~24세 초기 창업활동 비율은 1.8%, 62위로 꼴찌 수준이었다. 25~34세는 4.7%였지만 순위는 62위로 역시 최하위권이다. 심지어 이마저도 대부분 생계형 서비스업에 몰렸다. 혁신적인 기술이나 아이디어를 기반에 둔 것이 아니라 취업난을 피해 창업한 것으로 해석되는 대목이다.

한때 우리나라에는 청년 창업을 키워야 한다는 목소리가 높았다. 이 때문에 이전 정부에서는 창조경제혁신센터도 만들고 각종 인프라를 늘려나갔다. 다만 인프라는 어느 정도 구색을 갖췄는데 이를 운용하는 것이 과거와 다를 바가 없다는 것이 문제이다.

3D프린터, 레이저 커터, CNC 등 고가의 장비가 있어도 고장이 무서워 제대로 못 쓰는 실정이다. 코디네이터가 행정직 공무원이다 보니 보수적으로 장비를 운영할 수밖에 없다. 창업지원금도 각 부처별로 나눠져 있어 비효율적으로 집행되고 있다.

여기에 창업에 필요한 각종 행정절차와 노하우를 전수해줄 만한 창업 전문가나 엑셀러레이터도 없어 창업 붐이 제대로 일어나지 않고 있다. 4차 산업혁명 대응과 ICT 산업 육성을 민간이 주도하고 정부가 보조하는 형태로 전환시켜야 한다.

세계 꼴찌 수준인 한국의 소프트웨어 분야 교육

4차 산업혁명의 필수 창업지식인 소프트웨어 분야 교육은 낙제점 수준이다. 한국직업능력개발원이 4차 산업혁명 핵심인 소프트웨어 경쟁력을 비교했더니 OECD 국가 중 우리나라의 순위는 찾을 수 없었다.

미국과 독일은 정부와 대학, 기업이 연계해 창업할 수 있는 토양분을 제공하고 있다. 미국 실리콘밸리에 있는 테크숍과 독일의 BMW가 대표적인 사례다. 테크숍은 고가 장비를 무료로 제공해 창업 희망자들이 아이디어만 있으면 100분의 1 가격으로 물건을 만들어볼 수 있도록 하고 있다. 이를 통해 창업 실패 확률을 줄여주고 있다. 독일의 BMW도 뮌헨공대, 연구소와 연계해 창업 인재를 육성하고 있다.

4차 산업혁명은 디지털 세계에 남긴 수많은 족적을 없애주는 디지털 장의사를 비롯해 IoT 전문가, 빅데이터 전문가, 드론 조종사, AI 전문가 등 고숙련 신생 직업을 출현하게 만든다. 이들이 새로운 창업에 도전할 수 있도록 기업과 국가, 정부 투자기관이 보유하고 있는 다양한 창업 플랫폼을 공유할 수 있도록 해야 한다.

한국판 메이커스 운동을 일으키자

미국은 수년 전 '메이커스 운동Makers Movement'을 일으켰다. 여기서 메이커란 공유 제조 플랫폼을 바탕으로 제품이나 서비스를 스스로 창작·개발하는 사람들을 말한다.

미국은 킥스타터Kick Starter 같은 크라우드펀딩 장치, 해커스페이스 Hackerspace 같은 공유 제조공간을 바탕으로 창업 희망자들이 마음대로 시설을 활용해 제품을 생산할 수 있도록 하고 있다.

우리 정부도 메이커스 운동을 통해 새로운 일자리와 산업이 생겨날 수 있도록 해야 한다. 중국도 '중국제조 2025' 정책을 통해 제조시설 플랫폼을 만들어 아이디어만 있으면 누구나 원하는 제품을 만들고 팔 수 있도록 지원하고 있다. 특히 부품과 설비를 모듈화·표준화해서 호환성을 키우고 있다.

중국 선전의 창업 인큐베이팅 시스템인 시드 스튜디오Seeed Studio는 특별하다. 이곳에서는 아이디어만 가지고 오면 각종 형식의 서비스와 인재들을 찾아서 어떤 시제품이든 완성할 수 있도록 도와준다. 전 직원의 평균 연령은 26세로 외국에서 석·박사학위를 받은 인력도 수두룩하다. 이들이 제품 개발, 생산, 유통, 투자자 소개까지 모든 서비스를 제공하고 있다. 메이커스 운동은 진로를 스스로 결정하고 직업 또한 스스로 만들어내는 세상을 만드는 기폭제가 될 것이다.

미국 매사추세츠공대의 팹랩Fab Lab, 독일 뮌헨공대의 메이커 스페이스Maker Space도 누구나 원하는 제품을 만들어 사업화할 수 있는 아이디어 실현 공간으로 학생들을 창업역군으로 만드는 역할을 한다. 팹랩은 메이커스 운동의 인프라 역할을 한다. 팹랩이란 제작실험실Fabrication Laboratory이란 뜻으로 3D프린터, 디지털 기기와 같은 실험생산 장비를 구비해 기술적 아이디어를 실험하고 실제로 생산해보는 공작소를 말한다. 팹랩은 공공도서관처럼 누구나 멤버십에 가입하면 3D프린터 같은 최신 디지털 장비를 이용할 수 있다. 우리나라에도 126개의 팹랩이 구축되어 있다.

팹랩의 시초는 MIT 미디어랩이다. 2001년 미국 보스턴 매사추세츠 공대 주변의 빈곤층과 인도의 작은 마을을 상대로 한 상생 프로젝트, 이른바 아웃리치Outreach 프로그램의 일환으로 출발했다. 누구나 아이디어만 있으면 큰 비용을 들이지 않고 시제품을 만들 수 있는 창업 준비공간으로 각광을 받고 있다.

《메이커스Makers》의 저자 크리스 앤더슨은 "3D프린팅을 중심으로 디지털 제조 기술에 힘입어 메이커들의 시대가 열리고 있다"며 "메이커를 새로운 산업혁명을 주도할 세대로 육성해야 한다"고 주장한다.

이 같은 메이커스 운동은 대형 점포에서 판매되는 대량 생산 상품이 아닌 고객의 개성을 살린 소량의 맞춤형 제품 생산 시대로 세상을 바꿔놓게 된다. 4차 산업혁명 시대의 화두는 소품종 대량 생산이 아닌 다품종 소량 생산 시대이기 때문이다.

3I: 인재양성에 전력투구하자

인재양성은 노동 시장에 투입되는 취업준비생만을 뜻하는 것은 아니다. 위로는 기존 사업장에서 근무 중인 근로자와 은퇴를 앞둔 인력, 아래로는 모든 공교육을 받는 미래의 근로자를 포함한다.

4차 산업혁명의 충격은 전 국민에게 영향을 미치기 때문에 전국을 대상으로 새로운 교육이 시작돼야 한다. 빠르게 변화하는 기술을 이해하고 새롭게 등장하는 제품과 서비스를 지혜롭게 이용하려면 전 국민이 새롭게 공부해야 한다. 변화의 속도가 빠르기 때문에 국가는 전 국민 평생교육 시스템을 구축해 전 국민의 역량 강화를 통해 국가의 수준을 끌어올려야 한다.

이런 점에서 산업화 시대가 만들어준 초·중·고, 대학의 교육 시스템이 현실성 있는 것인지, 사회와 직장인들이 받고 있는 교육에 대해 어떤 변화와 혁신이 필요한지 고민을 시작해야 한다. 나아가 변화의 물결에 맞춰 현재의 교육 체계와 학습 내용을 전면적으로 개편해야 한다.

1. 근로자 리트레이닝 펀드를 도입하자

노사 갈등을 멈추고 미래 학습을 시작하자

4차 산업혁명의 충격이 오고 있는 지금, 노사는 대립과 갈등을 멈춰야 한다. 기업은 회사 자체가 사라질지 모르는 위기감 속에 생존을 걱정해야 한다. 근로자 또한 하루아침에 내 일자리가 사라질 수 있다는 위기의식을 가져야 한다.

다가오는 위기를 어떻게 극복할 것인가? 노사가 함께 살아남을 수 있는 해법을 찾아야 한다. 그 해법이 바로 근로자 재교육을 위한 '리트레이닝 펀드Retraining Fund'의 도입이다.

1980년대 초 '토요타 웨이'로 생산성 혁신을 일으킨 일본 자동차 회사들이 미국을 공습했다. 일본 자동차의 공격에 미국 자동차 산업이 흔들렸다. 이때 노사가 손잡고 힘을 합쳐 만든 것이 바로 리트레이닝 펀드였다. 일본 자동차의 경쟁력을 분석하고 직원들을 재교육시켜 자동차 산업의 경쟁력을 키웠다. 동시에 경쟁력을 상실한 직원들을 재교육시켜 새로운 일자리를 찾아 나서도록 독려했다.

1982년 포드와 미국자동차 항공우주·농업기계·노조UAW, United Automobile, Aerospace and Agricultural Workers of America가 합동으로 만든 UAW-Ford 교육훈련 개발 프로그램이 대표적인 노사 재교육 펀드다. 기업과 노조가 직원 재교육 기금을 마련해 일과 후 새로운 교육훈련을 받았다. 펀드 조성을 위해 회사가 시간당 5센트를 지원했다. 이 결과 수천 명의 근로자가 새로운 일자리를 얻을 수 있었다. 이후 GM과 크라이슬러도 유사한 프로그램으로 직원들을 재무장시켰다. 당시 포드의 경우 기금이 매년 약 1,000만 달러, GM은 약 4,000만 달러가 조성됐다.

교육훈련 계약에는 고용 안정과 개인 발전이 이뤄질 수 있도록 개인 또는 집단 교육, 자기계발, 기술 역량 강화 등이 포함됐다. 특히 새로운 기술의 등장, 고객의 기호 변화로 근로자의 직무 재배치가 요구될 때 회사가 노조와 협의해 직원 재교육에 나설 것을 의무화했다.

노조의 벤치마킹도 이어졌다. 1986년에는 전미 통신근로자회CWA, Communications Workers of America와 국제친선 전기근로자회IBEW, International Brotherhood of Electrical Workers가 포드 모델을 벤치마킹해 AT&T와 함께 근로자성장개발연합Alliance for Employee Growth and Development을 조직해 근로자 재교육에 나섰다.

재교육이 직원역량 향상의 열쇠다

4차 산업혁명 시대 86%의 근로자들은 직무의 20%가 바뀌는 변화를 맞게 된다. 이제 로봇과의 협업이 이뤄지고 빅데이터를 분석해 업무를 처리해야 한다. IoT 기기가 고장나면 고쳐야 한다.

하지만 4차 산업혁명 기술은 우리에게 낯선 것들이기 때문에 배경지식이 없으면 이용하기 힘들고 응용할 수도 없다. 전 국민 재교육이 필요한 이유다. 그럼에도 기업은 직원 재교육을 불필요한 비용으로 생각하는 곳이 많고 교육훈련에 지출하는 예산은 턱없이 부족한 실정이다.

근로자들도 마찬가지다. 스스로의 경쟁력 향상과 생존을 위해 쉼 없는 기술교육과 학습이 필요하지만 교육훈련을 귀찮고 불필요한 절차로 받아들이는 경우가 허다하다. 당연히 교육 참여율도 떨어진다.

독일의 직원 재교육에서 배우자

우리는 독일 기업들의 사례를 벤치마킹해야 한다. 독일은 4차 산업혁명이 미칠 파급력을 미리 진단하고 '근로자 재교육 프로그램'을 도입해 인더스트리 4.0을 성공시켰다.

베를린과 뮌헨에 본사를 두고 있는 지멘스Simens AG는 전동화, 자동화, 전산화 분야의 세계적인 선도 기업이다. 그들은 4차 산업혁명 시대 관련 직무능력을 분석하고 면밀히 조사한 결과 근로자들의 직무가 크게 달라질 것을 예상했다. 예를 들어 전기기사와 관련한 직무는 향후

60%만 기존 직무를 수행하고 나머지 20%는 기계기사, 나머지 20%는 IT 전문가로 변할 것이라는 조사 결과가 나왔다. 이에 지멘스는 직업교육 과정으로 직원들에게 3D프린팅과 로봇공학을 배우게 했다.

지멘스뿐만 아니라 대부분의 독일 기업들은 직원 재교육을 위해 노조 설득에 나섰다. 그리고 노사가 협력해 재교육훈련 프로그램을 만들었다. 이를 위해 다음의 과정을 거쳤다.

- 1단계: 고객과 사업동향 분석을 통한 기술 변화 조기 파악
- 2단계: 기업 각 부서에 미칠 영향 조사
- 3단계: 근로자와 부서에 맞는 구체적인 직무능력과 숙련 요구사항 도출
- 4단계: 직무능력 향상을 위한 교육훈련 프로그램 개발 등

보쉬, 신기술 체험으로 위기감을 일깨우다

보쉬의 사례도 흥미롭다. 보쉬는 기술의 진보로 자신의 일자리가 사라질 수 있다는 사실을 직원들이 알도록 위기감을 일깨워야 했다. 보쉬의 근로자평의회는 직원들에게 인더스트리 4.0을 이해시키면서 직원들의 막연한 두려움을 없애기 위해 독특한 체험 프로그램을 도입했다. 구내식당에서 쓰는 접시에 무선 주파수칩RFID을 부착해 접시가 카운터 위를 지나가면 자동으로 인식해 현금을 내지 않아도 자동 결제되는 시

스템을 도입한 것이다.

식당에서 식판을 들고 기다리는 시간이 줄어들고 점심 휴식시간이 늘어나는 혜택으로 돌아왔다. 이렇게 기술 진보를 자연스럽게 받아들이도록 하면서 동시에 위기감을 자연스럽게 느끼도록 한 것이다. 그 결과 직원들이 자발적으로 재교육에 동참했다.

또 나이든 직원들이 신기술을 습득하는 데 겪는 어려움을 해소하기 위해 기술을 잘 사용하는 젊은이들과 한 팀을 이루는 '복합연령팀'을 구성했다. 젊은 근로자는 신기술을 공유하고, 나이 든 근로자는 경험을 전수하는 상호 보완적인 교육 시스템이다.

2. 폴리텍대학을 교육혁신 기지로 만들자

우리나라의 교육은 4차 산업혁명에 맞는 성공 모델이 필요하다. 4차 산업혁명에 맞는 기술을 습득할 유연한 교육 시스템이 필요하지만 현재 우리나라의 대학 교육은 그 속도를 따라가지 못하고 있다.

2015년 중앙대가 '학사구조 선진화 계획안'을 의욕적으로 발표했다가 호된 후폭풍을 맞은 것이 대표적인 사례다. 당시 중앙대는 학과제를 폐지하고 단과대 단위로 신입생을 뽑는 학사구조 개편안을 발표했다. 현실과 동떨어진 대학 교육을 개혁해 융·복합 인재를 양성하겠다는 명

분이었다. 그리고 전공의 편성 및 운영 권한이 각 학과에서 단과대로 넘어가 전공의 개설·폐지·통합이 훨씬 쉬워진다. 하지만 재학생과 교수의 반대에 막혀 2016학년도 정시모집에 한해서만 모집단위를 학과에서 단과대로 광역화하는 방안을 시행했다.

폴리텍대학부터 바꾸자

대한민국의 대학 교육을 바꾸는 것은 하늘의 별 따기만큼 어려운 일이다. 교육부가 있고 대학이 있고 교수가 있고 학부모, 학생, 관련 교육기관 등 복잡한 이해관계가 얽혀 있어 교육 혁신을 끌어내는 데 많은 한계가 있기 때문이다.

하지만 많은 사람들이 교육 혁신에 대한 필요성에 공감하고 있다. 그렇다면 어떻게 해야 할까? 대학 교육을 바꾸지 못한다면 우리나라의 대표적인 직업교육대학인 폴리텍대학부터 바꿔야 한다. 고용노동부 산하의 국책 특수대학인 점을 고려해 4차 산업혁명을 선도할 인재육성기관으로 탈바꿈시켜야 한다.

직장인이나 일반인 할 것 없이 대학 졸업생이나 대학 재학생 등 누구든지 기술인을 꿈꾸는 사람이라면 폴리텍대학에서 직업교육훈련을 받을 수 있도록 문호를 더 개방하고 확대해야 한다. 특히 기업이 필요로 하는 전문인력 양성을 위해 산학협력을 장려해 기업 맞춤형 교육훈련이 왕성하게 일어날 수 있도록 4차 산업혁명 인재 양성을 위한 전진기지 역할을 할 수 있어야 한다.

또한 석·박사 학위가 없는 산업계의 전문 실력자들이 대학 교수로 위촉될 수 있도록 해야 한다. 이론만 아는 대학 교수 중심에서 실무와 이론에 정통한 실무 전문가 중심으로 산학겸임교수 제도를 대폭 확대해야 한다. 또한 직업교육을 강화해 젊은이들이 인생 역전의 기회를 잡고 청년들이 성공의 사다리를 탈 수 있도록 해 창업의 문턱을 낮춰야 한다.

3. 새로운 D.N.A. 인재를 키우자

D.N.A. 인재가 미래 성장 산업을 이끈다

그렇다면 4차 산업혁명 시대에는 어떤 인재 육성에 초점을 맞춰야 할까? D.N.A. 인재를 집중 육성해야 한다. 빅데이터를 분석하는 전문가Data Mining, 초산업을 연결·네트워킹하는 융합인재Networking, 소프트웨어를 설계하는 알고리즘 전문가Algorithm가 바로 D.N.A 인재다. 이들 분야 종사자들이 우리나라를 먹여 살릴 미래 산업을 만들어준다. 그럼에도 필요한 인재가 절대 부족인 상태다. 당장 부족하면 해외에서라도 데려와야 한다. 중국은 1,000명의 유학파를 중국으로 불러들이는 '천인계획千人計劃 프로젝트'를 가동 중이다. 인재 확보 경쟁에서 뒤처지면 승자가 될 수 없다.

중국의 '인재굴기'를 벤치마킹하자

중국은 현재 전 세계의 핵심 인재를 빨아들이는 블랙홀이다. AI와 빅데이터 등 4차 산업 분야의 핵심 인재 모시기에 혈안이다. 4차 산업 혁명의 패권을 노리고 국적, 인종을 가리지 않고 있다.

"천하의 모든 인재를 뽑아 내 사람으로 쓰겠다."

시진핑 중국 국가주석도 연일 기술대국을 위해 '인재 굴기'에 나설 것을 독려하고 있다. 해외 고급 두뇌의 영입, 창업을 통한 기업 육성의 '투 트랙' 전략으로 중국의 미래를 만들어가고 있다.

4차 산업혁명에서 경쟁은 곧 '인재 전쟁'이다. 중국은 글로벌 인재를 유치함과 동시에 미국과 유럽 등 해외에서 유학한 자국의 인재들이 고국으로 돌아와 창업하는 것을 정책적으로 지원하고 있다. 해외 유학파들이 유턴을 하면 중국판 실리콘밸리라고 일컬어지는 중관춘中關村 창업센터에 무료로 숙소를 제공한다. 창업 지원비와 초기 사업비 지원은 물론 감세 혜택에 이르기까지 전폭적으로 지원한다.

홍콩 〈사우스차이나모닝포스트〉는 중국 정부 자료를 인용해 2016년 해외에서 공부한 중국인 유학생 중 82%인 43만 명이 귀국했다고 보도했다. 10년 전 외국으로 유학을 떠난 학생 3명 중 1명 꼴로 귀국한 것과 비교하면 2.4배나 증가한 것이다. 이른바 해외에서 본국으로 회귀하는 '하이구이海歸' 열풍이 불고 있는 것이다. 정부 차원의 전폭적 지원이 '4 차 산업혁명=성공의 지름길'이라는 방정식을 만들어내면서 인재들이 중국으로 회귀하고 있는 것이다. 이는 중국이 2008년부터 후한 보수와 파격적 지원으로 해외 고급 인재 유치 프로젝트인 '천인계획'을 지속적으로 추진한 덕분이라고 할 수 있다.

4. PBL로 학교 교육을 뒤집어라

4차 산업혁명 시대 이상적인 인재상으로 '스펙형 인간'이 아닌 집단 창조성을 이끌어낼 '협력하는 괴짜'가 꼽힌다. 그 '협력하는 괴짜'란 어떤 사람일까? 그리고 어떻게 육성하는 것일까?

그 답으로 떠오른 것이 바로 'PBL Project Based Learning, 프로젝트 중심 교육'이다. PBL은 종전의 강의법을 지양하고 문제를 해결해나가는 과정을 통해 학습이 이루어지도록 하는 방법이다.

이 모델은 1950년대 중반 캐나다의 한 의과대학에서 개발되었다. 학생들이 대학을 졸업한 후 의사가 되어 환자의 상태에 대해 정확한 진단을 내리기 위해 기본지식뿐만 아니라 가설을 세우고, 가설검토를 위한 자료 수집, 자료 분석, 자료 종합, 최종 진단과 처방 제시와 같은 복잡한 문제 해결을 위한 능력이 필요하기 때문에 도입한 교육 방식이었다.

우리나라 교육 역시 PBL 식으로 바꾸어 학습자가 스스로 문제를 해결할 수 있는 역량을 기르도록 지원해야 한다. PBL에서 교수는 튜터 Tutor 역할을 한다. 학습자들은 문제 인식→문제 파악→해결안 도출→해결안 평가의 과정을 거쳐 문제를 해결한다. 학습자는 주체가 되어 실제 또는 가상의 문제를 다루며 해결책을 찾는다. 5~7명의 소그룹이 팀을 이뤄 배울 부분을 스스로 정하고 팀 내에서 역할 분담을 해서 자료 수집과 분석 등을 거쳐 솔루션을 발견한다.

이 과정에서 자기주도적 학습과 협동 학습이 자연스럽게 이뤄지게 된다. 전문가들은 PBL이 미래 교육의 대안이 될 수 있도록 사회적 합의를 이끌어내야 한다고 주장한다. 이를 통해 제도 개편, 교사들의 역량 강화, 입시제도 수정 등의 점진적인 혁신이 필요하다는 것이다.

PBL을 통한 인재 육성사례는 수두룩하다. 뉴질랜드 와나카초등학교Wanaka Primary School, 핀란드 실타마키초등학교Siltamäki Primary School 등이 대표적이다. 또한 학부모, 교사, 지역단체가 함께 위원회를 결성해 만든 일종의 대안학교인 실리콘밸리의 모건 힐 차터스쿨Charter School of Morgan Hill도 이 방식으로 인재 양성을 하고 있다. 참고로 뉴질랜드는 모든 학교에서 PBL 방식으로 교육을 진행하고 있다.

시험 보는 기계는 필요 없다

미래의 직업이 달라진다면 우리 아이들의 미래를 대비하기 위한 교육도 크게 달라져야 한다는 것은 상식이다. 다보스포럼으로 알려진 세계경제포럼은 "전 세계 7세 아이들의 65%는 성인이 되면 현재 존재하지 않는 직업을 가질 것이다"고 예견했다. 미래학자인 토머스 프레이는 "앞으로 15년 뒤에는 대학의 절반 정도가 문을 닫을 것"이라고 경고한다.

이는 엄청난 변화를 예상하는 것이다. 이 같은 변화가 맞다면 지금 아이들의 미래를 대비한 현재의 교육은 전면 개편되어야 한다. 미래의 일자리, 미래 생존 경쟁에 살아남을 교육으로 교과목이 바뀌어야 한다.

그럼에도 우리나라의 교육은 개발 시대, 산업 시대였던 수십 년 동안 거의 변한 것이 없다. 틀 그대로 표준화된 교육, 매뉴얼화된 교육, 정답을 찾는 교육이 학생들이 해야 할 중요한 공부 중의 하나다. 그러나 아직도 정해진 답을 맞히고 표준화된 시험에서 암기를 통해 높은 점수를 받을 것을 강요당하고 있다. 문제를 찾아 해결하고 창의적으로 문제를 해결하는 능력을 키우는 것이 아니라 그냥 '시험 잘 보는 기계'로 키우는 데 집중하고 있다.

이런 상황에서 유연하고 창의적인 사고능력, 생각하는 힘과 문제를 해결하는 능력, 협력적 소통 역량을 요구하는 4차 산업혁명 시대의 인재를 키워낼 수 있을까?

전 세계는 교육혁명 중이다

일본은 현재 교육혁명을 일으키고 있다. 우리의 수능과 비슷한 '대학 센터시험'을 2020년에 폐지하고 '대학입학공통시험'을 도입한다. 대학

센터시험은 지식 자체를 묻는 객관식 시험이었지만, 대학입학공통시험은 지식 활용 능력을 본다.

먼저 국어일본어와 수학 과목이 모두 논술형으로 출제된다. 시험을 본 후 지원한 대학에서는 논술, 에세이, 프레젠테이션 등 다양한 형태로 현대사회의 복합적 문제를 풀 수 있는 사고력과 문제 해결력을 평가한다. 모두 달라진 세상에 맞는 인재를 양성하기 위한 복안에서 나온 정책들이다.

일본 언론에서는 '교육유신'이라는 용어까지 등장했다. 저출산으로 생산 가능 인구가 줄어들고 산업과 고용구조가 급변하는 상황에서 지금의 교육으로는 미래의 인재를 기르기 어렵다는 절박함에서 시작된 변화다.

네덜란드의 스티브잡스스쿨Steve Jobs School과 미국의 칸랩스쿨Khan Lab School은 4~5세부터 12세까지의 어린이들이 모두 같은 반에서 태블릿PC를 통해 공부한다. 2013년 건립된 스티브잡스스쿨은 미래 초등학교의 모델로 유명하다.

학생들은 하루 중 가장 많은 시간을 개인학습에 쓴다. 개인학습이나 프로젝트가 끝나면 반으로 돌아와 30분간 노래나 토론, 게임 등의 그룹 활동을 한다. 오후 3시면 일과가 끝나지만 언제든 태블릿PC로 '가상학교'에 접속해 공부할 수 있다.

미국 뉴욕의 플랫아이언스쿨Flatiron School은 민간 직업교육기관이

출처: 플랫아이언스쿨

다. 15주 동안 컴퓨터 프로그래밍 과정을 PBL 방식으로 수업해 98%의 취업률을 자랑한다.

2014년 문을 연 미국의 미네르바스쿨Minerva Schools은 100% 온라인으로 수업을 진행한다. 모든 학생이 수업에 참여하도록 하기 위해서다. 자체 개발한 알고리즘이 모든 학생의 수업 참여 현황을 파악하며 토론 과정은 모두 녹화된다. 교수는 수업이 끝난 후 녹화자료를 반복해 보면서 학생을 정확하게 평가한다.

모든 것이 학생 중심인 것도 독특하다. 학생 중심의 교육이라고 불리는 플립 러닝Filpped Learning을 시현하고 있는데, '거꾸로 학습'이라고도 불린다. 이 교육 방식은 사전에 교수로부터 제공받은 온·오프라인 자료를 학습하고 강의실에서는 토론 및 과제를 해결하는 형태로 수업이 진행된다. 수업 커리큘럼도 교수 전공 위주로 짜이지 않도록 교수 1명과 학생 3명이 학업계획을 함께 세운다. 학비는 아이비리그 대학의 절반 수준이다. 다른 대학이 캠퍼스에 투자하는 대신 실제 교육 시스템에만 투자해 학비를 줄인 것이다.

글로벌 리더의 3가지 제언

1. 기본소득 도입을 검토하자

4차 산업혁명이 성숙기에 들면 '제4의 실업' 사태로 근로자가 위기를 맞게 된다. 글로벌 리더들은 벌써 근로자의 위기를 우려하는 목소리를 내고 있다. '기본소득'을 도입하지 않으면 안 된다는 주장이 있다.

4차 산업혁명 시대에는 필요에 따라 계약을 맺은 뒤 일하는 경우가 많아지면서 '긱 이코노미Gig Economy'가 도래할 것이다. 긱Gig이란 1920년대 공연장 주변에서 필요할 때마다 연주자를 구해 단기로 공연을 계약하는 것을 뜻하는 단어다. 정규직 근로자와는 다른 단기적 근무 형태를 띠는 임시직이다. 그러다보니 이들은 소득이 불안정하다. 디지털 플랫폼을 기반으로 필요한 노동력을 거래하는 '긱 이코노미'의 업태가 특히 그렇다. 공유 차량 호출, 음식 배달, 청소 같은 서비스를 제공하기 위해 단기 근로자들이 대규모로 투입되는데 회사 직원이 아니기 때문에 이익 공유는커녕 최소한의 보호장치도 없다.

긱 이코노미 근로자들은 독립계약자 또는 자영업자와 같은 법적 지위를 갖는다. 최저임금 또는 사회보험의 혜택을 받지 못한다. 보수는 회사로부터 받지만 건강보험·휴가·퇴직금도 없다. 워싱턴주 하원의원인 모니카 스토니에는 "육아 또는 학업과 일을 병행하기 위해 긱 이코노미를 선택한 근로자들은 생계를 유지하기도 빠듯해 집 장만이나 노후 대비는 엄두도 내지 못한다"고 말했다.

글로벌 리더들은 열악해지는 일자리 환경을 보완하는 장치로 보편적 기본소득Universal Basic Income을 도입해야 한다고 주장한다. 기본소득은 정부가 모든 개인에게 조건 없이 매월 일정한 금액을 지급하는 제도다. 근로 여부, 재산 규모, 연령 등을 따지지 않는다. 부족한 사회안전망을 채워준다는 점에서 '21세기 사회적 백신'으로도 불린다.

스페이스 엑스와 테슬라의 CEO 엘론 머스크는 "결국 보편적 기본소득을 도입하는 것 외에는 방법이 없다"고 단언했으며 페이스북의 창업자 마크 저커버그도 "누구나 새로운 일을 시도할 수 있는 안전장치를 제공하는 차원에서 보편적 기본소득을 검토해야 한다"고 밝혔다.

2. 사이버 보안, 국가안보로 챙겨라

세상이 네트워크로 연결되면 사이버 보안이 가장 중요한 과제로 대두된다. 개인과 기업, 국가의 중요 정보가 침해되지 않도록 국가는 사이버 보안 방안을 강구해야 한다.

중국은 '사이버 보안 굴기'에도 속도를 내고 있다. 제19차 중국 공산당 전국대표회의에서 시진핑 주석은 빈부격차·테러·전염병·기후변화 문제와 함께 사이버 보안의 중요성을 강조했다. 또한 2050년까지 중화민족을 부흥하고 중국을 세계 초강대국으로 만들기 위한 기본 요건으로 사이버 보안의 중요성을 역설했다.

UN은 "만일 3차 세계대전이 일어난다면 사이버전이 될 것"이라고 강조하며 각국이 사이버 위협 대응체계를 갖출 것을 촉구했다. 이에 중국 정부는 사이버 보안을 국가안보와 동일한 기준에 두고 정책을 세우고 투자 중이다. 시진핑 주석은 2014년 중국 사이버 보안을 총괄하는 기구인 '정보화 영도소조'를 신설해 직접 수장을 맡을 정도로 사이버 보안을 국가안보의 핵심으로 챙기고 있다.

3. 주3일 근무 도입을 고민하자

4차 산업혁명이 고도화되어 생산성이 늘어나면 세상이 어떻게 바뀔까? 삼성그룹에서 내놓은 미래 관련 보고서는 하루 3일만 일하고 4일 쉬는, 지금과는 완전히 다른 세상을 예견했다.

선진국에서도 생산성 증가에 따른 근로자의 업무 시간 감소가 가져다줄 미래에 대해 고민하기 시작했다. 실제 일본에서는 1주일에 4일만 일하는 '주3일 휴무제' 도입 기업이 급속히 늘어나고 있다.

〈니혼게이자이신문〉에 따르면 후생노동성 조사 결과 주당 3일 이상 휴무제도를 둔 기업은 전체 기업의 8%에 달한다. 대표적인 기업이 일본KFC홀딩스와 패스트리테일링이다.

KFC 점포를 운영하는 일본KFC홀딩스는 2016년부터 3일을 쉴 수 있는 '시간한정 사원' 제도를 도입했다. 의류 매장인 유니클로를 운영하는 패스트리테일링도 '주간 휴일 3일 선택제'를 시행 중이다. IT 기업인 야후도 같은 제도를 도입할 예정이다.

독일의 화학업체 바스프는 4차 산업혁명을 대비하기 위해 2009년 '근로시간조정부'라는 부서를 만들어 다양한 형태의 근무 형태를 실험하고 있다. 2013년까지는 루드비히샤펜 공장을 대상으로 자동화 공정에 가장 생산적인 근무 형태와 근로 시간이 무엇인지를 연구했고 이제는 AI와 함께 일할 시대를 대비하고 있다.

Part 5

일자리 위기 대응 전략

| 4차 산업혁명 시대 직업의 종말 |

제4의
실업

산업계의 대응 전략

산업계에 변화의 태풍 분다

4차 산업혁명이 '산업혁명'으로서 자리매김할지는 모르겠지만, 현재 기술의 발전 속도와 활용 범위를 볼 때 산업계와 노동 시장에 엄청난 변화를 몰고 올 것임은 충분히 예상할 수 있다.

세계 각국의 기업들은 기존 생산공정을 로봇과 AI, IoT, 빅데이터, VR·AR, 3D프린터 등의 첨단 기술과 접목하고 혁신해 스마트 팩토리화를 추진하고 있다. 또 IoT나 AI 등의 첨단 기술을 적용한 신제품을 하루가 멀다 하고 내놓고 있다. 수많은 스타트업은 온라인 플랫폼을 활용한 새로운 비즈니스 모델로 시장에 뛰어들고 있다. 전통적 기업 중에는 기존 사업 영역에 ICT 등의 첨단 기술을 접목해 새로운 서비스를 제공하는 사업 영역 확장의 사례도 빈번하다.

국가와 기업들은 4차 산업혁명이라는 기술 환경의 변혁기에 더욱 치열해지는 글로벌 시장에서 살아남기 위해 한 줌의 시간도 허비하지 않고 혁신에 운명을 걸고 있다. 이러한 국가와 기업들의 노력에는 차이를 둘 수 없지만, 기업 혹은 국가 간의 혁신 방향에는 차이가 있는 듯하다.

근로자 중심 작업장을 만들어야 한다

독일의 '인더스트리 4.0'과 '일Work 4.0'은 근로자 중심의 작업장을 추진한다는 특징이 있다. 근로자 중심의 작업장은 2가지 의미를 갖는다. 하나는 '인체공학적 작업장으로의 개선'이며 다른 하나는 '숙련기술자가 선도하는 생산혁신'이다.

인체공학적 작업장으로의 개선은 자동화 시스템 기술을 현장에 투입해 근로자들의 생산성을 높이는 동시에 육체적·정신적 부담을 경감시키는 작업장으로 환경을 개선하는 것이다. 독일의 아우디 공장은 근로자들이 웨어러블 로봇을 착용하고 작업하는 것을 실험 중이다. GM, 메르세데스벤츠, BMW, 포드 등의 자동차 제조공장에서는 협업 로봇인 '코봇Co-bot'을 사용하기 시작하였다.

숙련기술자가 선도하는 생산 혁신은 디지털화로 유연한 생산 체계를 갖춘 스마트 팩토리로 전환하는 동시에 작업자의 숙련된 기술을 최대한 발휘할 수 있는 시스템으로 진화시키는 전략이다.

돌발 상황에서의 높은 대처 능력이 중요하다

독일에서는 기술 중심적 작업조직에 대한 회의적 시각이 대두되면서 노동 중심적 작업조직이 주목받고 있다. 노동 중심적 작업조직은 작업자의 자율성과 숙련에 의존하는 조직으로 이를 통해 인더스트리 4.0의 스마트 팩토리의 생산성을 기술 중심적 작업조직 대비 더욱 높일 수 있다고 한다. 복합적인 디지털 기술이 서로 융합되고 연결되면 이론적 지식과 함께 경험적 지식의 중요성도 높아진다는 것이다.

스마트 팩토리에서는 예측되지 않은 사고가 일어날 확률이 낮을 수 있지만 한 번 사고가 발생하면 그 손실은 엄청나게 크기 때문에 숙련기술자의 신속한 판단과 조치가 더욱 중요하다. 예측할 수 없는 돌발 상황은 미리 정해진 매뉴얼로 해결될 수 없는 것이어서 숙련기술자의 평소 노하우의 축적과 학습이 중요한 요소가 된다고 한다.

실제로 현재 독일 내 작업자들의 71%가 이러한 기술의 복잡성과 계획되지 않은 돌발 상황에 대처하는 능력을 요구받고 있으며, 이는 앞으로 디지털화가 진전될수록 더욱 중요한 요소가 될 것으로 보고 있다.

그러나 우리나라의 경우 스마트 팩토리화에 대한 추진 의지는 확고하지만, 4차 산업혁명 시대의 산업 현장을 어떤 방향으로 이끌 것인가에 대한 논의는 아직 활발하지 않은 것 같다.

기계보다 숙련기술자를 키워라

기업의 존재 목적은 이익 창출과 지속 가능한 존립이다. 기업에서 이러한 2가지 목표를 달성할 수 있는 방법은 4차 산업혁명 기술을 적극 활용해 공정혁신, 신제품 개발, 사업 영역 확대 등을 추진하는 것인데 이들 혁신은 결국 숙련기술자들이 이끈다는 점을 명심할 필요가 있다. 산업 현장에서 사람을 내쫓고 기계로 채운다면 더 나은 혁신을 기대할 수 없기 때문이다.

4차 산업혁명이 사회적 화두가 되면서 성인 근로자부터 청소년에 이르기까지 4차 산업혁명으로 인해 일자리가 얼마나 감소할지에 대한 우려의 목소리가 들리고, 어떤 직업이 유망하고 쇠퇴할지 그리고 무엇을 준비해야 하는지에 대해 문의가 넘쳐나고 있다.

현대 자본주의 사회에서 기업은 영리를 목적으로 하지만, 한 사회의 경제를 지탱하고 사회를 지속하게 하는 근원이기도 하다. 그 만큼 사회적 책임 또한 무겁다. 기업들은 4차 산업혁명 대응 전략을 어떻게 수립해야 할까?

시장을 넓히고 글로벌 경쟁력을 키워라

먼저 4차 산업혁명 기술을 도입해 공정의 혁신과 신제품 개발을 통해 경쟁력을 높이고, 기존 기술과 새로운 기술을 융합해 새로운 사업 영역을 발굴해 선도해나가야 한다. 이를 통해 새로운 시장을 넓히고 글로벌 경쟁력을 높여야 한다. 이것은 기업의 경영 목표인 동시에 기업만이 할 수 있는, 일자리 창출을 위한 가장 기본적 전략이다.

직원 재교육과 인재양성에 힘써라

둘째, 4차 산업혁명에 대응하고 선도하기 위한 열쇠는 로봇이 아니라 사람, 즉 숙련기술자라는 점을 명심하고 오랜 노하우와 기술을 갖춘 숙련기술자들이 기술 및 환경 변화에 적응해 혁신을 선도하도록 이들에 대한 재교육과 신규 인재 양성에 산업계가 적극 나서야 한다.

그리고 공정 및 제품의 혁신을 추진하는 동시에 변화에 요구되는 직무와 역량이 무엇인지를 선제적으로 분석해 종업원들을 준비시켜야 한다. 새로운 과업을 수행하는 데 필요한 역량이 무엇이고, 역량을 개발할 프로그램은 어떻게 구성되어야 하는지, 종업원들은 교육훈련을 받을 준비가 되어 있는지, 효과적으로 역량 개발을 하려면 어떤 준비가 필요한지를 분석해 준비할 필요가 있다.

그리고 새롭게 필요한 직무분석을 바탕으로 교육훈련 프로그램을 개발해야 한다. 종업원들이 급속히 발전하는 4차 산업혁명 기술을 선제적으로 습득하고 현장에 적용할 수 있도록 교육훈련 프로그램은 단기과정으로 개발하고, 교육훈련 내용을 현장에서 확인하고 컨설팅받는 시스템을 구축하는 것도 바람직하다.

마지막으로 근로자들이 교육훈련 기회를 더 많이 갖도록 해야 한다.

종업원들이 근로 생활 중에도 쉽게 교육훈련을 받을 수 있도록 근로 시간을 유연화하고, 모바일이나 디지털미디어, AR 등을 활용한 첨단 교육훈련 기법과 자체 교육훈련 플랫폼을 개발해 활용해야 한다.

노사가 함께 4차 산업혁명을 선도하라

노사가 함께해야 공장자동화 등 4차 산업혁명의 추진이 성공할 수 있음을 서로가 이해하도록 적극 노력해야 한다. 소속 임직원을 비롯해 외주업체 임직원에게 자사가 추진하는 스마트 팩토리, 디지털화 등 4차 산업혁명 관련 사업 추진 현황 및 관련 이해를 높이는 교육을 실시할 필요가 있다.

또한 근로자들에게 4차 산업혁명에 동참해 지식근로자로 전환될 수 있다는 직업 비전을 제시하는 것도 중요하다. 4차 산업혁명의 성공은 근로자의 동참에 있으므로 그에 대한 이익이 무엇인지를 근로자에게 명확히 인식시켜야 한다.

기술 환경 변화에 적극 대처하라

조직이 기술 환경 변화에 능동적이고 유연하게 대처할 수 있도록 근무 장소와 근로 시간, 채용, 교육훈련 등 조직 및 인사관리 제도를 유연하게 재구축해야 한다. 모바일이나 원격회의 시스템, 클라우드 등 발전하는 기술이 근무 방식에 적용되도록 적극 노력할 필요가 있다.

사내훈련 프로그램을 외부에 공개하라

4차 산업혁명을 선도할 수 있는 사내훈련 프로그램을 청소년이나 구직자 등 미래의 근로자들에게도 개방해 기업의 사회적 책임을 다해야 한다. 이는 기업의 사회적 의무인 동시에 기업들이 지속 가능한 경영을 목표로 한다면 필수 불가결한 생존 전략이라 할 수 있다.

교육훈련업계의 대응 전략

직무 변화, 역량 강화가 요구된다

4차 산업혁명이라는 기술 환경 변화로 산업 현장에서 수행되는 직무가 변화하고 있고, 근로자들에게 요구되는 역량도 변화하고 있다.

제조업 생산라인에서는 반복적 활동보다 지식집약적 활동이 늘어날 것이다. 근로자의 경우 생산 공정 전체에 대한 이해를 바탕으로 생산 공정을 개발하거나 생산 과정을 감독·점검·조정하는 역할이 늘어날 것이다. 또 작업장에 로봇이 배치되면 공장라인에서 로봇을 감시·조정·통제하는 업무 등의 새로운 직무가 발생하고 이를 수행할 수 있는 근로자들이 필요해질 것이다.

4차 산업혁명 시대에는 고도의 전문지식과 기술이 요구되는 업무가 증가할 것이다. 스마트 팩토리 구축 및 확대 등 사업장 내 첨단 기술과 시스템의 도입이 확산되면 로봇과 협업, VR 및 AR, 웨어러블 로봇 등 첨단 디지털 기기를 활용한 작업, 데이터 활용 및 처리 작업 확대 등 근로자가 수행하는 직무와 이들에게 요구하는 역량이 크게 변화할 것이다. 작업 방식의 디지털화로 인해 숙련기술자의 역할이 축소되거나 혹은 1인이 여러 직무를 담당하도록 요구받을 것이다.

근로자에게 디지털 이해력이 필요하다

세계경제포럼은 향후 근로자에게 가장 필요한 역량으로 복잡한 문제 해결 능력과 디지털 이해력Digital Literacy, 즉 새로운 기술 장비와 관련해 정보통신 네트워크의 사용에 필요한 지식과 능력을 제시하며, 근로자의 재교육과 인재양성을 기업의 선결과제로 제시하고 있다.

향후 근로자에게 필요한 능력은 특정 분야의 전문적 지식보다는 공통적이고 범용적인 능력이 더 필요하다. 구체적으로 암기력이나 이해력보다는 비판적 사고, 공감 능력, 창의 능력, 융합 능력, 문화적 다양성, 협업 능력 등이 더 중요해지고 이러한 능력의 배양을 통해 급변하는 빨리 적응하는 능력이 필요하다.

이러한 기술 환경 변화와 인재상의 변화에 대응해 교육훈련 업계는 기존 교육훈련 방법과 내용의 틀에서 벗어나 과감한 변화를 신속히 추진해야 한다. 인재양성은 기술 도입에 비해 오랜 시간이 걸리고, 자칫 시기를 놓치면 국가경쟁력과 기업경쟁력이 순식간에 뒤처지기 때문이다.

OECD 제18차 인적역량전략자문단회의에서는 미래 디지털 세계에 필요한 숙련은 일반적 ICT 스킬일상 업무에서 활용되는 수준의 기술, 전문 ICT 스킬소프트웨어 프로그래밍, 앱 개발 및 네트워크 운영 등의 전문 기술, 보충적 ICT 스킬컴퓨터 기반 환경에서의 업무 수행을 위한 보충적 기술의 3가지로 구분한다.

디지털 이해력을 높이는 교육을 하라

모든 청소년과 근로자들에게는 IT 및 소프트웨어에 대한 이해와 활용 등 디지털 이해력을 높이는 교육훈련이 제공되어야 한다. 앞으로 어떤 직업 현장에서 어떤 직무를 수행하더라도 소프트웨어 및 디지털 기기의 활용은 필수가 될 것이고, 디지털화와 ICT에 대한 이해가 없이는 제대로 역할을 수행할 수 없기 때문이다.

OECD의 PIAAC국제성인역량조사 연구 결과에 따르면, 업무에 컴퓨터를 전혀 사용하지 않는다고 답한 응답자가 전체의 8%에 불과하다고 한다. 향후 IT 및 컴퓨터를 활용한 직무가 크게 증가할 것이라 예상되므로 디지털 이해력이 직업훈련 과정에 포함되도록 해야 한다.

기초교육 훈련 시스템을 만들어라

4차 산업혁명으로 인해 기술 및 생산 방식의 변화가 빠른 속도로 이루어지기 때문에 변화에 보다 잘 적응할 수 있도록 교육훈련 시스템을 갖추는 것이 중요하다. 기술의 발전 및 생산 방식의 변화는 속도가 매우 빠르고 방향성도 불확실하기 때문에 미래 근로자와 청소년들은 새로운 환경에 적응할 수 있는 능력이 필요하다. 그렇기 때문에 직업 기초능력 배양에 주목할 필요가 있다.

현장 근로자의 직업교육 역량을 높여라

더불어 산업 현장과의 파트너십을 더욱 강화해야 한다. 4차 산업혁명 시대에 근로자가 습득해야 할 지식과 기술은 더욱 부정형적이며, 문제 해결 역량의 중요성이 더욱 커지기 때문에 학습은 작업 현장에서 더 많이 이루어져야 한다.

한 연구에 의하면 근로자들이 매일 작업 중에 도전적인 과제를 해결함으로써 자신의 전체 역량 중에 70%를 배우고, 20%는 다른 직원들로부터, 나머지 10%만이 공식적 교육이나 책을 통해 배운다고 한다.

오래전부터 교육계와 사업계가 연계해 현장 중심의 인재를 양성한 것이 사실이지만, 4차 산업혁명 시대에는 기술의 발전 속도가 더 빠르고 사용하는 장비들이 더욱 첨단화되기 때문에 교육훈련 기관만으로는 인재양성이 불가능해진다. 이제 산업 현장과 연계되지 않는 교육훈련 프로그램은 살아남지 못할 것이다. 특히 스마트 팩토리나 디지털화를 선도하는 기업들에서 필요한 직무가 무엇인지를 산업계와 함께 분석하고 이를 교육훈련 과정에 반영하는 노력을 해야 한다.

교육훈련 방법을 혁신하라

교육훈련 방법의 혁신도 필요하다. 현재 무크MOOC 등의 온라인 교육이 도입되고 있지만, 이러한 방식이 체계적으로 평가되어 인정받도록 전향적인 제도 변화가 필요하다. 또한 온라인 교육뿐만 아니라 VR, AR 등의 첨단 기법을 활용한 교육훈련 콘텐츠를 개발해 플랫폼화하여 확대 보급하는 시스템을 하루빨리 구축해야 한다.

전문 기술자를 강사로 활용하라

교육훈련 체계는 공급자 중심이 아닌, 산업구조 변화에 대응해 수요자 중심으로 바뀌어야 한다. 빠른 기술 환경 변화에 대응하기 위해 기존 교사나 교수들을 기업 프로젝트에 참여시켜야 한다. 또한 기술사나 기능장, 명장 등 현장 경험과 고숙련 기술을 갖고 있는 이들을 교육훈련 과정에 강사로 참여시킬 수 있는 체제를 갖춰야 한다. 여기에 혁신적 교육방법을 수용하고 적용할 수 있는 교사와 교수의 양성이 선결되어야 함은 물론이다.

평생직업 능력개발기관이 필요하다

대학 등은 평생직업 능력개발기관으로 역할을 할 수 있어야 한다. 4차 산업혁명 시대는 평생교육의 시대다. 불과 몇 년간의 교육에서 습득한 기술과 지식만으로 평생을 보내기에는 기술의 발전 속도가 너무 빠르다. 근로자들이 근로생애 중 필요한 기술과 지식이 있으면 기업 내에 서뿐만 아니라 대학이나 거점훈련기관에서 쉽게 교육훈련을 받고 기술적 컨설팅을 받을 수 있도록 지원해야 한다.

청소년 직업체험교육을 강화하라

직장체험, 현장실습, 인턴 등의 단계별 직업체험교육을 중·고등학생이 의무적으로 받도록 프로그램을 강화해야 한다. 이를 통해 청소년들이 학습을 왜 해야 하는지를 현장중심 교육을 통해 인식하도록 하고, 학교 교육은 문제를 인식해 해결할 수 있는 능력을 키우는 교육으로 바꾸어 직업 현장의 변화에 반응하는 교육체계가 되어야 한다. 학령인구의 감소도 이러한 체제 변화를 지원하고 있다.

근로자 및 근로자단체의 대응 전략

생산성 향상, 혁신은 불가피하다

변화의 큰 흐름은 강물과 같아서 막는다고 막을 수 있는 것이 아니다. 일시적으로는 흐름을 멈출 수 있겠지만, 결국은 둑이 일시에 터져 피해가 더 커진다.

치열한 글로벌 경쟁에서 살아남기 위해 생산성 향상과 혁신은 불가피하다. 자동화와 디지털화로 많은 직무가 없어질 것이고, 어떤 직종에서는 일자리 감소가 불가피한 상황이다. 1~3차 산업혁명의 역사를 뒤돌아보아도 기술로 대체되는 직무가 발생하면 다른 한편에서는 새로운 직무를 수행할 사람들이 필요했다. AI와 로봇이 산업 현장을 휩쓸고 있다고 해서 사람이 없는 경제·산업체제는 있을 수 없기 때문이다. 그때가 오면 그 사회는 인간사회가 아니라 기계사회가 될 것이다.

기술 환경 변화가 세상을 바꾼다

자동차 제조업체, 중공업 회사 등에서 능률을 높이고 불량률을 낮추기 위해 다양한 디지털 장비를 도입할 때, 통제의 수단으로 악용될지 모른다는 우려감으로 근로자들이 디지털 기기를 반대하는 상황이 발생하곤 했다. 이러한 극단적 상황은 결국 기업이나 근로자 모두에게 바람직한 방향이 아니다. 기업은 글로벌 경쟁력 제고의 시기를 놓치게 되고, 근로자들은 새로운 기술 환경 변화에 대처할 수 있는 기회를 놓치기 때문이다.

근로자들도 이러한 글로벌 경제 환경 변화와 기술 환경 변화에 능동적으로 이해하려는 자세와 준비가 필요하다. 큰 강물의 흐름을 보지 못한다면 어느 순간 자신의 기술과 지식이 쓸모없어지고 직무가 없어질 것이다.

산업의 변화를 적극적으로 이해하라

먼저 근로자 및 근로자단체는 4차 산업혁명의 변화를 적극 이해하려는 마음의 자세를 갖추어야 한다. 마음이 있어야 준비를 할 수 있다. 기술이 발전할수록 근로자의 입지는 축소될 수밖에 없다. 회사의 경쟁력을 키우고 유망한 사업 영역을 발굴하는 것이 중요하며 근로자는 새롭게 요구되는 역량을 키우는 것이 중요하다.

변화를 받아들이지 않는다고 해서 세상이 기다려주지 않는다. 노조

역시 근로자들이 전향적 자세를 갖추도록 근로자의 4차 산업혁명 교육에 적극 나서야 한다. 기업주와 근로자단체가 함께하는 '4차 산업혁명 선도기업 사례 탐방' 프로그램도 추천할 만하다.

신기술 습득에 적극 나서라

4차 산업혁명으로 인해 변화가 클 것으로 예상되는 직종의 근로자들은 기술 도입 등 기술 환경 변화에 대응해 신기술 습득에 적극 나서야 한다. 4차 산업혁명 시대에 평생학습은 이제 필수이다. 사내훈련과 정부 지원 훈련을 통해 미래의 산업 환경에 적응해야 한다. 4차 산업혁명 시대의 산업 환경은 통섭적 사고력과 노하우가 더욱 필요해지기 때문에 고숙련기술자는 여전히 작업장의 중심에 설 것임에 틀림없다.

사측의 기술도입에 적극 참여하라

근로자들이 미래 산업 현장에 재배치될 수 있도록 기술도입 로드맵을 노사가 함께 계획하고 실행해야 한다. 근로자와 근로자단체도 사측의 기술 도입에 적극 참여해 기술 도입 과정이 단순히 생산성 향상뿐만 아니라 근로자 중심의 혁신이 되도록 해야 한다.

새로운 생산 과정에 필요한 직무가 무엇인지, 필요한 기술과 지식이 무엇인지를 분석하고 이에 대한 역량을 갖출 수 있도록 노사가 서로 협력하고 제도를 만들어야 한다. 4차 산업혁명과 신기술 도입에 대한 이해, 직무재교육 등의 교육훈련 과정을 개설하고, 종업원 누구나 훈련을 받아 미래 산업 현장에 재배치될 수 있도록 해야 한다.

근로 환경 개선에 관심을 가져라

근로자 및 근로자단체는 일자리나 교육훈련 외에도 4차 산업혁명이 자신들의 삶에 어떤 영향을 끼치는지, 어떻게 근로 환경을 개선할 수 있는지 등에 대해서도 관심을 가질 필요가 있다. 4차 산업혁명의 기술은 일자리뿐만 아니라 근로자의 고용 형태, 근무 방식, 일과 가정의 양립 등에도 많은 영향을 미칠 것이다. 그러므로 새로운 노동 이슈 등장에 따라 노동법이나 사칙 개정 의견 등을 적극 개진해 변화의 물결에 근로자들이 소외되지 않도록 해야 한다.

정부의 대응 전략

일자리를 위협하는 4차 산업혁명

기업과 국가가 글로벌 경쟁력을 높이기 위한 추진 전략을 수립할 때 4차 산업혁명은 중요한 동기다. 그런데 한편으로 4차 산업혁명이 고용 시장에 소리 없는 위협이 되고 있다는 우려도 많다. 4차 산업혁명이 마치 동전의 양면과 같이 생산성을 높이는 기제가 되는 동시에 일자리에 위협이 될 수 있다는 것이다.

그렇다면 4차 산업혁명 기술이 기업의 생산성을 높이는 동시에 노동 시장에 충격을 덜 주면서도 새로운 일자리를 창출하도록 하는 방법은 없을까? 그리고 정부는 산업계와 노동계 사이에서 어떤 역할을 해야 하는가? 저출산·고령화, 생산가능 인구 감소 등 인구구조가 변화하고 기술의 진보가 급격해지고 있는 지금, 정부는 국가 인적자원 개발을 위해 어떤 정책을 펼쳐야 하는가?

모든 규제를 과감히 철폐하라

기업들이 신산업 영역을 개척하고 새로운 일자리를 창출할 수 있도록 국민의 안전과 위생을 제외한 모든 분야에서 규제를 과감히 철폐해야 한다. 이를 통해 외국 기업보다 먼저 신산업 영역을 선점하고 경쟁력을 갖추도록 지원해야 할 것이다.

4차 산업혁명의 특징 중 하나는 플랫폼 경제이며, 플랫폼 경제하에서는 소수 업체의 독점적 지위가 더욱 강화될 것이기 때문에 우리 기업들이 선점할 수 있는 시기를 놓쳐서는 절대 안 된다.

정부에서 4차산업혁명위원회를 출범하면서 '규제 샌드박스Sandbox'를 추진하겠다고 밝힌 점은 바람직한 시도라고 할 수 있다. 규제 샌드박스는 신산업, 신기술 분야에서 새로운 제품, 서비스를 내놓을 때 일정 기간 기존 규제를 면제·유예하는 제도이다. 또한 신新직업, 창업 및 창직 연구를 활발히 하고, 새로운 시장이 자리를 잡고 커지도록 적극 지원하는 것이 필요하다. 신직업, 창업 및 창직 확산에도 규제 샌드박스가 필요하다.

정부가 노사정의 중심에 서라

정부는 또한 급변하는 산업구조 및 노동 환경 변화에 대응해 노사정의 새로운 방향 설정에서 중심적 역할을 해야 한다. 독일의 '산업의 미래를 위한 연합Das Bündnis für Industrie, 독일산업협회·경제에너지부·금속노조의 3자 합의기구와 같은 협의체가 필요하다. 최근 설치된 4차산업혁명위원회가 이러한 역할을 할 수 있을 것으로 기대한다.

평생학습의 기회를 확대하라

플랫폼 근로자, 중소기업 근로자 등 경력개발 취약계층이 4차 산업혁명에 대비해 평생학습을 할 수 있도록 교육훈련 기회가 확대되어야 한다. 정부는 근로자들이 생애 모든 단계에서 교육과 훈련을 하도록 자금을 지원해야 한다. 독일의 경우 계속교육의 권리, 개인 근로계좌일정 금액을 근로자 계좌에 입금한 후 자유롭게 직업교육이나 창업에 활용하도록 함 등에 대한 논의가 진행 중이다.

'평생 교육훈련 바우처' 즉, 모든 개인에게 평생 사용할 수 있는 교육훈련 바우처를 제공하고 필요한 때에 이 바우처를 전환훈련 비용의 일부로 사용할 수 있도록 지원하는 방안도 검토해야 한다.

사회안전망을 강화하라

4차 산업혁명으로 실직하거나 노동 시장에서 낙오되는 사람들을 위해 사회안전망을 강화해야 한다. 급격한 노동 시장 변화에 대처하지 못하는 것은 개인의 문제가 아니라 사회의 문제임을 인식할 필요가 있다.

4차 산업혁명으로 인한 급격한 환경 변화는 개인이 감당하기에는 너무도 큰 파도일 수 있다. 정부는 고용복지 차원에서 맞춤형 교육훈련 프로그램을 근로자 개인 밀착형으로 제공하고, 노동 수요를 분석해 유망 훈련 과정을 제공할 수 있어야 한다.

또 전직 지원 서비스를 실시하고, 교육훈련 및 취업 전까지 경제적 지원도 필요하다. 산업에서의 수요 분석을 토대로 유망 직업 및 훈련에 대한 연구 및 정보 제공도 활발히 이루어질 필요가 있다.

근로자 역량을 강화하는 기반을 만들어라

근로자들이 미래 역량을 개발하도록 하는 기반을 마련해야 한다. 기존 국가직무능력표준NCS의 개발체제를 활용해 4차 산업혁명을 선도하는 산업 현장에서 필요한 직무를 분석하고, 이를 바탕으로 교육훈련과 자격제도에 반영하도록 해야 한다.

현재 4차 산업혁명에 따른 기업 간 변화의 속도와 강도는 매우 상이하고, 개별 기업 중심으로 자사에 필요한 훈련 프로그램 개발과 재교육이 이루어지기 때문에 산업 전체로의 확산이 더딜 수 있다. 물론 기업 입장에서는 기술 보안상의 이유로 가까운 장래에 필요한 직무와 훈련 프로그램을 공개하기를 꺼려할 수 있다.

따라서 정부가 나서 모든 산업에 공통적으로 필요하고 가까운 장래에 필요한 직무를 분석·도출해 훈련과 자격 검정에 반영하도록 할 필요가 있다.

창의적인 디지털 인재를 양성하라

4차 산업혁명 시대에는 이전과 같이 정규 교육과정만으로는 현장 중심의 창의적이며 유연한 사고를 가진 디지털 인재를 양성하는 것이 불가능하다. 정규 교육과정 외에 다양한 교육 형식을 마련하고, 현장 경력이 있는 인재들이 다양한 경력개발 루트를 통해 역량을 개발하도록 지원해 이를 사회적으로 공정하게 인정하고 대우하는 산업별 역량체계인 SQF를 구축할 필요가 있다. 이상을 실효적으로 지원하기 위해서는 근로자 경력 개발관리 시스템이 조속히 구축되어야 한다.

현장 중심 교육을 강화하라

또한 산학일체형 도제학교, 일·학습 병행제 등 현장 중심 교육훈련에 대한 지원을 강화해야 한다. 또 제조업과 서비스업 융합에 따른 다기능 융·복합 교육훈련을 강화해야 한다. 이를 위해 정부는 근로자 재교육을 실시하고자 하는 기업, 특히 중소기업에 컨설팅을 지원하고 기업과 교육훈련기관이 연계되도록 기업-교육기관 파트너십 플랫폼을 구축할 필요가 있다. 또한 첨단 장비를 활용할 수 있는 공동훈련센터를 확대해야 한다.

참고자료

강순희·전병유·최강식, 2002, 〈정보통신기술과 노동시장, 연구보고서〉, 한국노동연구원.

강종만, 2014, 〈인구고령화 및 금리가 증권시장에 미치는 영향에 관한 연구〉, 한국금융연구원.

경향신문, 2013. 12. 19., "[경향으로 보는 '그때'] 1977년 12월 수출 100억 달러 달성".

경향신문, 2016. 3. 29., "인공지능 왓슨, 암 진단 정확도 96%··· 전문의보다 높아".

과학기술정보통신부, 2017. 3. 31., 〈2017년 3D프린팅산업 진흥 시행계획〉.

과학기술정보통신부·한국과학기술기획평가원, 2017 .3. 31., 〈기술이 세상을 바꾸는 순간〉.

국민일보, 2017. 10. 29., "[4차 산업혁명 사람이 답이다] 박동 직업능력개발원 박사 "4차 산업혁명 대비한 SW 교육 OECD 꼴찌 수준"".

국제신문, 2017. 9. 13., "눈앞에 온 미래, 4차 산업혁명 시대, ICT를 통한 유통·물류혁명".

국토교통부, 2017. 8., 〈2017년 대한민국 드론 정책포럼 자료〉.

국토교통부, www.molit.go.kr

권준화, 2016, 〈독일 스마트공장 현황과 시사점〉, IBK경제연구소.

기획재정부·과학기술정보통신부·문화체육관광부·산업통상자원부 외, 2016, 〈가상현실 산업 육성 추진 현황 및 향후계획〉.

김기선, 2016, "디지털화와 노동: 디지털 시대 노동의 과제", 한국노동연구원, 기술변화와 노동의 미래, 개원 28주년 기념세미나(2016년 9월 30일).

김동규, 2012, "우리나라의 직업구조 변동: 한국직업사전 '03년판과 '12년판의 비교를 중심으로", 〈고용이슈〉, 제5권 제2호, 한국고용정보원.

김동규 외, 2016, 《2017 한국직업전망》, 한국고용정보원.

김민식·최주한, 2017, 〈산업혁신의 관점에서 바라보는 제4차 산업혁명에 대한 이해〉, 정보통신정책연구원.

김병도, 2016, 《경영학 두뇌: 비즈니스 세상으로 나아가는 이들이 꼭 알아야 할 경영개념》, 해냄출판.

김성혁·이문호·백승렬·김장호·이태영, 2017, 〈디지털 시대 노동의 대응: 4차 산업혁명 바로보기〉, 전국금속노동조합 노동연구원.

김세움, 2015, 〈기술진보에 따른 노동시장 변화와 대응〉, 한국노동연구원.

김영훈, 2016, 〈전통 제조업 부활의 Key, 스마트 유연생산〉, 포스코경영연구원.

김윤경, 2017, 〈제4차 산업혁명 시대의 국내환경 점검과 정책 방향〉, 한국경제연구원.

김중진 외, 2014, 〈국내외 직업비교 분석을 통한 신직업 발굴 연구〉, 한국고용정보원.

김중진 외, 2016, 〈2016 국내외 직업 비교 분석을 통한 신직업 연구〉, 한국고용정보원.

김한준, 2016, 〈4차 산업혁명이 직업세계에 미치는 영향: 4차 산업혁명에 대한 재직장 인식 조사〉, 한국고용정보원.

김한준, 2016, 〈4차 산업혁명이 직업세계에 미치는 영향〉, 고용이슈, 한국고용정보원.

김한준, 2017, 〈4차 산업혁명에 대처하는 직업인의 자세〉, 커리어인포, 한국고용정보원.

김한준 외, 2013, 〈국내외 직업비교 분석 및 분야별 창직 연구 上, 下〉, 한국고용정보원.

김한준 외, 2015, 〈2015 국내외 직업 비교 분석을 통한 신직업 연구〉, 한국고용정보원.

김한준 외, 2017, 〈2017 신직업 연구: 4차 산업혁명 시대의 신직업〉, 한국고용정보원.

나이키 Fuel Band, https://www.nike.com/us/en_us/c/size-fit-guide/nike-plus-fuelband-sizing-chart

넥스트데일리, 2017. 9. 25., "유통업계에 부는 '쇼핑도우미 로봇경쟁'".

뉴시스, 2017. 9. 25., "롯데, 인공지능도입, 4차 산업혁명 '퍼스트 무버'로 나선다".

대한무역투자진흥공사(KOTRA), 〈2018 한국이 열광할 세계 트렌드〉.

더현대닷컴, www.thehyundai.com

데일리팝, 2016. 5. 4., "아모레퍼시픽, 사내벤처 '린스타트업' 통해 신브랜드 개발한다".

디지털데일리, 2016. 10. 9., "혁신 아이디어 과감한 구현, 신한은행, 파격적 사내벤처제도 도입".

디지털데일리, 2017. 9. 25., "KT, 4차 산업혁명 핵심, 지능형 네트워크".

디지털타임스, 2017. 10. 22., "중국 '사이버보안 굴기' 가속도… 한국은 정치이슈에 '뒷걸음'".

디지털타임스, 2017. 3. 23., "사이버보안 대응력 부족하면 4차 산업혁명도 없다".

디지털타임스, 2017. 9. 15., "LS그룹, 스마트공장으로 에너지효율 혁신".

디지털타임스, 2017. 9. 18., "[알아봅시다] 사라지는 길거리 매장… 무점포 시대 오나".

디지털타임스, 2017. 9. 19., "사라지는 길거리 매장… 무점포 시대 오나".

디지털타임스, 2017. 9. 25., "LG전자, 로봇, 태양광 등 미래 성장동력 적극 대응".

디지털타임스, 2017. 9. 25., "포스코, 스마트화 성과 고객사로 확산".

류기락, 2017, "4차 산업혁명과 독일의 직업능력개발정책의 변화", 〈제3차 4차 산업혁명 직업훈련 전문가 포럼 자료집〉, 고용노동부·직업능력심사평가원.

매일경제, 2017. 10. 23., "AI권력이 '초양극화사회' 만든다".

매일경제, 2017. 3. 17., "[사설] 중국·홍콩에 한참 밀린 한국 대학, 4차 산업혁명 대응하겠나".

매일경제, 2017. 3. 24., "한화그룹, 사물인터넷 결합 스마트공장, 태양광·화학 생산라인에 적용".

매일경제, 2017. 6. 22., "포스코, 올해 10개 벤처기업 지원, 아이디어 마켓플레이스 행사".

매일경제, 2017. 8. 28., "日의 파격… 기업 4차 산업혁명 도우려 개인정보 '잠금 해제'".

머니투데이, 2017. 7. 13., "투자 유치 100대 스타트업 70%, 한국에선 규제 저촉".

메트로, 2017. 8. 27., "허창수 GS 회장, 4차 산업혁명 대비 민첩한 조직구조 강조".

메트로, 2017. 9. 5., "4차 산업혁명 시대, 물류·유통기술 융합 구축".

박기한, 2016. 1. 27., 〈국내외 로봇산업의 정책 및 산업 동향〉, 한국로봇산업진흥원.

박영숙·제롬 글렌, 2017, 《일자리혁명 2030》, 비즈니스북스.

박진수, 2017, "국내 대기업의 4차 산업관련 기술동향 및 교육동향(POSCO 사례)", 〈제4차 4차 산업혁명 직업훈련 전문가 포럼 자료집〉, 고용노동부·직업능력심사평가원.

박진한, 2016, 《21세기 혁명의 공통분모 O2O》, 커뮤니케이션북스.

박푸르뫼, 2017, 〈국내·외 동향을 통해 살펴본 국내 자율주행차 산업의 개선점〉, 정보통신산업진흥원.

박한구·송형권·장원중·이순열·임채성, 2017, 《4차 산업혁명, 새로운 제조업의 시대》, 호이테북스.

방상진, 2017, "4차 산업혁명 시대, 좋은 일자리 만들기", 〈POSRI 이슈리포트〉, 포스코경영연구원.

백흥기·이장균, 2017, "주요국 정책으로 살펴본 우리나라 제4차 산업혁명 정책수립 방향", 〈VIP리포트〉, 17-26, 현대경제연구원.

브레인박스, 2017. 9. 25., "'한국 VR기술과 융합콘텐츠의 새 지평 열었다' 코리아 VR페스티벌 역대 최다 인파 속 성료".

브릿지경제, 2017. 10. 2., "삼성전자, 현대차, SK, LG그룹, 4차 산업혁명발 미래 먹거리 4사 4색".

브릿지경제, 2017. 7. 19., "조선·해운업 이끌 현대중공업의 4차 산업혁명 비밀병기".

블룸버그, 2014. 12. 2., Meet Amazon's New Robot Army Shipping Out Your Products (Bloomberg 인터뷰 영상의 작업 현장 설명).

블룸버그, 2016. 9. 23., "글로벌 주요국, 3D프린터 산업 육성… 가속페달".

비즈니스인사이트, 2017. 9. 18., "2002 〈마이너리티 리포트〉 속 미래 기술, 2017년 현재 어디까지 왔나?".

비즈트리뷴, 2017. 10. 13., "중국 유통 혁명 주목하라… '무인편의점 시대' 본격화".

사무엘 그래프(Samuel Greef) 2017. 4. 6., "노동 4.0을 위한 새로운 노동정책: 독일의 정책 대응", KLI-FES 한·독 컨퍼런스 '노동 4.0과 4차 산업혁명'.

사이언스타임스, 2017. 4. 3., "인간과 협업, 코봇이 대세".

산업연구원, 2017, 〈제4차 산업혁명이 한국 제조업에 미치는 영향과 시사점〉.

산업연구원·한국산업기술진흥원, 2016. 1., 〈미래 유망 신산업의 시장 및 인력수요 전망〉.

산업통상자원부 보도자료, 2014. 4. 19.

산업통상자원부 보도자료, 2014. 6. 26.

산업통상자원부, 2014, 〈창조경제 구현을 위한 제조업 혁신 3.0 전략〉.

삼성전자 뉴스, https://news.samsung.com

서명배, 2017, "보도자료: 3D 프린터로 건축물 시공", KICT 한국건설기술연구원.

서울경제, 2017. 8. 28., "미래에셋, AI활용한 투자 신세계 열었다".

서울신문, 2016. 10. 31. p159 그림

서울신문, 2017. 7. 17., "두산, 제조업 미래 바꿀 '디지털 팩토리'".

세계경제연구원, 2017, 《4차 산업혁명 시대 자동화, 일자리, 그리고 직업의 미래》.

세계일보, 2017. 9. 6., "포스코, 세계 첫 인공지능제철소 변신".

시선뉴스, 2017. 8. 30., "인공지능 변호사 로스(ROSS), 인간 대체 가능할까?"

시장경제신문, 2017. 9. 6., "4차 산업혁명 우리가 선점, 두산, 협동로봇 사업진출".

신산업민관협의회, 2016.

신지나·조성배·차두원·최민선·한상기, 2016, 《인공지능은 어떻게 산업의 미래를 바꾸는가》, 한스미디
어.

아모레퍼시픽, www.amorepacific.co.kr

아산나눔재단·구글캠퍼스서울, 2017, 《4차 산업혁명을 주도하기 위한 스타트업코리아》.

아시아경제, 2015. 2. 4., "네이버의 또 한 번의 실험, 사내 독립기업제도 도입".

아주경제, 2017. 8. 13., "중국, 4차 산업 '인재 모시기'".

약사공론, 2017. 7. 17., "점점 다가오는 로봇조제… 약사에게 필요한 것은 무엇?".

여인국, 2017, 《4차 산업혁명과 주요핵심기술》, 한국기술진흥원.

연경남·김윤정·서지연·유소연·정상채·김도희, 2017, 《미래 사회 변화 대응 과학기술인재 육성 방안 연
구》, 한국과학창의재단·미래창조과학부.

연합뉴스, 2017. 10. 6., ""내차 없어도 좋아"… '각국서 로봇 택시' 개발 경쟁".

연합뉴스, 2017. 3. 20., "온라인 피팅룸이 반품 줄였다… 日 '가상현실 옷 입어보기' 늘어".

연합뉴스, 2017. 5. 23., "자율주행차 보편화되면 美운전기사 연간 30만 명 대량 실업".

오호영, 2017, 《제4차 산업혁명에 따른 취약계층 및 전공별 영향》, 한국직업능력원.

위클리오늘, 2017. 7. 27., "두산, ICT 혁신기술로 미래제조업 길 연다".

유니클로 한국 홈페이지, www.uniqlo.kr

유진투자증권, 2017, 《신정부출범과 4차 산업혁명: 자율주행차》.

윤문섭·조현대, 2014, "선진국 진입에 따른 제조업 일자리 감소 현상 및 대응방안", 《STEPI INSIGHT》,
제134호. 과학기술정책연구원.

윤범진, 2016, "[친디아 플러스] 싱가포르 스마트시티 프로젝트 '스마트 네이션', 국가 비전 선포 미래형
도시국가 건설에 착수", 포스코경영연구원.

이강윤, "신성장 인공지능(AI)의 기술과 발전 방향", 2017 ICT 산업전망컨퍼런스 자료

이데일리, 2017. 6. 8., "대우건설, 4차 산업혁명 '스마트건설' 신규 사업장 적극 도입".

이백진·김광호·박종일, 2017, 《첨단인프라 기술발전과 국토교통분야의 과제: 자율주행 자동차를 중심
으로》, 국토연구원.

이시균 외, 2016, 《중장기 인력수급 수정전망 2015~2025》, 한국고용정보원.

이재원, 2016, "제4차 산업혁명: 주요국의 대응현황을 중심으로", 《국제경제리뷰》, 제2016-24호, 한국

은행.

이재원, 2017, 〈국제 경제 리뷰: 글로벌 로봇산업의 현황과 과제〉, 한국은행 국제경제부 아태경제팀.

이종호, 2017, 《4차 산업혁명과 미래직업》, 북카라반.

이코노미스트, 2016. 12. 12., "혁신의 현장을 가다, 로컬모터스 자동차 제조에 오픈이노베이션 도입".

이코노미조선, 2015. 11. 21., "회사는 큰 인큐베이터, 창업 아이디어 내고 채택되면 자금지원".

이코노미조선, 2017. 2. 22., "트레이더, 600명에서 2명으로… IT 기업된 골드만삭스".

이코노믹리뷰, 2017. 8. 22., "아마존과 홀푸즈마켓, 앞으로 어떻게 될까?".

이투데이, 2017. 5. 25., "가상화폐에 밀려나는 전통 화폐들… '캐시리스 사회' 성큼".

인천광역시 도시계획국 도시계획 상임기획단, 2010, "컴팩시티(Compact City) & 스마트시티(Smart City)".

임 일, 2017, 《4차 산업혁명 인사이트》, 더메이커

장병렬, 2015, "제조업의 서비스화 R&D 혁신전략", 〈STEPI INSIGHT〉, 제174호, 과학기술정책연구원.

장윤종 외, 2017, 〈주요 제조강국의 4차 산업혁명 추진동향 연구〉, 경제·인문사회연구회.

장윤종, 2017, "4차 산업혁명, 산업과 고용에 미칠 영향과 전망", 산업연구원

전기영, 2016, "3D프린팅 산업현황 및 시장동향", 〈KEIT PD Issue Report〉, 한국산업기술평가관리원.

전자신문, 2016. 11. 9., "사람과 함께 일하는 로봇 '코봇' 주목···일자리도 오히려 늘려".

전자신문, 2017. 1. 3., "누적 설치량 GW 돌파한 풍력발전, 새해 300mW 보급 '파죽지세'".

전자신문, 2017. 9. 19., "유통, 4차 산업혁명에 접속하다".

정 민, 2017, "4차 산업혁명에 대한 기업인식과 시사점", 〈VIP리포트〉, 현대경제연구원.

정 민, 2017, "한국형 4차 산업혁명을 통한 경제강국 도약", 〈VIP리포트〉, 현대경제연구원.

정보통신정책연구원, 2016. 4. 16., "가상현실(VR) 생태계 현황과 시사점", 〈정보통신방송정책〉, 28권 7
    호(통권 621호).

정제호, 2017, "Office에 부는 4차 산업혁명 바람", 〈POSRI 이슈리포트〉, 포스코경영연구원.

조선비즈, 2017. 10. 18., "[자산관리의 미래] ② 자산관리 대중화시대… 부의 지형도 바뀐다".

조선비즈, 2017. 3. 27., "인간과 협업하는 로봇… '코봇' 세상 열린다".

조선비즈, 2017. 5. 1., "3D 세포 프린팅 기술로 두부 만들 듯 인공조직 '뚝딱'… 티앤알바이오팹 가보니".

조선비즈, 2017. 8. 8., "알바생 10명 중 6명 "최저임금 인상… 무인기계가 일자리 대체" 우려".

조완섭, 2015. 5., "빅데이터와 활용사례".

중앙일보, 2017. 11. 2., "[인사이트] IT 거물들 잇따라 "기본소득 도입을"".

중앙일보, 2017. 4. 18., "日서 편의점 알바생 사라진다… 2025년까지 전 점포 무인화".

중앙일보, 2017. 9. 16., "[현장 속으로] 앞 거의 못 보는 소녀 VR기기 쓰자 "단발머리 … 어, 우리 엄
    마?"".

지능정보사회추진단, 2016, 〈제4차 산업혁명에 대응한 지능정보사회 중장기 종합대책〉, 미래창조과학부
    등 관계부처 합동 정부발표자료.

차두원, 2016, "자동화 수준과 인간 일자리". 《인공지능은 어떻게 산업의 미래를 바꾸는가》, 한스미디어.

청년위원회 보도자료, 2016. 12. 13., "한국 청년 10명 중 6명, 4차 산업혁명 모른다".

청년위원회, 2016. 12. 13., 조사 결과 발표분.

최강식·조윤애, 2013, 〈숙련편향적 기술진보와 고용〉, 산업연구원.

최병삼·양희태·이제영, 2017, "제4차 산업혁명의 도전과 국가전략의 주요 의제", 〈STEPI Insight〉, 제 215호, 과학기술정책연구원.

최석현, 2017, "제4차 산업혁명시대, 일자리 전략은?", 〈이슈&진단〉, 경기연구원.

최재홍, 2017, "4차 산업혁명 참여기업별 주요 전략", 삼성전자 뉴스룸(http://news.samsung.com).

최해옥·최병삼·김석관, 2017, "일본의 제4차 산업혁명 대응정책과 시사점", 〈동향과 이슈〉, 제30호, 과 학기술정책연구원.

투데이에너지, 2017. 9. 15., "한화토탈, 스마트플랜트로 탈바꿈".

파이낸셜뉴스, 2017. 9. 18., "SK, 4차 산업혁명 주도할 해외 최고급 인재 끌어온다".

프로스트 앤 설리번, 2017, 〈의료 사물인터넷(Internet of Medical Things) 분석 보고서〉.

하원규·최남희, 2015, 《제4차 산업혁명》, 콘텐츠하다.

한겨레21, 2017. 7. 31., "블록체인이 연 '거래의 혁명'"

한경비즈니스, 2017. 2. 7., "혁신은 직원에게서 나온다, 다시 부는 사내벤처 바람"

한국VR산업협회, 2015, 내부자료.

한국경제, 2006. 8. 25., "2015년 '세계 경제지도' 이렇게 바뀐다… 中, 美 제치고 세계최대 경제대국".

한국경제, 2016. 4. 18., "빅데이터로 소비자 '취향저격'… 넷플릭스·스타벅스 '질주'".

한국경제, 2016. 8. 23., "경계 무너지는 가상과 현실… VR, AR 이어 MR까지".

한국경제, 2016. 9. 18., "볼보건설기계, 자율주행 굴삭기 곧 상용화".

한국경제, 2017. 3. 13., "AI로 대량실직, 대안은 로봇세, 벌써 갑론을박".

한국경제, 2017. 5. 29., "로보캅 시대 연 두바이 2030년 경찰 25% 대체".

한국경제, 2017. 9. 11., "한 달 새 1조 마련한 LS, 4차 산업혁명 대비 '사업모델' 다시 짠다".

한국고용정보원, 2017, 《한국직업사전》.

한국방송통신전파진흥원, 2017, "두바이, 인공지능 로봇 경찰관 세계 첫 도입".

한국보건산업진흥원, 2014, 〈보건산업 연관 분석 보고서〉.

한국산업기술진흥원, 2015, 〈국내 스마트팩토리 공급산업 및 수요산업의 연계 및 발전방안〉.

한국일보, 2017. 1. 19., "꿈의 '주3일 휴무' 현실되는 일본"

한국전자통신연구원, 2015, "ECOsight 3.0: 미래사회 전망", 〈Insight Report〉, 2015년 2월.

한국전자통신연구원 미래사회연구실, 2015. 6. 30., "ECOsight 3.0: 미래사회 전망".

한국정보문화콘텐츠기술원 블로그, http://blog.naver.com/2icct/220903566551

한국정보통신기술협회, 〈IT용어사전〉.

한국표준협회, 2016, "4차 산업혁명을 리드하는 일본 정부의 추진전략과 정책시사점", 〈KSA Policy Study〉.

한국표준협회, 2016. 11., "4차 산업혁명을 리드하는 일본 정부의 추진전략과 정책 시사점", 〈글로벌 동향분석〉.

한승희, 2016, 〈중국 BAT 투자현황 분석 보고서〉, Platum.

한화테크윈, http://www.hanwhatechwin.co.kr/

해양한국, 2017. 3. 31., "4차 산업혁명 시대의 해사산업계(5): 조선업, 스마트십으로 경쟁력 강화".

허재준, 2017, "4차 산업혁명이 일자리에 미치는 변화와 대응", 〈월간노동리뷰〉.

현대자동차, http://www.hyundai.com/kr/showroom.do?carCd1=RD030

황덕순, 2016, "디지털 기반 사업형태 다양화와 고용형태의 분화", 기술변화와 노동의 미래, 개원 28주년 기념세미나, 한국노동연구원.

히라타기공 2018년도 모집요강, https://job.rikunabi.com/2018/company/r381600063/employ/

Hello T, 2017. 9. 18., "서비스 로봇 기술, 어디까지 왔나?".

Hello T, 2017. 3. 15., "격동의 O2O 시장, 2017년 주목해야 할 2가지 관전 포인트".

IT동아, 2015. 7. 30., "왓슨, 이렇게 하면 맛있을까?".

JTBC, 2016. 4. 26., "중국, 극초음속 비행체 시험발사… 지구 곳곳 '30분 내 타격'".

News1, 2017. 5. 12., "알파고 스타일 AI는 갔다… 뇌 닮은 반도체 '뉴로모픽'이 뜬다"

SKT Insight, 2017. 9. 1., "4차 산업혁명 시대 '시험 보는 기계'는 필요 없다".

SKT Insight, 2017. 9. 15, "프로젝트 중심 교육(PBL)으로 키우는 4차 산업혁명 시대 리더".

SKT Insight, 2017. 9. 22., "N모작 시대 대비해 평생학습 계획 세워라".

SPRI, 2015, "컴퓨터 기술진보와 미래 일자리 변화".

Adidas Speed Factory, https://www.adidas.com/us/speedfactory

Amazon press release, 2012, http://phx.corporate-ir.net/phoenix.zhtml?/c=176060&p=irol-newsArticle&ID=1674133&highlight

Amazon press release, 2017. http://phx.corporate-ir.net/phoenix.zhtml?c=97664&p=irol-newsArticle&ID=2241835

Amazon, https://www.amazon.com/Amazon-Prime-Air/b?node=8037720011

Alipay, www.alipay.com

Advanced Manufacturing Partnership Steering Committee, 2012, "Capturing. Domestic Competitive Advantage in Advanced Manufacturing".

AeroMobil, https://www.aeromobil.com

Allied Market Research, 2017, 〈Small Drones Market by Size (Mini and Micro), Type (Fixed Wing and Rotary Wing), and Application (Commercial and Defense): Global Opportunity Analysis and Industry Forecast, 2017~2023〉.

Alphr, 2017. 10. 11., "SpaceX, Blue Origin, Virgin Galactic: Who's who in private space travel?".

Apis Cor., http://apis-cor.com/en/

Arntz, M., T. Gregory and U. Zierahn, 2016, 〈The Risk of Automation for Jobs in OECD Countries: A Comparative Analysis〉, OECD Social, Employment and Migration Working Papers.

Audi, 2016, Dialogue Smart Factory, LEGO Professional.

Autor, 2015, "Why are there still so many jobs? The History and Future of Workplace Automation", Journal of Economic Perspectives, vol. 29, no. 3, summer.

BBC Bitesize, http://www.bbc.co.uk/bitesize/ks3/history/industrial_era/

BBC, 2017. 9. 26., "Dubai tests drone taxi service".

Bloomberg Technology, 2014, "Meet Amazon's New Robot Army Shipping Out Your Products".

BMAS, 2015, Forschungsbericht 455/ZEW, Kurzexpertise Nr. 57; Übertragung der Studie von Frey/Osborne(2013) auf Deutschland.

BMW, https://www.bmwgroup.com/en/brands-and-services/bmw/bmwi.html

BMWi, 2016, INDUSTRIE 4.0-WEGWEISER.

Boom, https://boomsupersonic.com

Boston Consulting Group, 2015, "Man and Machine in Industry 4.0: How Will Technology Transform the Industrial Workforce Through 2025?"

Bowles, Jeremy, 2015, "The computerisation of European jobs: who will win and who will lose from the impact of new technology onto old areas of employment?", ING DiBa "Die Roboter kommen: Folgen der Automatisierung für den deutschen Arbeitsmarkt".

Business Insider, 2016. 6. 15., "Amazon's $775 million deal for robotics company Kiva is starting to look really smart".

Cardio Buddy, https://www.azumio.com/blog/azumio/new-mobile-heart-rate-monitoring-app-detects-pulse-via-smartphones-camera

CEPR, 2017, 〈The rise of robots in the German labour market〉.

CNN, 2017. 4. 27., "Real books are back. E-book sales plunge nearly 20%".

CNN, 2014. 12. 1., "See Amazon's new robot army".

Control Engineering Europe, 2017, "Integrated industry and the future of smart factories".

Cybathlon, http://www.cybathlon.ethz.ch

Deepmind, https://deepmind.com/blog/alphago-zero-learning-scratch

Deloitte, 2015, 〈Technology and people: The great job-creating machine〉.

DICardiology, 2009. 4. 22., "Corventis Launches AVIVO Mobile Patient Management System".

Domino's Pizza, https://www.dominos.com.au/inside-dominos/media/november-2016-pizza-by-drone-a-reality-with-world-first-customer-deliveries-in-new-zealand

DoNotPay, https://donotpay-search-master.herokuapp.com

eBay, www.ebay.com

Ehang 184, http://www.ehang.com/ehang184

Financial Times, 2015. 9. 17., "'Made in Japan' is back in vogue".

Foodink, http://foodink.io

Frey, Carl Benedikt and Michael A. Osborne, 2013, "The Future of Employment: How Susceptible Are Jobs to Computerization", Oxford.

Gartner, 2016, "Gartner Says Almost 3 Million Personal and Commercial Drones Will Be Shipped in 2017".

GE, "Origin Australia Pacific LNG Goes from Reactive to Proactive Maintenance".

GE, "Weathering The Storm: This Tech Will Help Utilities Keep The Lights On".

GEM, 2017, "GEM 2016/2017 Global Report".

Hirata, http://www.hirata.co.jp

Hartmut Hirsch-Kreinsen, 2015, "Digitization of industrial work: development paths and prospects".

Hyperloop One, https://hyperloop-one.com

IBM, https://www.ibm.com/watson/health/oncology-and-genomics/oncology

IDC, 2016, "Worldwide Semiannual Big Data and Analytics Spending Guide".

IFR, 2016, 〈Executive Summary World Robotics 2016 Industrial Robots〉, Sept. 2016.

IG Metall, 2017, Zu Besuch in der digitalen Fabrik,

IKEA, www.ikea.com/kr

ILO, 2006, 〈Changing Patterns in The World of Work〉, International Labour Conference 95th Session 2006.

ILO, 2016, 〈ASEAN in Transformation: How technology is changing jobs and enterprises〉.

IR4 pulse today, 2017. 4. 6.

Kitty Hawk, https://kittyhawk.aero

Klein's survey in baum et al, 2011.

KPMG, 2016, 〈Leading Global Fintech Innovation Report 2016〉.

Kurz, Constanze, 2015, "Industrie 4.0: Veranderungen der Arbeit und Handlungsfelder der IG Metall, ZdA IG Metall"

Livescience, 2014. 6. 24., "'Neural Bypass' Reconnects Brain to Muscles in Paralyzed Man".

Local Motors, https://launchforth.io/localmotors/strati-the-worlds-first-3d-printed-car/latest

Lockheed Martin, https://www.lockheedmartin.com/us/ssc/orion.html

Markus Lorenz et al., 2015, 〈Man and Machine in Industry 4.0: How Will Technology Transform the Industrial Workforce Through 2025?〉, Boston Consulting Group.

Martin School, September.

McKinsey & Company, 2012, Big data: The next frontier for innovation, competition, and productivity.

Millward Brown, 2015, Top 100 most valuable global brands 2015.

MIT Technology Review, "Memory Implants. A maverick neuroscientist believes he has deciphered the code by which the brain forms long-term memories".

Neurallink, https://www.neuralink.com

Newelectronics, 2016. 1. 12., "Sierra Wireless' Emmanuel Walckanaer talks connectivity".

NHTSA, https://www.nhtsa.gov

Nikkei Asian Review, 2017. 8. 17., "Japan's Kirin taps AI for beer making".

NVIDIA, http://blogs.nvidia.co.kr/2017/05/11/toyota-collaborate-autonomouscar

Ohio State University, https://wexnermedical.osu.edu/blog/new-tech-helps-paralyzed-man-move-hand-with-mind

PAL-V, https://www.pal-v.com

Pfeiffer, Sabine, 2016, "Soziale Technikgestaltung in der Industrie 4.0, in: BMAS, Digitalisierung der Arbeit-Werkeft 01".

PwC, 2017, "UK Economic Outlook: 4: Will robots steal our jobs? The potential impact of automation on the UK and other major economies".

Reuters, 2017. 8. 5., "As shootings soar, Chicago police use technology to predict crime".

Ross, http://rossintelligence.com

SAE, "AUTOMATED DRIVING".

Samsung SmartThings, "SmartThings Future Living Report".

Shake-on, https://www.shake-on.com

Simplifier, https://www.itizzimo.com/en/simplifier

Singularity Hub, 2017. 2. 17., "How Robots Helped Create 100,000 Jobs at Amazon".

Skype, http://skype.daesung.com/service_intro/introMain.asp#none

Spath, D./Ganschar, O./Gerlach, S./Hämmerle, M./Krause, T./Schlund, S.(Hg. 2013): Produktionsarbeit der Zukunft: Industrie 4.0. Stuttgart.

Starbucks, https://news.starbucks.com/press-releases/starbucks-debuts-voice-ordering

Tech Crunch, 2017. 1. 5., "Honda's NeuV is a mini electric concept car with emotional intelligence".

Terrafugia, https://www.terrafugia.com/about-terrafugia

The Bioeconomy to 2030: Designing a Policy Agenda.

The Guardian, 2011. 8. 30., "How the 'internet of things' could radically change local government"

The Guardian, 2016. 3. 22., "Karim the AI delivers psychological support to Syrian refugees".

Toyota, http://www.toyota.co.jp/jpn/tech/smart_mobility_society/concept-i

UPS, https://www.pressroom.ups.com/pressroom/ContentDetailsViewer.page?Concept Type=PressReleases&id=1476387513855-624

Vanessa Bates Ramirez, 2017, "How Robots Helped Create 100,000 Jobs at Amazon. Singularity Hub".

Volkswagen, 2016, "Die Aukunft der Volkswagengrouppe".

Walmart, https://corporate.walmart.com

WeChat, www.wechat.com/en

World Bank, 2017, 〈The Future of Jobs and the Fourth Industrial Revolution: Business as Usual for Unusual Business〉.

World Economic Forum, 2016, 〈The Future of Jobs〉.

23andMe, https://www.23andme.com/en-int

産業構造審議会, 2017, 〈新産業構造ビジョン 一人ひとりの, 世界の課題を解決する日本の未来〉, 經濟産業省.

経済産業省, 2016, 新産業構造ビジョン: 第4次産業革命をリードする日本の戦略, http://www.meti.go.jp/committee/sankoushin/shin_sangyoukouzou/pdf/008_05_01.pdf

国务院, 国务院关于印发, 2015. 5 .8., 〈中国制造 2025〉 的通知, 国发(2015)28号(강지연, 〈중국제조 2025〉 발표에 관한 국무원 통지 내부용 번역본).

熊本日日新聞, 2017. 8. 14., "仮想現実で業務改善".

熊本日日新聞, 2017. 9. 9., "夢広がるVRの活用".

47News, 2017. 8. 14., "業務改善にVR導入　熊本市の平田機工".

자문위원 명단

구자령 (LG U+ FC본부 책임)

김대희 (멀티캠퍼스 대표이사)

김부경 (멀티캠퍼스 멀티스퀘어 센터장)

김성진 (GE Digital 상무)

김세준 (국민대 겸임교수 겸 김세준NCS 대표)

김승일 (모두의연구소 연구소장)

김정호 (카이스트 연구처장)

김준근 (KT GiGA IoT 사업단장)

문지현 (LG U+ FC본부 책임)

박동열 (한국직업능력개발원 평생직업교육센터장)

이민화 (카이스트 교수 겸 창조경제연구소 이사장)

이연복 (한국산업인력공단 직업능력국장)

이 준 (산업연구원 소재생활산업연구실장 겸 연구위원/경제학 박사)

장윤종 (산업연구원 4차 산업혁명 연구부장 선임연구위원)

장준덕 (SK하이닉스 마케팅전략팀 수석)

전해영 (현대경제연구원 신성장연구실 연구위원)

정서현 (LG U+ FC본부 사원)

정소이 (CJ올리브네트웍스 빅데이터서비스팀장)

조병학 (FN이노에듀 부대표)

최낙훈 (SK텔레콤 IoT 전략본부장)

황교자 (LG U+ FC본부 책임)

4차 산업혁명 시대 직업의 종말

제4의 실업

초판 1쇄　2017년 11월 30일
초판 2쇄　2017년 12월 15일

지은이　MBN 일자리보고서팀
펴낸이　전호림
책임편집　강현호
마케팅　박종욱 황기철 김혜원

펴낸곳　매경출판(주)
등록　2003년 4월 24일(No. 2-3759)
주소　(04557) 서울시 중구 충무로 2(필동1가) 매일경제 별관 2층 매경출판(주)
홈페이지　www.mkbook.co.kr　**페이스북**　facebook.com/maekyung1
전화　02)2000-2630(기획편집)　02)2000-2645(마케팅)　02)2000-2606(구입 문의)
팩스　02)2000-2609　**이메일**　publish@mk.co.kr
인쇄·제본　(주)M-print　031)8071-0961
ISBN　979-11-5542-773-6(03320)

이 도서의 국립중앙도서관 출판예정도서목록(CIP)은 서지정보유통지원시스템 홈페이지(http://seoji.nl.go.kr)와
국가자료공동목록시스템(http://www.nl.go.kr/kolisnet)에서 이용하실 수 있습니다.
(CIP제어번호: CIP2017031131)